商务部国际贸易经济合作研究院学术文丛

国际发展领域评估实践研究

Study on Evaluation Practice in the Field of
International Development

刘　娴◎著

中国商务出版社
CHINA COMMERCE AND TRADE PRESS

图书在版编目（CIP）数据

国际发展领域评估实践研究／刘娴著. —北京：
中国商务出版社，2022.4（2024.2 重印）
ISBN 978-7-5103-4223-3

Ⅰ.①国… Ⅱ.①刘… Ⅲ.①项目评价—研究 Ⅳ.
①F224.5

中国版本图书馆 CIP 数据核字（2022）第 054957 号

国际发展领域评估实践研究

GUOJI FAZHAN LINGYU PINGGU SHIJIAN YANJIU

刘　娴◎著

出　　版：	中国商务出版社			
地　　址：	北京市东城区安外东后巷 28 号	邮　　编：	100710	
责任部门：	融媒事业部（010-64515164）			
责任编辑：	徐文杰　张永生			
直销客服：	010-64515164			
总 发 行：	中国商务出版社发行部（010-64208388　64515150）			
网购零售：	中国商务出版社淘宝店（010-64286917）			
网　　址：	http://www.cctpress.com			
网　　店：	https://shop595663922.taobao.com			
邮　　箱：	631229517@qq.com			
排　　版：	北京天逸合文化有限公司			
印　　刷：	北京明达祥瑞文化传媒有限责任公司			
开　　本：	787 毫米×1092 毫米　1/16			
印　　张：	16.75	字　　数：	252 千字	
版　　次：	2022 年 12 月第 1 版	印　　次：	2024 年 2 月第 2 次印刷	
书　　号：	ISBN 978-7-5103-4223-3			
定　　价：	79.00 元			

凡所购本版图书如有印装质量问题，请与本社印制部联系（电话：010-64248236）

总　序

商务部国际贸易经济合作研究院（以下简称研究院）从1948年8月创建于中国香港的中国国际经济研究所肇始，历经多次机构整合，已经走过七十多年的辉煌岁月。七十多年来，研究院作为商务部（原外经贸部）直属研究机构，始终致力于中国国内贸易和国际贸易、对外投资和国内引资、全球经济治理和市场体系建设、多双边经贸关系和国际经济合作等商务领域的理论、政策和实务研究，并入选第一批国家高端智库建设试点单位，在商务研究领域有着良好的学术声誉和社会影响力。

商务事业是经济全球化背景下统筹国内、国际双循环的重要枢纽，在我国改革开放、经济社会发展和构建新发展格局中发挥着重要作用。新时期经济社会的蓬勃发展对商务事业及商务领域哲学社会科学事业的理论、政策和实务研究提出了更高的要求。近年来，研究院在商务部党组的正确领导下，聚焦商务中心工作，不断推进高端智库建设，打造了一支学有专攻、术有所长的科研团队，涌现出了一批学术精英，取得了一系列有重要影响力的政策和学术研究成果。

为了充分展示近年来研究院国家高端智库建设所取得的成就，鼓励广大研究人员多出成果、多出精品，经过精心策划，从2021年开始,研究院与中国商务出版社合作推出研究院"国家高端智库丛书"和"学术文丛"两个系列品牌出版项目,以支持研究院重大集体研究成果和个人学术研究成果的落地转化。

首批列入研究院"国家高端智库丛书"和"学术文丛"出版项目的作者,既有享受国务院政府特殊津贴的专家,也有在各自研究领域内勤奋钻研、颇具建树的中青年学者。将他们的研究成果及时出版,对创新中国特色社会主义商务理论、推动商务事业高质量发展、更好服务商务领域科学决策都有着积极意义。这两个出版项目体现了研究院科研人员的忠贞报国之心、格物致知之志,以及始终传承红色基因、勇立时代潮头的激情与责任担当。

我相信,未来一定还会有更多研究成果进入"国家高端智库丛书"和"学术文丛"。在大家的共同努力下,"国家高端智库丛书"和"学术文丛"将成为研究院高端智库建设重要的成果转化平台,为国家商务事业和商务领域哲学社会科学研究事业作出应有的贡献。

值此"国家高端智库丛书"和"学术文丛"出版之际,谨以此为序。

商务部国际贸易经济合作研究院

党委书记、院长

顾学明

2022 年 8 月

前　言

发展是人类社会永恒的主题。"国际发展"是第二次世界大战后兴起的概念，属于跨领域的交叉学科，它聚焦发展中国家经济、社会发展问题，关注如何支持发展中国家消除贫困、创造就业、减少非法移民，实现包容和可持续发展；如何携手应对全球气候变化、公共卫生传染病传播等全球议题。当前，百年变局和世纪疫情交织叠加，地缘冲突和大国博弈动荡加剧，推进联合国 2030 年可持续发展议程①面临重大挑战。2013 年 3 月，习近平主席在俄罗斯莫斯科国际关系学院发表重要演讲中指出，"这个世界，各国相互联系、相互依存的程度空前加深，人类生活在同一个地球村里，生活在历史和现实交汇的同一个时空里，越来越成为你中有我、我中有你的命运共同体。"国际发展所体现出的团结互助、和衷共济的精神，对于推动构建人类命运共同体具有突出的时代价值和现实意义。

国际发展既需要理论建构，也需要实践探索。国际发展领域中的"评估"就是一个理论和实践相结合的典型议题。评估作为国际发展的测度工具，一方面是援助有效性、发展有效性等国际理念共识下催生的时代产物；另一方

---

① 《2030 年可持续发展议程》是千年发展目标到期后，2015 年 9 月在联合国大会第七十届会议上通过，2016 年 1 月 1 日正式启动的新议程。新议程呼吁各国采取行动，为今后 15 年实现 17 项可持续发展目标而努力。这些目标述及发达国家和发展中国家人民的需求，强调"不落下任何一个人"。议程范围广泛且雄心勃勃，涉及可持续发展的 3 个层面：社会、经济和环境，以及与和平、正义和高效机构相关方面。该议程还确认调动执行手段，包括财政资源、技术开发和转让以及能力建设，还有伙伴关系的作用也至关重要。

面，也是捐助国和国际/区域组织在发展中国家不断摸索、持续完善的实践探索。因此，研究国际发展领域评估，一是要把握评估相关国际理念的历史发展脉络，了解驱动评估发展的原动力；二是要研究评估的管理体系、标准设计、方法运用等具体实践，理解其作为国际发展全链条管理体系中的一大环节和功能，如何保障发展有效性，增强发展的综合效益。需要认识到，评估不仅在于确定"哪些是有效的、哪些是无效的活动"，回答"活动是否实现了发展目标"，更深层次的价值在于学习和经验总结，评估的功能性可以服务于项目的实践性，作为一个动态、持续的过程，不断支持改进国际发展活动。

对国际发展领域的监督评估（Monitoring & Evaluation）最早发端于20世纪60年代，联合国、世界银行、亚洲开发银行、非洲发展银行等多边机构和经济合作与发展组织发展援助委员会（OECD-DAC）国家开展了大量评估实践，逐渐形成了相对成熟的体系和标准。近年来，国际发展领域的评估面临着新的形势变化，第一，发展议题的全球性。公共卫生、气候变化、难移民等发展议题越来越呈现出全球性、跨界性、复杂性特点，这对发展评估提出了更高的要求，要求以更综合的视角来审视发展活动的有效性。第二，发展主体的多元化。官方援助资金的规模具有有限性，私营部门资金在弥补可持续发展资金缺口中发挥着不可或缺的作用，这已成为国际社会的共识。越来越多的主体参与到国际发展事业中，除传统的多边国际和地区性组织、各捐助国政府，还有私营部门、民间社会组织、慈善基金会等主体日益活跃在发展中国家。第三，评估层次的多维性。决策者和其他利益相关者不再仅仅依赖单个项目层面的评估，还出现了对整体规划、国别合作战略、特定领域的评估，以便从多部门、多层面和多利益相关者的角度来看待发展活动的影响，提取决策所需的信息和经验。第四，评估方式的创新性。新冠疫情限制了全球人员流动，但新技术的发展为评估带来了新的机遇。西方国家和国际组织正在革新评估手段，测试和应用现代化的数据收集与分析技术，如地理信息应用、无人机、大数据等，培育具有不同类型知识专长、经验的评估人才队伍，以期对日益复杂的发展活动提供新的分析视角。

在发展中国家，发展评估是一项方兴未艾的事业。随着发展中国家政府和公众对公共资源使用绩效的关注不断增强，加强结果导向的评估体系建设是加强问责、提高资金绩效必不可少的一环。一个好的评估除了评估项目既得成效外，更能够应对潜在问题或矛盾提出早期预警，以便相关决策者在下一阶段探讨项目或制定政策时考虑这些信息，更好地应用于发展项目的立项和管理中。

中国的国际发展属于南南合作范畴。中国是南南合作的坚定支持者、积极参与者和重要贡献者，在其他发展中国家开展了大量发展项目。相对而言，中国发展领域的评估起步较西方更晚。中西方思维理念和发展行为逻辑存在的差异，使得双方对监督评估的语义不完全相同。西方评估遵循逻辑理性和因果原则，寻求向公众和外界释证行为的合法性和有效性。而长期以来，我国发展评估受"受援国提出"的传统立项模式和"交钥匙工程制"的管理模式影响，注重评估项目的落实和产出，监督评估更多被赋予防范质量、安全、廉政风险的内控概念。2018 年 4 月，我国成立国家国际发展合作署，负责拟订对外援助战略方针、规划、政策，统筹协调援外重大问题并提出建议，推进援外方式改革，编制对外援助方案和计划，确定对外援助项目并监督评估实施情况等，① 推动中国国际发展合作事业不断发展，管理机制正处在整体性提升、全方位变革时期。2021 年发布的《新时代的中国国际发展合作》白皮书指出，"制定科学规范、完整有效的评估标准"②，意在形成适应我国国情和援助特点的评估标准体系，多维且全面地考察对外援助的贡献。在这一进程中，需要形成相应的评估理论，整合评估资源，丰富评估方法，发挥评估功能作用，增强我国发展项目综合效益，助力提升参与全球治理的话语权和影响力。

在该领域，学术界已有一些关于援助有效性的理论讨论，也有部分介绍英国、美国等经济合作与发展组织成员国评估的学术文章，但成体系的介绍国际发展领域评估经验的学术成果目前还不多见。其中，《国际发展援助的有

---

① 国家国际发展合作署. http://www.cidca.gov.cn/zyzz.htm.
② 国务院新闻办公室. 新时代的中国国际发展合作白皮书［R/OL］.（2021-1-10）. http://www.scio.gov.cn/zfbps/ndhf/44691/Document/1696699/1696699.htm.

效性研究：从援助有效性到发展有效性》① 一书从援助有效性和发展有效性两个角度，研究了发达国家和发展中国家对外援助的经济增长效果及减贫效果，提出构建国际援助质量和效果的综合评估机制。《国际发展合作：理论、实践与评估》② 一书就国际发展合作评估的方法进行了介绍，如非实验影响评估方法、随机实验评估法。国内一些学术文章介绍了国际评估经验，例如《国际发展援助评估政策研究》③ 介绍了国际发展援助评估的基本原则和方法、评估政策，以及法国、瑞典、挪威等国的评估制度；《对外援助监督评估制度：借鉴与完善》④ 主要介绍了美国、日本和国际组织发展援助监督评估制度，并结合中国实际，提出促进评估制度化的建议；《国际援助项目评估指标体系建设》⑤ 总结了西方评估指标体系构建的逻辑和具体指标设置，提出中国援助评估指标体系构建的建议；《美国对外援助评估机制及启示研究》⑥《美英日发展援助评估体系及对中国的启示》⑦《DAC 对外援助评估体系及对我国的启示》⑧ 主要介绍美国国际发展署、日本国际协力机构、英国国际发展部等评估体系和评估方法。总体而言，这些学术成果一是集中在美国、日本等传统捐助国，对多边开发机构、新兴国家的评估研究不多；二是重理论和制度研究，实操性的系统总结和领域案例研究较少。

本人工作后一直从事国际发展合作和中国对外援助的研究，参与了多年中国发展项目的具体评估工作，包括援外项目绩效评价、项目评估、专项评估和综合评估。为努力提升评估的科学性，在工作中经常查阅、借鉴其他国家和多边机构的做法，因而开始长期跟踪国际发展领域评估的相关议题。这

---

① 黄梅波. 国际发展援助的有效性研究：从援助有效性到发展有效性 [M]. 北京：人民出版社，2020.

② 赵剑治. 国际发展合作：理论、实践与评估 [M]. 北京：中国社会科学出版社，2018.

③ 黄梅波，朱丹丹. 国际发展援助评估政策研究 [J]. 国际经济合作，2012 (5)：54-59.

④ 曹俊金，薛新宇. 对外援助监督评估制度：借鉴与完善 [J]. 国际经济合作，2015 (4).

⑤ 刘娴. 国际援助项目评估指标体系建设 [J]. 项目管理评论，2021 (7).

⑥ 王新影. 美国对外援助评估机制及启示研究 [J]. 亚非纵横，2014 (6).

⑦ 徐加，徐秀丽. 美英日发展援助评估体系及对中国的启示 [J]. 国际经济合作，2017 (6)：50-55.

⑧ 王玉萍. DAC 对外援助评估体系及对我国的启示 [J]. 山西大学学报，2016 (6).

本书基于本人的研究积累成果，也是本人在实际工作中探索构建中国发展领域评估体系的工作认识和现实思考。本书的研究主线是"评估"，研究对象是"发展"，着力点在"实践"，不过分关注发展评估的具体结果，而是聚焦评估本身。本书是对西方发展领域评估经验总结的一次学术探索，其新意在于其实践性和可借鉴性，通过对国际发展领域有效性理念和发展脉络的梳理，从评估管理机制和政策、评估标准和内容、评估流程和方法、评估成果运用等方面，介绍国际评估实践，辅以具体案例解析，融合宏观视角和微观层面，全面和系统地呈现国际发展领域的评估图景。

具体而言，本书分为 3 个部分：第一部分介绍国际发展领域评估概论，回答"什么是评估"和"为什么评估"（第一章和第二章）。第二部分介绍经济合作与发展组织传统援助国、多边发展机构的评估实践，主要从评估管理机制和政策，评估标准、内容和指标，评估流程和方法，评估结果运用 4 个方面（第三至六章）介绍不同主体的评估实践，总结共性经验，发现个性特点；并通过不同领域的具体案例研究（第七章），分析其特点和经验做法，回答"如何开展评估"的问题。由于发展合作主体的多样性，本书重点选取了三类主体进行样本分析，一是日本、法国、瑞士等经合组织发展援助委员会国家，代表传统捐助国；二是世界银行、亚洲开发银行、非洲发展银行等多边发展银行；三是以联合国机构为代表的多边组织。第三部分介绍我国国际发展评估的发展历程，分析当前面临的时代形势（第八章），最后提出构建中国特色国际发展评估体系的路径建议（第九章）。

希望本书通过借"他山之石"，对于我国形成自己的国际发展评估体系提供一定理论和实证借鉴，也为我国更好地对接全球可持续发展议程提供有益参考。

作　者
2022 年 7 月

目　录

第三篇　中国国际发展领域评估实践及展望

图目录

表目录

专栏目录

第一篇
国际发展领域评估概论

　　西方的国际发展评估报告汗牛充栋，翻阅其中，可以发现种种轶事。荷兰援助斯里兰卡的奶牛被运到当地后，一些奶牛因为卸货准备不足而被推下飞机，另一些奶牛因为无法承受当地气候而死亡；发展工作者帮助当地农民建造的砖房，因为使用技术"水土不服"，建造的房屋闷热难忍，却被当地人用作羊舍；拖拉机被运送至贫穷的国家，却因当地无财力购买燃料而被弃置一旁；捐赠的昂贵医疗设备在南亚的农村诊所被闲置，因为没有医生会用；① 对埃塞俄比亚营养计划覆盖的儿童要么因年龄太大无法受益，要么实际上没有营养不良。② 诸如此类的失败教训在评估报告中一一呈现，带给人们的反思和启发不能不说是发展领域一笔宝贵的财富。但也要看到，评估在某种程度上是一种反"人性"的"揭伤疤"活动，正如前世界银行行长罗伯特·斯特兰奇·麦

---

① Jos van Beurden, Jan-Bart Gewald, From output to outcome? 25 years of IOB evaluations. 1978—2003, 2004. https://www.oecd.org/derec/netherlands.

② OECD, Evaluating Development Activities——12 lessons from the OECD DAC, 2013. https://www.oecd.org/dac/peer-reviews.

克纳马拉（Robert Strange McNamara）[1] 所说，"对我们任何一个以自己的活动为荣的人来说，承认失败是非常、非常困难的。"[2]

那么，评估究竟是什么？我们为什么要进行评估？事实上，国际发展领域的评估与整个国际发展合作事业相伴相生，其历史进程与国际发展演进逻辑一脉相承。本部分第一章首先框定国际上国际发展以及评估的定义，介绍国际发展领域评估的意义和功能。第二章梳理国际发展中有效性议题提出的历史逻辑，阐释评估产生和发展的时代背景。特别是在提出 2030 年联合国可持续发展议程的新形势下，评估面临的全球大环境和被赋予的时代使命。

---

① 罗伯特·斯特兰奇·麦克纳马拉，美国人，1968—1981 年任世界银行行长，在任内致力于解决贫困问题，把世界银行援助重点从发达国家向欠发达国家转移。

② P. G. Grasso, S. S. Wasty, R. V. Weaving, World Bank Operations Evaluation Department: The first 30 Years, World Bank, Washington, D. C., 2003, p. ix.

第一章　国际发展领域评估的概念和功能

第一节　国际发展及评估的概念界定

一、国际发展

国际发展是第二次世界大战后兴起的概念，在国际关系中属于一个相对较新的领域，偏向发展经济学科，主要研究的是发展中国家经济、社会发展。对国际发展的理解有很多种，一种是狭义的财政援助，即经济合作与发展组织（以下简称"经合组织"）发展援助委员会提出的"官方发展援助"（Official Development Assistance，ODA）[①]；另一种理解更为宽泛，认为流入发展中国家市场的资金均可囊括，包括外国直接投资、外汇流入，以及发展中国家国内资源调动等。实际上，国际发展应介于上述两种理解之间。国际上普遍认为国际发展需要符合 3 个目标：一是支持和补充发展中国家保障国内基本社会供给、维护基本人权的努力；二是促进发展中国家更高水平的收入

[①] 1961 年，经合组织发展援助委员会（OECD-DAC）开始监测流向发展中国家的资源，并重点关注其中的官方和优惠性资金，即"官方发展援助"（ODA）资金。1969 年，DAC 首次定义官方发展援助，并根据形势发展对定义进行调整。当前，OCED 对官方发展援助的定义为旨在促进发展中国家经济发展和福利的政府援助，包括双边提供或通过多边发展机构提供。根据上述定义，官方发展援助必须满足以下 4 个条件：一是由官方机构提供，包括中央、地方政府或其执行机构；二是以促进发展中国家的经济发展和福祉为主要目标；三是接受对象须具有受援国资质，在 DAC 发布的受援国家/地区清单或多边发展机构名单中；四是援助具有一定优惠度。

和福祉，改善不平等状况；三是支持发展中国家积极参与提供国际公共产品。[①] 联合国文件认为国际发展应该符合4个标准：第一，支持受援国或国际发展的优先议程。不是所有的国际公共非营利活动都属于发展合作，而应基于国际或区域达成的共同发展目标。例如，围绕国际协调安全行动或支持发展中国家军事能力而开展的国际合作，就不属于发展合作的概念。第二，非营利驱动的活动。这一概念是指无偿或者以比市场条件更优惠的条件提供的资金，用于纠正市场失灵，也包括引导私营资金投入发展目标的行为。第三，从发展中国家需求出发。只有当行动的目标是为发展中国家创造新机会，充分考虑影响发展中国家发展的结构性障碍，才能算作发展合作。第四，基于合作关系，寻求发展中国家自主权。发展合作应基于合作和平等的关系，尊重发展中国家主权，帮助补充以发展为目的的资源和能力，增加发展中国家的资源和发展机会。[②]

以21世纪初联合国"千年发展目标"的提出为标志，国际社会拥有了公认的全球目标参考框架共识。千年发展目标提出了消灭极端贫穷和饥饿、普及小学教育、两性平等和女性赋权、降低儿童死亡率、改善产妇保健、对抗艾滋病及其他疾病、确保环境可持续性、全球发展合作等八项目标，这对国际发展发挥了领航作用。[③]

2015年，国际社会达成新的发展共识——《亚的斯亚贝巴议程》，该议程包含了一系列国际发展合作的承诺和行动。基于《亚的斯亚贝巴议程》，国际发展的内容不断拓展，包括了发达国家官方发展援助、南南合作和三方合作、多边开发银行资金、其他官方资金流动和撬动的额外资源，气候融资、灾害风险和环境复原力、人道主义融资与和平建设、卫生健康伙伴关系、教育伙伴关系和国际合作与能力建设等。本书所研究的"国际发展"的范围，

[①] Jean-Michel Severino and Olivier Ray, The End of ODA: Death and Rebirth of a Global Public Policy, Working Paper 167, 2009.

[②] José Antonio Alonso and Jonathan Glennie, What is development cooperation, 2015. https://www.un.org/en/ecosoc/newfunct/pdf15/2016_dcf_policy_brief_no.1.pdf.

[③] Klingebiel S. What Is Development Cooperation?. In: Development Cooperation: Challenges of the New Aid Architecture. Palgrave Pivot, London, 2014. https://doi.org/10.1057/9781137397881_1.

参考上述标准，主要包括发达国家通过资金投入、知识转移等方式，促进发展中国家民生福祉和经济发展的活动，如技术援助和优惠融资等。

二、什么是评估

评估最早可以追溯到 20 世纪初，西方国家在教育学和福利科学等社会科学方面开展了一些评估活动。[①] 20 世纪 60 年代，现代意义的评估政策逐渐形成[②]，以切实的证据为基础，本质上是批判性思维，其目的是对政策、计划、战略、系统等的优点、不足、价值或意义作出合理判断。

在发展领域，经合组织于 1991 年对评估作出了明确定义："评估是尽可能系统和客观地评价正在进行的或已完成的项目、方案或政策的设计、实施和结果。其目的是确定目标的相关性和实现情况、效率、有效性、影响和可持续性。评估应提供可信和有用的信息，使经验教训能够被纳入援助方和受援方的决策过程中。"[③] 这一定义比较全面地点出了评估的对象、内容、要求和目的：评估的对象是正在进行的或已完成的项目、方案或成果的设计、实施和结果；评估的内容是目标的相关性和实现情况、效率、有效性、影响和可持续性；评估的要求是尽可能系统和客观，提供可信和有用的信息；评估的目的是使经验教训能够被纳入援助方和受援方的决策过程中。

评估与监测有关，但不完全相同。监测作为一种管理工具，主要用于跟踪项目执行的持续进展，包括产出（如参与者的目标数量）、进展情况（是否达到了参与者的预计目标人数）、结果（政策或计划的结果产生了什么变化）。评估可以利用这些监测数据，但重点关注的是实施、产出和发展成果的实现情况，以及长期的发展影响。例如，监测可能会问"该项目给目标社区多少人发放了物资"，相应的评估问题是"该项目的受益覆盖面有多大"。评估可以帮助回答"为什么"，目标能够实现或不能实现的原因，并帮助确定怎样做

---

① Peter H. Rossi, Howard E. Freeman and Sonia R. Wright, Evaluation: A systematic approach, SAGE, 1979.

② Kiyoshi Yamaya, Theory and Development of Policy Evaluation, Koyo Shobo, 1997.

③ OECD DAC, Quality Standards for Development Evaluation, 2010. https://www.oecd.org.

才能实现活动的成功。

评估与审计存在不同之处。审计作为一种独立活动，其目的是检查一个组织的效率和治理过程，也是为了检查风险管理的效率，确保一个组织的运作过程按照预先定义的标准程序进行，并且不发生财务违规行为。而评估是一个识别和理解的过程，希望反思整个过程，以促进结果的改善。在这个意义上，审计关注的是正确的管理，评估关注的是正确的做法；审计侧重于效率，评估侧重于影响。

评估与学术研究也有所不同。需要承认的是，评估与其他社会科学、甚至是自然科学有着许多相同的方法和途径，评估人员需要利用一系列评估设计（如实验设计、准实验设计）和方法（如案例研究、观察性研究、访谈等）来了解某一特定项目的效果。社会研究主要是发现情况、分析逻辑，试图找出"情况是什么""这个世界是如何运作的"等问题。评估是一种应用社会研究，当评估者寻找结果时，不只是把目标放在描述世界上，而是要确定某些有价值和有意义的事情是否发生、是否实现了预期变化。这意味着评估者必须既是合格的社会科学家，又需对数据作出基于价值的判断和解释。

第二节　评估的功能意义和现实逻辑

一、评估的功能意义

评估是保障国际发展有效性的重要工具，在提高发展合作质量的努力中发挥着重要作用。评估的目的是双重驱动的：第一，学习（Learning）。与国际发展领域的援助需求相比，用于发展目的的资金显然是稀缺的。通过开展对失败和成功的循证评估，能够了解哪些援助活动有效、哪些无效及其原因，找出对发展援助成功造成限制的因素。产生有价值的信息后，捐助国和受援国的利益相关者能够最大限度地吸取经验，改进未来的援助政策、方案和项目，提高战略规划和政策制定质量，优化资源的使用。同时，评估也为捐助国和受援国之间的对话提供了契机，使捐助国有机会聆听受援国的感受。在国际层面，捐助方各个层面通过相互交流经验，可以相互学习、启发。因此，经合组织定期组织捐助国之间开展同行评议（Peer Review），也是提供一种横向学习的软性机制。

第二，问责制（Accountability）。在捐助国内部，国际发展大多使用的是国家财政资金。由于公共部门资源分配、向政府问责是议会的基本功能，因此西方国家的国际发展官员往往需要向议会通报，阐释援助资金的使用情况和效果，为公共资金的分配和使用提供合法性，以便促进监督问责。在经济、社会和环境挑战日益严峻的同时，政府面临着越来越大的压力，要求以更少的资金提供更多、更好的服务。伴随国际发展合作议程的规模和覆盖面不断扩大，各国要求财政不再只是对资金消耗额度和去向进行记录，而应逐步转向以结果为导向的评估，回答"资金是否用在了最迫切的活动上？资金的利用效率如何？援助活动的效果怎样？"等问题。也就是说，这里的问责概念与援助的发展成果和影响有关，有别于审计和法律意义上的公共资金使用问责制。问责本身不是最终目的，而是有效合作的手段，因此也是取得有效发展成果的手段。[1] 此外，国际发展官员也可以通过评估，向国内外公众、包括受援方展示发展合作的成果，增加捐助国的可信度和透明度。

二、评估的现实逻辑

评估作为发展援助管理的重要环节，是以评估的技术功能服务于外部监督和问责，也因此成为西式程序民主的必然产物。在这样的背景下，法国、德国、荷兰、澳大利亚、加拿大、韩国、美国等经合组织国家都努力推动评估文化和监测评估体系的发展，形成了突出独立性和外部性、重视程序化和透明度的成熟体系。如澳大利亚2013年出台了《公共治理、绩效和问责法案》，美国2016年出台了《对外援助透明度和问责法》，向公众和议会提供可信证据，争取议会拨款，增强公众对政府的信心。日本开展对外援助评估的目的包括三点：一是促进项目更好实施，对今后实施类似的项目提出改进意

---

① José Antonio Ocampo and Natalie Gómez-Arteaga, Accountability for development cooperation, International Social Science Journal No. 4, 2017.

见；二是向公众进行问责确保，使民众了解日本国际协力机构（JICA）做了什么；三是反馈到受援国家，让他们了解项目效果。①

对于国际组织来说，虽然不同于主权国家有来自议会的压力，但其机构性质也要求提供公正、有效和可信的证据，对资源使用情况进行说明，展示其工作的相关性、附加值、有效性、效率、影响和可持续性。以联合国为例，联合国系统内有 20 余个参与发展、人道主义的组织，包括基金或方案，专门机构和其他联合国实体。② 评估是支持联合国系统对结果问责、学习和知识发展，加强其在全球范围内领导作用的主要工具之一。联合国前秘书长潘基文曾表示："作为秘书长，我的一项主要职责是不断改善联合国，以便为我们所服务的人民服务。这意味着要知道我们是否实现了我们的目标，如果没有实现，如何才能做得更好。因此，评估对于促进问责制，对于我们理解在哪些方面做得正确、哪些方面可能出现错误至关重要。随着各成员国制定了 2015 年后新的可持续发展议程，评估将变得日益重要。在任何地方、任何层面进行的评估对于执行新的发展议程都将起到关键作用。"③ 联合国现任秘书长安东尼奥·古特雷斯也表示，"我们需要一种评估文化，独立、实时、完全透明的评估。"④ 可以说，评估职能对于联合国系统实现其目标、说明成功以及进行必要改革以改善国际发展治理的能力至关重要。

对于多边发展金融机构来说，评估是加强组织内部良好治理的管理工具。国际金融机构始建于第二次世界大战后，是指由一个以上的国家建立（或特许）的金融机构，其所有者或股东一般是国家政府。⑤ 多边发展金融机构通过向受援国提供信贷和赠款，支持经济和社会可持续发展的具体项目；或向受援国提供技术和咨询援助，围绕发展问题进行研究。

---

① JICA Guidelines for Operations Evaluation, 2014. https://www.jica.go.jp.
② https://www.un.org/sites/un2.un.org/files/un_system_chart_e_0.pdf.
③ 联合国评估小组. 评价规范和标准, 2016.
④ https://intelligentmeasurement.net/2016/11/15/new-un-sg-we-need-a-culture-of-evaluation/.
⑤ Evaluation as a driver of reform in IFIs, 2017. https://www.oecd.org/derec/afdb/afdb-eval-matters-q42017-evaluation-reform-ifis.pdf.

表1-1 全球主要发展金融机构列表

国际货币基金组织（IMF） 世界银行（WBG） 国际农业发展基金（IFAD） 欧洲投资银行（EIB） 伊斯兰开发银行（IsDB） 亚洲开发银行（ADB） 欧洲复兴开发银行（EBRD） 拉丁美洲开发银行（CAF） 美洲开发银行集团（IADB） 非洲发展银行（AfDB） 亚洲基础设施投资银行（AIIB）	加勒比开发银行（CDB） 中美洲经济一体化银行（CABEI） 东非开发银行（EADB） 西非开发银行（BOAD） 黑海贸易和发展银行（BSTDB） 新开发银行（NDB）

国际金融机构的独立评估部门通过加强问责制和透明度，有助于提高组织的竞争力和可持续性，激发更大的可持续发展影响。例如，在世界银行体系中，评估位于监督、监管和研究三者的交汇核心位置。评估部门通过执行主体编制的项目完成评估报告，可以实现监督；通过独立评估局开展的独立评估，可以实现监管（检查、审计）；通过影响评估，可以总结经验，促进政策研究工作。此外，独立的机构评估有助于国际金融机构进行人力资源规划和政策改革，不断提升适应新挑战的能力。"关键绩效指标"（KPI）最初由私营企业使用，用于确保与战略保持一致，并为决策提供反馈。为了跟踪结果进展，金融机构也多引入了KPI，将一些关键绩效指标作为记分卡（Scorecard）向社会公开。因此，评估的一大任务是关注产出和结果，以展现组织整体绩效。

1996年，5个主要多边开发银行（非洲发展银行、亚洲开发银行、欧洲复兴开发银行、美洲开发银行和世界银行）成立了评估合作小组（Evaluation Cooperation Group，ECG），以促进多边金融机构间对评估方法采取更加统一的方法。[①] 当时，《服务于不断变化的世界：多边开发银行特别工作组的报告》

① ECG有一个三层的成员结构，包括：成员、常驻观察员和临时观察员。ECG目前有10个成员和3个永久观察员。临时观察员是正在申请成为正式成员的机构。成员和观察员每年举行两次会议（春季和秋季），讨论和分享关于当前评估问题的经验。会议由ECG主席主持，ECG成员轮流担任主席。

指出，"应努力协调绩效指标和评估标准，同时考虑到每个机构的不同情况。五个多边开发银行评估单位的负责人应定期会面，交流经验。"① 为落实该报告提出的整改意见，ECG 出台了《评估良好实践标准》，内容包括国家战略和计划评估、基于政策的贷款业务评估、私营领域业务评估、公共领域业务评估、评估职能的审查框架、技术援助/合作评估等。2012 年，ECG 对《评估良好实践标准》进行更新，将其作为一份在线文件出版，以解决术语上的差异。成员们还共同进行联合评估，讨论评估部门独立性、可评估性，以及经验教训的学习和传播等问题。

---

① Serving a Changing World, Report of the Task Force on Multilateral Development Banks, 1996. https://www.ecgnet.org/sites/default/files.

第二章　国际发展领域评估的发展历程

第一节　国际发展领域评估的历史沿革

第二次世界大战结束后，1947 年，美国时任国务卿马歇尔提出了"马歇尔计划"，旨在为西欧国家提供支持，帮助结束西欧贫困、混乱和政治动荡的局面，这被认为是对外援助的开端。与此同时，非殖民化进程在亚洲、非洲等地区掀起，越来越多的新独立国家进入世界舞台，这些国家也开始呼吁外国援助。1948 年 12 月，联合国大会通过了第 198 号决议，强调了国际社会对不发达国家经济发展的责任。① 1949 年 1 月，美国时任总统哈里·杜鲁门在就职演说中提议建立"第四点计划"，以帮助世界上不发达地区促进经济增长，提供技术援助和鼓励私人资本流动。除了双边援助外，20 世纪 60 年代前后，不少地区性发展银行成立，如泛美开发银行（1959）、非洲发展银行（1963）、亚洲开发银行（1966），其目的是支持地区内国家的减贫努力，实现包容性、可持续增长。

在国际发展蓬勃开展的背景下，1961 年，主要援助方成立了经合组织发展援助委员会（OECD-DAC），其成立的初衷有二：一是以共同援助努力作为目标，提高给予发展中国家的资源规模；二是改善对外提供援助的有效性。20 世纪 70 年代末，中东战争引发全球石油危机，各国经济下行压力巨大。以

---

① https://digitallibrary.un.org/record/210065?ln=zh_CN.

经合组织成员国为代表的西方国家和机构开始关注并反思援助有效性问题。从评估联络人小组到评估专家组，OECD-DAC 对评估议题进行了诸多探索。在 20 世纪八九十年代，结果导向的管理（Result-Based Management）进入各国行政领域，也融入发展领域，成为重要的管理工具之一。21 世纪初，千年发展目标提出后，国际社会开始关注发展有效性问题，加强对资金投入效果的评估，提高支持发展中国家发展的效率和效果，以期如期实现国际社会达成的发展目标共识。2002 年，蒙特雷国际发展融资会议召开，又先后召开了罗马、巴黎、阿克拉、釜山四次援助有效性高层论坛，传统援助国就如何评估和提高援助有效性初步形成了共识，国际社会关于援助有效性的基本原则和评估路径逐步确立。

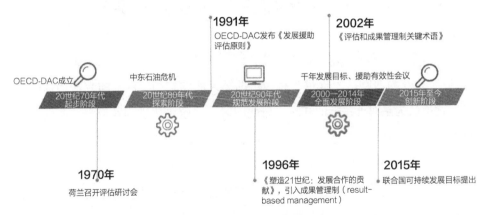

图 2-1　国际领域评估发展的历史沿革

一、1961—1978 年：萌芽起步阶段

1961 年，发展援助委员会成立后，将援助结果纳入了其工作视野。在 1962 年的第一份主席报告中，DAC 时任主席詹姆斯·里德尔伯格就提出，"成员国政府最好更多地对其援助行动的结果进行批判性评价，并交流这一领域的经验。"[1] 在德国、荷兰和北欧各国的努力下，在德国（1966）、荷兰

---

① The DAC Network on Development Evaluation - 30 years of strengthening learning in development, 2013. https://t4.oecd.org/dac/evaluation.

（1970、1973）和丹麦（1975）先后举办了关于援助评估的知识研讨会，各国援助工作人员进行了非正式交流，讨论援助结果的评价问题。1970 年 10 月，在荷兰召开的研讨会上，各国援助工作人员讨论了援助评估方法和评估结果应用，这次会议被认为是对发展评估达成一致的转折点。[①] 1972 年，DAC 编写了一份名为《评估发展援助》（*Evaluating Development Assistance*）的文件，描述了评估方法问题，并建议将评估作为一种有效的管理工具来使用。[②]

在当时思潮的影响下，比利时、瑞典、荷兰、德国、加拿大等国和世界银行等机构，都相继成立了发展业务评估部门。[③] 但当时的评估主要集中在单个项目和计划上，大多是对项目进行的中期或阶段性评估，只有少量的终期评估。

专栏 2—1

荷兰发展评估部门的创建

20 世纪六七十年代，荷兰政府部门的公共开支很少被审查。卫生、教育和劳工等部门都有自己的监察机构，但监察工作重点是确保机构遵守官方规定和条例，而不是审查政策。1965 年，时任荷兰发展合作部部长 Theo Bot 委托对荷兰的发展援助进行独立评估。在 3 年的时间里，一个由来自 6 个研究所的 18 名研究人员组成的团队开展了评估工作。该评估报告提出了一些严重的批评，指出了对前荷兰殖民地印度尼西亚的援助政策、青年志愿者计划以及捆绑援助方式[④]等的弊端。当时，发展援助一直是议会和公众讨论的话题，有一些反对力量希望减少政府在发展援助方面的支出，声称荷兰纳税人辛苦赚来的钱被滥用或浪费在无效的活动上。1969 年，该报告

---

① ODA Evaluation Guidelines, 2003. https://www.oecd.org/derec/japan/35141306.pdf.

② The DAC Network on Development Evaluation–30 years of strengthening learning in development, 2013. https://t4.oecd.org/dac/evaluation.

③ OECD, Aid Evaluation: The experience of members of the Development Assistance Committee and of International Organisations. Paris, 1975, p. 21, 36, 16, 56, 86.

④ 捆绑援助（tied aid），也称约束性援助，是指在援助中要求使用援助方本国的产品或技术。

发布之后，荷兰自由派报纸 *Nieuwe Rotterdamse Courant* 写道，花费这么多钱"在一个相当可疑的东西上是危险的愚蠢行为"，并总结说："我们必须明白，别人的贫穷不是我们的责任。一个想要独立的国家必须付出经济发展的代价，发展援助只是一种临时措施，它推迟了寻求真正的治疗方法，加剧了弊病。"①

这个评估团队里有一位成员名叫扬·普龙克（Jan Pronk），其就职于鹿特丹荷兰经济研究所。1972 年，他被任命为荷兰发展合作部部长。显然，20 世纪 60 年代的经历对普龙克来说是一次成长，他认识到发展评估的重要性。1977 年 8 月，普龙克设立直接向部长报告的行动审查小组（Policy and Operations Evaluation Department, IOB），就荷兰的援助项目提供清晰、详细和独立的信息，并就这些项目和活动提出报告及建议。这使他能够领先反对党和批评者一步获得信息，并对自己的公务员进行检查，这些报告被严格保密。这是荷兰发展评估部门的前身。

二、1979—1990 年：探索成长阶段

20 世纪 70 年代末，受中东石油危机冲击，西方国家财政经济状况普遍困难。彼时的 DAC 国家已进行了近 20 年的援助努力，成员政府普遍希望援助产生更多积极影响，了解发展援助是否真正有效。在此背景下，在 1979 年 DAC 年会上，"援助有效性"作为一项议题被提及。年会过后，评估联络人小组（Evaluation Correspondents）应运而生②，小组由美国国际发展署（USAID）担任主席，DAC 所有成员均为成员，世界银行作为永久观察员。联络人小组的职责有 4 个：一是调查并报告关于援助有效性的评估发现；二是考虑将问题反馈至决策层；三是研究评估如何能够对民众公共信息获得有所助力；四是考虑捐助方如何支持发

---

① Jos van Beurden, Jan-Bart Gewald, From output to outcome？25 years of IOB evaluations. 1978—2003. https://www.oecd.org/derec/netherlands/35146592.pdf.

② OECD DAC, A History of the DAC expert group on aid evaluation, 1993. https://www.oecd.org/dac/evaluation/40163156.pdf.

展中国家的评估工作。当时的广泛共识是，此次任务与常规的项目监测不完全一致，应对援助的"影响"进行评估，以衡量援助有效性，将评估发现反馈给决策者，并将用于公共信息公开。评估作为一个管理工具，将指导"更好的援助"。

1981 年 5 月，DAC 评估联络人小组在法国巴黎举办了首次会议，开始调查援助有效性的相关事宜，这项任务持续了两年。小组选取了农村发展的 6 个领域（包括水、道路、畜牧业、医疗卫生、综合服务、农业研究），以及粮食援助和教育培训领域开展评估，由小组准备问卷，列明需要的数据，各国分头搜集数据、总结经验。联络人小组工作既分头行动，也统筹协调，汇总各捐助国发展援助努力的成果，打破了原先较为闭塞的信息渠道，形成了各国评估分享交流机制化的雏形。

联络人小组面临的是宏大的评估选题，学习价值巨大，但也遇到前所未有的挑战。以往的实践缺乏深度、长期的结构性评估，并没有要求评估者回答"政策目标是否达到"等问题。此次任务使用标准化问卷，对援助有效性数据进行汇总，需要回答因果联系、国别之间可比性等问题，以回应 DAC 高级别会议提出的"援助是否对接收国的发展发挥了影响"的援助有效性议题。联络人小组之中也存在着分歧，一些代表从根本上质疑援助有效性问题能否被回答；还有代表担忧，如果评估中发现了一些失败案例，提交至高级别会议后，会使各国发展援助机构面临压力，无法说服公众继续提供对外援助。

联络人小组艰难地寻找平衡，于 1982 年向高级别会议提交了报告。报告初稿回避了援助有效性无法被回答的问题，语调偏官方。在部分欧洲共同体委员会（CEC）① 参加者的呼吁下，小组又修改提交了一份更加积极的版本，根据时有数据，坦诚指出援助有效性的负面结论，报告也采取了积极的姿态，肯定评估对改善发展援助的有用性。

联络人小组报告提交后，1982 年 12 月，DAC 高级别会议决定评估联络人小组继续工作，将其改为"DAC 援助评估专家组"（DAC Expert Group on Aid Evaluation）。专家组成员与联络人小组一致，包括 DAC 成员、世界银行

---

① 欧盟的前身。欧盟于 1993 年正式成立。

和国际货币基金组织观察员。专家组还邀请了泛美发展银行、非洲发展银行和亚洲开发银行参加，联合国系统由联合国开发计划署评估办公室参加，欧洲复兴开发银行从 1992 年秋季开始参加。专家组的任务变为：一是加强国家和多边机构间的信息交流、经验与合作，改进评估活动，鼓励方法和概念框架的标准化，为协调大型评估研究计划奠定基础；二是为援助有效性改善作出贡献，提取评估发现的项目和方案规划经验；三是选取若干领域，研究开展联合评估的可行性；四是寻找促进发展中国家评估能力的方法。

可以看出，相较于原先联络人小组的工作，专家组开始从静态的回顾方法转向更前瞻的视角，进行了一些探索研究，聚焦研究应该做出哪些努力来改善援助对发展的影响、加强评估过程协调沟通、改进评估实践的方法和进程等。原先"评估如何支持公共信息的方法"的职能被取消，反映了 DAC 高级别会议将专家组从"展示""证实"援助有效性的压力中解放出来，专家组可以集中精力，通过总结过去经验，改进援助方案的质量，用评估引导新行动的"良性循环"。

1983 年 3 月，援助评估专家组召开了第一次会议。第一项日程就是从成员国的评估中审查业务经验，促进成员国间更好交流。各国发展机构普遍认为，应用"内部审查"取代原先的项目中期评估，并增加最终评估的数量；各国应制定年度评估方案，使评估的使用更加系统化，以确保被评估的项目和方案具有代表性。

第二次专家组会议由英国担任主席。英国建议关注发展援助机构评估决策、定义和术语、项目数据、不同类型援助评估的概念问题、评估程序和评估反馈，主导开启了一项重要的研究，即收集各国已有的评估方法、程序信息，对评估方法和程序进行汇编。在专家组积极推进下，法国、比利时、英国、美国、荷兰等国纷纷提交报告，最终形成了《援助评估方法和程序——捐助者实践和经验汇编》。[①]

随着对评估实务的研究愈加深入，不少新概念被提及和研究。1985 年春季会议后，专家组就聚焦了 3 个主要议题：跨领域议题、非项目援助评估和

---

① Methods and procedures in aid evaluation: a compendium of donor practice and experience, 1986.

提升发展中国家的评估能力。

第一，跨领域议题。评估的视角开始从项目层面转向关注一些共性问题，例如妇女在发展中的作用、援助后续维护等在项目层面很难单独研究的议题。专家组决定定期在评估研究中融入 2~3 个跨领域议题。1987 年年中，工作计划选择了 3 个议题，分别是援助可持续、对妇女的影响和对环境的影响。每个议题有一组标准化的问题，供各国评估组使用。最终报告呈交给 DAC 成员和多边机构审阅。

第二，非项目援助评估。非项目援助主要是指粮食援助、财政援助等。非项目援助评估的主要难点在于展示援助活动与产生影响之间的直接因果关系。1985—1987 年，美国国际发展署率先开展研究，总结了经验，形成评估非项目援助的方法和程序，于 1987 年 3 月发布了报告。[①] 报告认为，非项目援助应增强准备和执行，融入与其他捐助方和国际机构合作的规划进程；当要求紧急援助时，援助应该聚焦进口效率，而不囿于使用本国商品。

第三，提升发展中国家的评估能力。当时，发展中受援国普遍的观点是，评估是一种捐助方主导和问责制驱动的行为。专家组认为有必要举办更密集的对话，让发展中国家从内部管理的角度理解评估的作用，评估是需要主动的，而不是被迫施加的。因此，1983 年以来，瑞典开始领导组织编写汇编，支持发展中国家提升评估能力，包括评估信息、知识和技能转移，当地人员培训，评估反馈应用于发展中国家规划等。到 1985 年第五次专家组会议时，大部分成员同意支持发展中国家评估研究合作，建议参与者与发展中国家形成一对一"结对子"。经过艰难的准备，1987 年 3 月，首次发展中国家评估研讨会在法国巴黎举办，来自非洲、亚洲、拉丁美洲等发展中国家的数十名参与者参加。会上，发展中国家承认受援者可以通过评估来加强学习和问责。其中，亚洲参与者要求捐助者将评估活动与接收国的优先领域相结合；非洲国家要求受援国也参与评估活动，作为能力建设的一部分，但需要捐助者协调活动，减少对发展中国家人才和专业资源的占用；同时，在评估中应考虑文化因素。此

---

① The DAC Network on Development Evaluation – 30 years of strengthening learning in development, 2013. https://t4.oecd.org/dac/evaluation.

后，1990 年在科特迪瓦阿比让、1992 年在马来西亚吉隆坡、1993 年在拉美地区都举办了区域性研讨会，提升发展中国家参与评估的意识和能力。

三、1991—1999 年：规范发展阶段

20 世纪 90 年代，冷战结束，随着柏林墙的倒塌和两极世界体系的消失，新的国际秩序出现。但在世界许多地方，特别是在亚洲、中东、非洲和东欧地区，混乱和不稳定仍然存在，宗教和种族矛盾导致暴力冲突多发。因此，全球新秩序对国际发展领域带来的第一个影响是，苏联解体后出现新的国家，将捐助国的注意力从传统的发展中国家转移开来，欧洲和东欧国家（其中一些国家将很快加入欧盟）的贫困问题获得更多关注。新秩序带来的第二个后果是，冲突管理与维护和平在国际发展政策中变得更加重要，捐助国提供大量援助预算，强调"良治""善政"理念，用于新独立国家的转型、种族和区域危机以及恢复和重建活动。同时，许多人质疑援助有效性问题，认为发展援助对发展中国家的扶贫成效不大，在一国的发展中只是一个次要因素，西方议会、媒体和民众对发展合作的支持有所减少。

在这样的背景下，为响应 DAC 加强援助规模和发展有效性的总体任务，基于此前近十年对 DAC 成员政策和实践经验的研究与探索，特别是 1988 年通过的《项目评估原则》《方案援助原则》和《技术合作新方向原则》，1991 年3 月，经过近一年的前期准备，DAC 发布了《发展援助评估原则》（*Principles for Evaluation of Development Assistance*）。[①]

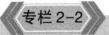

专栏 2-2

《发展援助评估原则》主要内容

一、引言

（一）捐助方/受援方伙伴关系

---

① OECD. Principles for Evaluation of Development Assistance, 1991. https://www.oecd.org/derec/dac-network/35343400.pdf.

（二）中心结论和对其他援助管理原则的互补性

（三）定义

二、评价的目的

三、公正性和独立性

管理评估的体制结构

四、可信性

五、有用性

六、捐助者和受援方的参与

七、捐助方合作

八、评估规划

九、评估的设计和实施

十、报告、传播和反馈

十一、原则的应用和后续行动

该原则是国际发展领域评估的里程碑文件，其实现了几个突破：

第一，确立了评估在整个发展管理体系中的地位。《发展援助评估原则》规定，发展援助机构应该制定评估政策，出台明晰的指导方针和方法，明确定义评估作用及在机构中的地位。也就是说，评估应该成为发展机构的中心工作之一，而且从一开始就应成为援助规划和管理的一个组成部分。

第二，提出了"公正和独立性、可信性、有用性"的评估原则。公正和独立性指的是评估的形式，可信性针对评估的内容，有用性关注评估的应用，这三者为评估构成了稳固的基石。一是评估过程和管理应该坚持一以贯之的公正，独立于决策以及发展援助的实施和管理。二是评估的可信度取决于评估人员的专业性和独立性，以及评估过程的透明程度。为了确保透明度，整个评估过程应尽可能地公开，如实报告成功和失败，并广泛公布评估结果。三是为了确保评估结果在未来政策和计划发展中得到利用，评估必须是及时的，评估结果必须以清晰和简明的方式提出，充分反映参与发展合作方的不同利益和需求，并建立反馈和对外传播机制。

第三，首次提出了 5 项评估标准，包括相关性、有效性、效率、影响和可持续性。这 5 项评估标准逐步成为评估国际发展与人道主义项目、方案和政策的核心参考。除了发展合作外，评估者和评估委托方也将这些标准应用于公共政策的其他领域。①

第四，鼓励捐助方和受援方、各捐助方之间发展伙伴关系。《发展援助评估原则》认为，发展援助是捐助方和受援方之间的一种合作性伙伴关系。发展中国家对自己的发展负责，发展援助只能是发展中国家自身努力的辅助和补充。项目绩效取决于捐助方和受援方共同行动，因此，双方都必须对评估感兴趣，这不仅是为了通过学习经验改善资源的使用，也是为了对双方政府和公众负责。评估的职权范围应涉及双方或多方伙伴所关心的问题，反映他们对有关活动效果和影响的看法。同时，《发展援助评估原则》也鼓励捐助方之间合作，以增进对彼此程序和方法的了解，避免重复劳动和行政负担。这一文件对西方援助评估体系产生了深远的影响。

1996—1998 年，经合组织对《发展援助评估原则》的应用情况进行了一次审查。评估专家组向各发展机构评估部门开展问卷调查，以审查"遵守或不遵守"的程度，评估原则的影响、效用和相关性；同时，对相关评估人员进行了直接采访，更好地了解发展评估机构所作评估的变化情况。② 审查发现，在原则出台后，各国发展机构的评估发生了以下几方面的变化：

第一，大多数成员对援助有效性给予新的、强有力的关注，已经重新设置了中央评估办公室。例如，1996 年，韩国国际合作机构（KOICA）成立了评估办公室。这一时期，不少评估办公室从业务部门独立出来，成为发展机构中的独立部门，从名称中可以发现，不少业务评估部门（Operation Evaluation Unit）更名为独立评估部门（Independent Evaluation Unit）。

---

① 采用更好的准则实现更优质的评估——评估准则的概念界定和应用原则（修订版），2019. https://www.oecd.org/dac/evaluation/revised-evaluation-criteria-chinese-2020.pdf.

② Review of the DAC principles for evaluation of development assistance, 1998. https://www.oecd.org/derec/dacnetwork/35343480.pdf.

第二，本地化评估规模不断扩大。中央评估机构从关注项目实施等"下游"活动转变为强调政策支持、宣传和能力建设的"上游"活动，项目评估呈现本地化趋势，由前方派驻人员在受援国一线开展。北欧几个国家的研究表明，具有相当水平的当地顾问可以取代一半的外部专家，建议与更多本地专家签订合同。[①] 报告还建议派出更多的专家到受援国一线工作。这一建议在后来的国别方案评估中被反复提及，并成为20世纪90年代将评估权力下放给前方工作人员的动因之一。

第三，对方案、专题和国别援助评估逐渐深入。随着20世纪90年代末减贫战略和综合方法的出现，如全行业方法、综合发展框架和减贫战略，评估人员将工作范围从单个项目扩展到更广泛、深入的政策评估，更加关注减贫的总体目标、治理问题（选举、公民社会、人权、腐败）、性别平等、环境保护、对国际紧急情况人道主义援助等评估。例如，1999年，DAC出台了《复杂紧急情况下的人道主义援助评估指南》。[②]

第四，更加关注衡量和报告发展结果的手段。双边捐助者需要寻求更多关于援助有效性的真实证据，反馈给议会和公众，问责在这一阶段成为评估的一个独特目标。量化的数据和有说服力的展示变得越发重要，评估也因此变得更具实验性，包括开始试点少量的影响评估、使用评分评级系统等。例如，荷兰基于回归分析的统计模型，开始研究援助对经济增长影响的评估方法论。[③] 1996年11月，亚洲开发银行业务评估部发布了《评估指南和方法论》，[④] 对评估系统、评分系统、反馈系统等进行了规范。

第五，多捐助方联合评估的效用凸显。20世纪80年代，曾有国家提出过捐助国联合评估方法，但由于还在实验阶段，评估专家组决定经过一段时间实践后再进行深入分析。直到日本在1989年对非项目援助开展评估，使得联

---

① From project aid towards sector support: an evaluation of the sector-wide approach in Dutch bilateral aid 1998—2005, 2006. https://www.oecd.org/derec/netherlands/37997636.pdf.

② OECD, Guidance for evaluating humanitarian assistance in complexe emergency, 1999. https://www.oecd.org/derec/dacnetwork/35340909.pdf.

③ Evaluating aid effectiveness in the aggregate: methodological issues, 2009. https://www.oecd.org/derec/denmark/43962669.pdf.

④ Guidelines and methodologies of evaluation. https://www.oecd.org/derec/afdb/35142362.pdf.

合评估重新提上议程。20 世纪 90 年代，发展援助方式不断变化，出现全部门援助方案和共同筹资计划。许多发展活动不再是一国自己的事情，将一国的贡献从共同的努力中分离出来、对其进行孤立的评估是不现实的，因此联合评估开始增加，并出现了一些标志性的联合评估，包括由加拿大、荷兰和挪威领导的对世界粮食计划署评估（1994）、由丹麦发起的《对冲突和种族灭绝的国际行动：卢旺达经验的教训》（1996）和由荷兰领导的对欧洲联盟（以下简称"欧盟"）粮食援助评估（1997）。联合评估对捐助者和受援者产生了积极影响，因为它们支持发展一种共同的评估文化，有助于提高对不同方式和方法的认识，传播良好的评估做法，并有利于加强伙伴关系。随着经验的增加，联合评估的数量越来越多。如由法国领导的《1995—1999 年欧盟援助的多捐助方联合评估》，由丹麦发起的《加纳公路子领域方案的联合评估》。1998 年，DAC 对《发展援助评估原则》的审查报告指出，参加过联合评估的16 个成员都认为联合评估非常或者有时是令人满意的，而且"证明在提供第一手相互信息来源、产生更好的结果、促进反馈以及调动知识、改善监测和节约资源方面令人满意"[①]。然而，审查中也提到了对成本提高的担忧，因为联合评估需要更多的时间和资源来协调及促进相互理解。隐蔽的议程、不同的方法、过于宽泛的结论和不同的政策目标都不利于联合评估的有效性。2000 年 2月，经合组织出版《多捐助方评估的有效做法》[②]，为一个以上捐助机构参与的项目联合评估提供指导。

专栏 2-3

对卢旺达的联合评估是一种催化剂

20 世纪 90 年代中期，整个人道主义援助经历了快速而紧迫的变革时期。随着冷战结束，不少国家内部冲突激增，流入危机地区的捐助国资金数

---

① OCDE, Reexamen des principes du CAD pour l'evaluation de l'aide au developpement, 1998.

② Effective practices in conducting a multi-donor evaluation, 2000. https://www.oecd.org/derec/dac-network/35340484.pdf.

量激增。人道主义援助快速兴起，与军事援助、和平安全一起成为一大类援助类型。

发展援助机构感受到了快速变化的内部压力，围绕人道主义援助有效性的研究日益增多。1994 年，丹麦外交部提出对卢旺达人道主义援助进行联合评估。除世界银行外，评估工作组的所有成员，以及联合国机构和非政府组织都参加了评估指导委员会。这次评估对人道主义领域产生了重大影响。它将捐助方、机构和学术界紧密联系起来。评估提出需要更好的问责制、更有效的人力资源管理、基于证据的援助标准以及明确的共同原则性价值观，促成了一系列新生的质量保证倡议，包括《救援人员行为守则》《最低标准环球项目》《问责制和绩效积极学习网络》和《人道主义问责制项目》。①

四、2000—2015 年：全面发展阶段

进入 21 世纪，2000 年 9 月，189 个国家和国际组织召开联合国千年首脑会议，通过了《联合国千年宣言》②，提出千年发展目标，包括 8 个目标和 18 个子目标，形成在 2015 年前实现减少世界贫困的可衡量目标。千年发展目标给国际发展的规划和实施方式带来了深刻的变化，援助资金从地缘政治考虑更多转向以促进可持续人类发展为重点。

为实现消除贫困、改善社会情况、提高生活水平和保护环境等各项目标，2002 年 3 月，联合国在墨西哥蒙特雷召开了国际发展融资会议。会议呼吁国际社会加大发展融资力度，并达成《蒙特雷共识》。共识肯定了官方发展援助（ODA）在发展融资中发挥的重要作用，呼吁发达国家大幅增加援助，早日达到 ODA 占国民总收入（GNI）比例 0.7% 的目标；受援方确保有效使用 ODA

---

① The DAC Network on Development Evaluation—30 years of strengthening learning in development, 2013. https://t4.oecd.org/dac/evaluation.

② 联合国官网. https://www.un.org/millennium.

资金，努力实现发展目标。

伴随千年发展目标和《蒙特雷共识》的提出，发展中国家获得的援助规模出现增长，发展伙伴数量不断增多。官方发展援助资金从 2002 年的 596.34 亿美元增加到 2005 年的 1013.23 亿美元，增长了一倍。① 在此趋势下，国际社会愈加认识到，促进发展目标不仅与援助金额投入相关，更与援助方式和影响有关。这一时期，"成果管理模式"（Result-Based Management）兴起并快速应用于发展领域，其目的就是要确保资金的可预测性和绩效。

成果管理模式是指 "一种注重绩效和实现产出、结果和影响的管理战略"，② 包括对战略规划、绩效衡量、评估以及利用结果进行管理的一系列过程。具体而言，在成果管理模式的第一阶段，确定要实现的目标，明确能够客观显示成就的指标，然后确定目标值。这一过程被称为 "战略规划"。第二阶段，开发系统，收集指标的绩效数据，来定期监测指标的进展，然后与目标值进行比较。这一阶段被称为 "绩效测量"。最后，根据监测的信息确定目标是否实现，并进行评估，对影响目标实现的因素进行详细分析。

成果管理模式首先应用于西方国家的公共财政部门改革。20 世纪 90 年代中期以后，全球化加速演进，许多经合组织国家在提升国际竞争力方面面临不少经济、社会和政治压力，为了应对预算赤字，开始广泛的公共部门改革。"重塑政府""少花钱多办事""体现钱的价值" 等流行的口头禅描述了当时盛行的公共部门改革运动。大多数西方政府和国际组织都引入了绩效管理、管理权力和责任下放、预算程序和财务管理制度改革等现代管理实践。不少国家出台立法或行政命令，推动和指导公共部门改革。例如，美国于 1993 年发布《政府绩效和结果法》③，英国于 1995 年发布《为纳税人的钱更好地核算白皮书》④，使政府承诺引入科学的资源核算和预算编制；在澳大利亚、加拿

---

① https://stats.oecd.org/Index.aspx?DataSetCode=CRS1#.

② Annette Binnendijk, Results based management in the development cooperation agencies: a review of experience, 2000. https://www.oecd.org/derec/dacnetwork/35350081.pdf.

③ Government performance and results Act. 1993.

④ White paper on Better accounting for the Taxpayers' money. United Kingdom, 1995.

大，审计和财政成为政府改革的主要推动者；日本于 2001 年出台了《政府政策评估法》，日本各省的政策评估迅速扩大；荷兰从 2002 年开始要求每 5 年对政府的每个政策部门进行一次系统评估。

这股浪潮也反映在发展领域中。1996 年 5 月，DAC 通过发展战略《塑造21 世纪：发展合作的贡献》就明确提及 "通过设定目标、使用可衡量的指标来进行管理"。① 成果管理模式被引入发展领域，纳入发展机构的 3 个层面：一是项目层面，针对单个项目进行绩效目标设定和监测。二是国别层面，一些发展机构建立国别层面的系统，通常由其国家办事处实施。三是机构层面，建立整个机构的绩效衡量和管理系统，每年报告机构的绩效和结果。② 1999 年，联合国开发计划署③、亚洲开发银行④等机构都引入成果管理模式。

2000 年，DAC 援助评估专家组开展了一项关于成果管理模式的研究⑤，发展机构在成果管理模式方面的进展和经验有较大不同。丹麦、澳大利亚等在最初阶段将其系统的重点放在跟踪直接的项目产出上，而美国国际发展署侧重于监测更高层次的结果和影响。但总体来看，捐助方改变了过去传统监测评估的 "后发" 作用，监测评估正在深入管理过程中发挥 "内生" 影响。值得注意的是，成果管理模式培养起一种学习、透明和问责的组织机构文化，捐助方不仅关注良好的 "可交付成果"，对有效性也有了更高要求。但发展机构面临着与大多数其他国内行政机构不同的挑战，这主要体现在：一是发展机构在不同国家和领域中工作，产品和服务呈多样化态势，要找到可以跨项目和可汇总的可比指标较为困难。二是发展机构通常不只是提供简单的服务，而是在受援国实施机构能力建设和政策改革项目，这些不容易衡量，而且依赖于受援国来收集成果数据。三是成果管理模式报

---

① Shaping the 21st Century: The Contribution of Development Co-operation, OECD Publishing, 1996. https://doi.org/10.1787/da2d4165-en.

② https://www.oecd.org/derec/japan/JAPAN_JICA_Guidelines.pdf.

③ UNDP, Evaluation of results-based management at UNDP, 2007. https://www.oecd.org/derec/undp/41107229.pdf.

④ Managing for Development results, 2011. https://www.oecd.org/derec/adb/49049141.pdf.

⑤ Annette Binnendijk, Results based management in the development cooperation agencies: a review of experience, 2000. https://www.oecd.org/derec/dacnetwork/35350081.pdf.

告有一套指标和目标。当一个组织过分强调一套绩效指标和目标时，工作人员往往会专注于此，而忽视了更广泛的外溢成果。[①] 四是国别层面的结果不同于项目层面的结果。国别目标往往比项目层面的目标更广泛，评估视角更大。例如，乍得至喀麦隆石油管道项目在技术上实施得很好，在财务上也很成功，但在国别层面上，"能力建设、改善治理和减少贫困"的主要目标并没有实现。[②]

DAC 做出了诸多努力，推动成果管理模式落地见效。2002 年，DAC 出台了《援助有效性行动计划》，鼓励在国别援助规划中试行成果管理模式。例如，根据有关受援国的发展目标，明确制定应实现的发展目标，并调查为此目的所需援助的优先领域和项目；基于结果的监测框架，加强在受援国国别一级的项目审查。[③] 同年，DAC 援助评估专家组出版了《评估和成果管理模式关键术语》[④]，并翻译成八国文字。专家组希望能够通过这份出版物澄清概念，减少常用术语混乱，促进和改善受援国、多双边发展机构、非政府组织等不同参与者之间的对话和理解。

成果管理模式的推行加速了国际社会对援助有效性议题的讨论，以目标、结果为导向的评估路径逐步确立下来。这一阶段，DAC 举办了多次援助有效性高层论坛，进一步加强资金投入效果的有效性，来推动实现千年发展目标。以《罗马宣言》《巴黎宣言》《阿克拉行动议程》为标志，援助有效性的国际共识逐步建立。2003 年 2 月，援助协调高层论坛在意大利罗马举行，40 多个援助国、国际组织和 28 个受援国共同达成《罗马协调性宣言》（以下简称《罗马宣言》），这是国际社会关于援助有效性的首份纲要文件。其主要内容包

---

① IEG. Overlooked links in the Results chain, 2011. https://www.oecd.org/derec/worldbankgroup/49024950.pdf.

② Results and performance of the World Bank Group, 2011. https://www.oecd.org/derec/worldbankgroup/49450796.pdf.

③ OECD, An Action Plan for Aid Effectiveness, in Development Co-operation Report 2002: Efforts and Policies of the Members of the Development Assistance Committee, 2003. https://doi.org/10.1787/dcr-2002-3-en.

④ OECD DAC, Glossary of key terms in evaluation and results based management, 2002. https://www.oecd.org/derec/dacnetwork/35336188.pdf.

括：一是发展援助必须基于受援国的优先发展目标和发展规划；二是援助实施要充分考虑受援国的实际情况，援助方要加强对受援国国别援助方案和项目代表的授权，提高国别针对性和灵活度，提升方案和项目管理的效率及有效性；三是受援国应在援助过程中发挥更强的主导作用，因此加强受援国能力建设变得非常重要。《罗马宣言》是对《蒙特雷共识》的继承和发展，它进一步强化了援助有效性的理念，并提出了援助方案应具有国别针对性等具体操作路径。

2005 年 3 月，援助有效性第二次高层论坛在巴黎举行，61 个多边和双边援助者、56 个受援国和 14 个公民社会组织参加，并共同签署了《关于援助有效性的巴黎宣言》（以下简称《巴黎宣言》），该宣言成为指导发展机构和合作伙伴最重要的指导文件之一。① 《巴黎宣言》深化了《罗马宣言》的内容，系统提出了援助有效性的 5 个原则：一是所有权，即受援国要自主制定减贫战略，加强制度建设，防止腐败问题；二是一致性，即援助方的援助目标需与受援国需求相一致，并尽量利用当地的体系来实施援助；三是协调性，即援助方之间需加强协调、简化援助程序，实现信息共享，从而避免重复融资投入；四是结果管理，即受援国和援助方将重点转向关注发展结果，并对结果进行衡量；五是共同责任，即援助方和受援国都要对发展结果负责任。

表 2-1　《巴黎宣言》援助有效性五大原则和 12 项细化指标

五大原则	序号	判断指标	2010 年目标
所有权	1	受援国制定了可操作的发展战略	至少 75% 的受援国制定了可操作的发展战略

① Ashoff, Guido et al.: the Paris Declaration. Evaluation of the implementation of the Paris Declaration: Case study of Germany. Evaluation Reports 032. Bonn: Federal Ministry for Economic Cooperation and Development, 2008.

五大原则	序号	判断指标	2010 年目标
一致性	2	受援国建立了采购、公共资金管理系统	（1）公共财政管理，一半受援国达标； （2）采购制度，三分之一受援国达标
	3	援助资金流向与受援国优先发展目标一致	政府部门接受的援助资金（非政府预算援助）占比减半
	4	通过协调，加强能力建设	50%的技术合作通过与受援国发展战略一致的协调方案来实施
	5	援助使用受援国的公共财政管理系统	如果全部使用受援国系统，则分值为 5；90%援助国使用，则分值为 3.5 分至 4.5 分。从援助资金占比看，如果没有使用受援国系统的援助资金占比降低三分之二，则分值为 5；比重减少三分之一，则 3.5 分至 4.5 分
		援助使用受援国的采购系统	从援助国占比看，如果全部使用受援国系统，则分值为 A；90%援助国使用，则分值为 B。从援助资金占比看，如果没有使用受援国系统的援助资金占比降低三分之二，则分值为 A；比重减少三分之一，则分值为 B
	6	避免类似项目由并行的不同单位执行	并行的项目执行单位数量减少三分之二
	7	援助资金更具可预测性	未按预定财年计划提供的援助资金占比减半
	8	减少援助束缚性条件	减少援助束缚性条件
协调性	9	使用共同安排或程序——基于方案提供的援助占比	66%的援助资金基于方案援助
	10	鼓励共同分析	（1）40%派往受援国的考察团是联合的； （2）66%的国别分析是联合开展的
结果管理	11	结果导向型框架——有透明的、可监控的行为评估框架	没有透明、可监控评估框架的国家个数占比减少三分之一
共同责任	12	援助方就援助有效性承诺进行互相评估	所有援助方都进行恰当的相互评估

《巴黎宣言》对援助有效性进行了系统的梳理，明确了五大原则，并提出

了 12 项具体评估标准，对于援助有效性发展具有历史性的指导意义。其中确定了结果管理的原则，提出构建透明、可监控的行为评估框架。但《巴黎宣言》在实践中也存在不足，如未深入考虑不同受援国政治环境和援助实践的多样化，导致各界对《巴黎宣言》不同的理解与落实，对援助有效性的深入推进造成一定的影响。

2008 年，全球金融危机爆发后，发达国家公共支出不断缩减，发展援助更需证明其有效性。在此背景下，2008 年 9 月，援助有效性第三次高层论坛在非洲加纳首都阿克拉举行，并通过了《阿克拉行动议程》。会议总结发展援助面临的新形势，提出解决三大挑战，以进一步推动援助有效性进程。这三大挑战包括：一是受援国自主权问题。发展中国家政府在制定发展政策方面能力不足，援助方应将受援国发展战略作为其援助框架，降低碎片化援助，充分调动所在国资源开展援助，向受援国和其他援助方提供相关信息协调援助活动。二是建立更加有效和包容的伙伴关系。此次高层论坛首次邀请了新兴市场国家、私营部门、民间社会组织等参与，反映出国际发展援助主体越来越多元化的趋势，同时也对援助管理和协调提出了新的要求。三是援助信息公开问题。议程指出，援助方的公民和纳税人比以往任何时候都更希望看到为发展投入获得的有形结果，亟须提升援助信息透明度。总体来看，《阿克拉行动议程》分析了援助面临的新形势，并在促进公民社会参与援助等方面取得了进展，但没有提出促进有效性行动进程的举措，也没有解决受援国政策制约性等问题，体现了发达国家希望新兴援助主体提升信息透明度的意愿。

千年发展目标、关于协调和统一的《罗马宣言》以及关于援助有效性的《巴黎宣言》等对发展评估产生了广泛影响。2010 年后，大部分经合组织成员都制定了评估相关政策性文件，来推进评估工作。

2011 年 11 月，第四届援助有效性高层论坛在韩国釜山举行，160 多个发展中国家和援助国的政府首脑、内阁成员、国会议员，70 多个国际组织以及公民社会组织的代表出席，并共同通过了《有关有效发展合作伙伴关系的釜山宣言》（以下简称《釜山宣言》）。《釜山宣言》面临的新形势是金砖五国（中国、巴西、俄罗斯、印度和南非）开始扮演越来越重要的角色，因此《釜山宣言》扩展了《巴黎宣言》的共识，将"援助"扩展至"发展合作"，将国际援助政策的范式从"援助有效性"转变成"发展有效性"，提出在南北合作的基础上引入南南合作这一新的发展合作模式，但应在方式和义务上区别于南北合作，明确表示将构建涵盖发达国家、新兴市场国家和公民社会等各种主体在内的新型全球伙伴关系。同时，《釜山宣言》提出四大行动计划：一是深化和扩大受援国在发展政策制定中的主人翁意识；二是加大取得具体而可持续成果的努力；三是加强和扩大南南合作以及三方合作；四是加强发展合作活动和资金的催化剂作用，撬动更多资金。釜山会议反映的是地缘政治重心的转移，其主张建立的新型全球伙伴关系顺应时势，提出的南南合作和三方合作也具有创新性和前瞻性，但本质是西方国家意图将发展中国家纳入其主导的全球援助体系。

　　釜山会议后，随着新兴经济体的崛起和全球发展治理主体的多元化，2012 年，全球有效发展合作伙伴关系（Global Partnership for Effective Development Cooperation，简称"全球伙伴关系"）成立，它汇集了各国政府、双边和多边组织、民间社会、私营部门以及议会和工会等方面的代表，旨在支持切实执行有效的发展合作原则，促进相互问责，并努力保持政治势头，促进更有效的合作和伙伴关系。2014 年 4 月和 2016 年 11 月，经合组织主导分别在墨西哥和肯尼亚召开了两次全球有效发展合作伙伴关系高级别会议，就 2011 年釜山会议形成的有效发展合作全球伙伴关系议程的进展进行了讨论。会上，西方国家提出希望新兴国家遵循相关条款、承担共同责任等要求，为此，新兴经济体国家参与度不高。

　　总体而言，国际社会关于援助有效性的研究思路伴随时代发展经历了一系列演变。从受援国的角度来看，受援国在发展援助中的主导作用得到越来越多的重视。援助有效性与受援国特定的制度、政策、社会、文化因素密切有关，这就要求援助方在思路上从单方面给予转变为双方共同沟通协商、政策互动对接，在措施上采取有针对性的国别援助政策和符合实际的援助方式。在这个过程中，需要给予受援国更多的自主权，加强受援国的制度建设和能力建设，利用其本身的资源减少由援助引起的制度和行政成本。从援助方的角度来看，国际社会鼓励援助协调和信息共享，避免评估资源重置浪费，实现资源优化配置。

第二节　联合国 2030 年可持续发展议程下的国际发展评估

2015 年 9 月，在千年发展目标到期之际，联合国大会通过了 2030 年议程，制定了 2030 年可持续发展目标（SDGs）。2030 年议程为实现一个更加繁荣和可持续的世界提供了转折点，为国际社会的发展注入新的活力。实现 SDGs 需要"更多"的国际发展资源投入和"更好"的资源应用。可持续发展目标为每个目标都设定了具体目标，2017 年 3 月，在第 48 届联合国统计委员会上，可持续发展目标指标机构间专家组（IAEG-SDGs）[①] 制定了一套与目标相关的全球指标，为各国提供了指标工具，以适应其监测需求。从千年发展目标到 2030 年可持续发展目标，为各国修订自身国家发展战略和投资重点提供了指导，也对发展评估提出了更高的要求，国际发展评估进入一个创新发展的时期。

表 2-2　17 个联合国可持续发展目标

目标	内容
目标 1	在全世界消除一切形式的贫困
目标 2	消除饥饿，实现粮食安全，改善营养状况和促进可持续农业
目标 3	确保健康的生活方式，促进各年龄段人群的福祉
目标 4	确保包容和公平的优质教育，让全民终身享有学习机会
目标 5	实现性别平等，增强所有妇女和女童的权能
目标 6	为所有人提供水和环境卫生，并对其进行可持续管理
目标 7	确保人人获得负担得起的、可靠和可持续的现代能源
目标 8	促进持久、包容和可持续经济增长，促进充分的生产性就业和人人获得体面工作

① 成立于 2015 年 3 月，由各成员国组成，地区和国际机构作为观察员，负责全球 2030 年可持续发展目标的指标制定。

续表

目标	内容
目标 9	建造具备抵御灾害能力的基础设施，促进具有包容性的可持续工业化，推动创新
目标 10	减少国家内部和国家之间的不平等
目标 11	建设包容、安全、有抵御灾害的能力和可持续的城市和人类住区
目标 12	采用可持续的消费和生产模式
目标 13	采取紧急行动应对气候变化及其影响
目标 14	保护和可持续利用海洋和海洋资源以促进可持续发展
目标 15	保护、恢复和促进可持续利用，陆地生态系统，可持续管理森林，防治荒漠化，制止和扭转土地退化，遏制生物多样性的丧失
目标 16	创建和平、包容的社会，以促进可持续发展
目标 17	加强执行手段，重振可持续发展全球伙伴关系

第一，可持续发展目标的多维性使得简单测量是不够的。SDGs17 个目标伴随着 169 个子目标，一些目标与其他目标相互关联、互为参照，例如"消除饥饿，实现粮食安全，改善营养状况和促进可持续农业"（SDG2）与目标1、3 和 4 的方向相同，但也涉及目标 6、7 和 13。[1] 这种复杂性意味着任何政策或方案与可持续发展目标之间不能用线性、直接的因果关系，要求跨领域、全面性的综合评估。同时，对政策和战略的一致性、资源流动以及全球公共产品的评估也更加复杂，特别是应对食品安全、气候变化、清洁水等全球问题。

第二，千年发展目标考虑的是衡量进展的国家平均数，而可持续发展目标的进展还需评估进展是否公平、相关和可持续。在可持续发展目标的背景下，需要更加关注包容性和普惠性原则，即任何人、团体和国家都不被落下。评估者需要调整方法，一是衡量和解释使个人、社区及国家陷入贫困循环的不平等现象；二是采取长期观点、基于证据的评估，审查和跟进国家、地区和国际发展进程。

---

① Evaluation in the era of the SDGs, 2017. https://www.oecd.org/derec/afdb/afdb‐eval‐matters‐q32017‐evaluation‐sdg.pdf.

第三，可持续发展目标要求各领域决策者以战略目标为导向，设计和实施全面的政策框架。评估不可避免地涉及各国政府制定的整体性、部门性和专题性政策，以反映其对 2030 年议程的落实承诺。这就要求对各国的战略和领域进行更宏观的评估。

第四，评估对可持续发展目标进展的后续和审查过程至关重要，这需要评估提供高质量、可获得、及时和可靠的数据。如果某个捐助方指出"我们成功减少了就业机会的性别不平等""农村疫苗接种计划大大降低了感染率""生活在某地的公民获得清洁的水"，评估需要为这种说法提供测度依据。它往往需要结合描述性问题（例如多少人、多长时间）、解释性问题（例如观察到的结果是否归因于这项政策）和规范性问题（例如政策或计划的实施是否符合商定的技术、法律和道德标准）。数据的可及性也要求开展更多捐助国和受援国的联合评估。在许多发展中国家，统计机构的能力仍然有限，因此评估知识、技能、人员、机构和资源，以及运行系统等方面的能力建设至关重要。

总的来看，可持续发展目标能否实现以及其实现程度，是一个内部和外部因素共同影响的综合问题，需要系统的"测量系统"在全球范围内跟踪。这个系统首先应包括明确的目标，以确保可衡量性；其次，制定政策执行和结果衡量标准的指标体系；最后，确保收集、分析和解释数据的能力，保障指标数据的可获得性和完整性、数据库的兼容性等。这就要求培养政府、民间社会的评估思维和基于证据的决策能力，形成全社会参与评估、利用评估的良好氛围；还要加大各部门之间的交流分享和信息透明度，为决策提供必要参考。不少国家在探索使用地理数据、卫星、大数据等新兴技术手段来开展评估，以提高数据的可及性，审查可持续发展目标的进展。

基于芬兰、哥斯达黎加等国的实践探索，国际评估届提出了评估 SDGs 的几个原则[①]：一是连贯性。可持续发展目标的社会、经济、环境层面是不可分割、相互联系的，任何一个方面的行动都会在其他方面产生反响，如果不实

---

① D'Errico, S, Geoghegan, T and Piergallini, Evaluation to connect national priorities with the SDGs. A guide for evaluation commissioners and managers, 2020, http://pubs.iied.org/17739IIED.

现所有的目标，任何一个可持续发展目标都不可能完全实现。二是不让任何人落后。除非每个人都能实现，否则任何目标都无法实现。满足那些最落后的人的需求应该先于满足其他人的需求。三是公平。在公正和公平的条件下向所有人提供权利、机会和获得福利与服务的机会，目的是提高社会和经济平等（代内公平）。对满足当代人的需求和后代人的需求给予同等考虑（代际公平）。四是复原力。个人、社会群体、人类系统和/或生态系统有能力承受社会、经济或环境压力，从冲击中迅速恢复，并在不利或变化的条件下茁壮成长。在社会系统中，复原力对贫困、边缘化和其他弱势群体尤为重要。五是环境可持续性。对人类发展和健康的生态系统功能至关重要的环境产品和服务的持续流动得到保持，并尽可能地长期加强。六是普遍性。可持续发展目标是围绕需要全球解决方案的全球问题制定的，适用于所有国家。一个国家仅在其境内取得目标进展是不够的，它还必须支持其他国家的努力。七是相互问责。所有致力于实现可持续发展目标的人之间都相互尊重和信任。他们的作用和责任是共同商定与公平分配，对彼此的行动和结果负有同等责任。

2020 年，新冠疫情暴发并席卷全球。发展评估注重实地考察，以了解项目实地情况、对实际受益群体进行访谈。疫情造成人员流动受阻，对捐助方的监测和评估造成了限制，一些国家被迫推迟了监督评估活动。2020 年 9 月，OECD-DAC 对 30 个成员发放了关于新冠疫情对评估工作影响的调查问卷。[①]报告显示，对各成员的影响以及各方反映不同。其中，法国原计划在 2020 年底前完成的 40% 评估延至 2021 年完成。捷克对评估的设计和时间表进行了重新调整。斯洛伐克则取消了对其项目的监测，并将评估工作推迟到 2020 年底。而冰岛、荷兰、瑞典等国报告监督评估活动仍照常进行。其中一个原因是，这些活动通过捐助方报告远程进行，所以受疫情影响较小。卢森堡认为，实时监测和评估仍是可能的，因为大部分工作人员仍身处受援国一线。但不管疫情影响程度如何，新的监督评估业态也在显现：一是新技术方法正在进入

---

① OECD DAC Working Party on Development Finance Statistics, Covid - 19 Survey - Main Findings, 2020. https：//one.oecd.org/document/DCD/DAC/STAT（2020）35/en/pdf.

监测和评估领域。例如，韩国在开发用于监测的信息技术应用程序，丹麦利用大数据技术和卫星遥感等创新数据收集方法。二是捐助方加强了协调工作，以收集必要信息监测项目并对其进行评估。例如，捷克利用当地专家、与非政府组织合作，加强一线工作抓手。丹麦和冰岛利用 DAC 评估网络平台来构思如何对抗疫项目进行评估，以及如何在疫情限制下开展评估。

第二篇
国际发展领域评估实践图景

　　经合组织发展援助委员会（OECD-DAC）成员和多边组织开展了积极的评估实践，形成了较为成熟的政策和管理体系。数据显示，DAC成员国和多边机构平均每年开展600余项评估，平均每个主体每年约19个。评估投入的资源和产出与各国整体发展合作的规模密切相关。双边发展机构中央评估部门年平均预算330万美元，约占其发展资金的0.1%。多边机构投入评估的年预算约为1000万美元，约占发展资金的1.4%。① 数据显示，世界银行集团作为多边发展金融机构，其独立评估局年评估数量为全球最多，约为220个。美国、日本②是年度开展评估数量最大的援助国之一，分别达到200个、126个。③

---

　　① OECD, Evaluation in Development Agencies, Better Aid, 2010. http://dx. doi. org/10.1787/9789264094857-en.

　　② 日本涉及援助的部门包括外务省、国际协力机构（JICA）、经济产业省、财务省等。其中，JICA是日本对外援助的主要执行机构，受外务省和财务省监管，管理超过60%的日本双边官方援助资金，负责实施技术合作项目、大部分无偿援助项目和日元贷款。本文仅选取JICA作为案例来研究。

　　③ Evaluation Systens in Development Co-operation, 2016. https://norad. no/contentassets/0a29d17f542444a68e0b54ad3387b729/evaluation-systems-in-development-co-operation-oecd-dac-2016-review.pdf.

表 3-1　OECD-DAC 主要捐助方评估数量

国家组织/机构	平均年评估数量（个）	评估占 ODA 预算比重
世界银行独立评估局	220	1
美国国际发展署	200	—
日本国际协力机构	126	0.07
欧洲复兴开发银行	70	0.84
法国开发署	45	0.09
英国	28	—
卢森堡	18~23	0.15
新西兰	16	0.50
韩国	15~16	0.23
荷兰	10~15	0.06
瑞典	7	0.04
德国发展评估研究所	6~10	—
意大利	6	0.05
捷克	5	0.44
斯洛伐克	5	0.50
瑞士发展合作署	4~5	0.05
芬兰	4~5	0.25
比利时	4	0.10
爱尔兰	4	0.13
葡萄牙	4	0.09
奥地利	2~5	0.22
波兰	2~4	0.29

　　国际发展领域评估的多元主体在该领域的丰富实践形成了一幅"百花图"。本部分从评估管理机制和架构、评估标准和内容、评估流程和方法、评估成果运用 4 个方面，并通过具体案例分析，旨在呈现国际发展领域评估实践的图景。其中，评估管理机制和政策可以理解为"面"，评估标准和内容是"点"，评估流程和方法是"线"，点线面结合，构建国际发展领域评估的总体架构。

第三章 评估管理机制和政策

　　管理机制是各发展机构评估工作顺利开展的保障。评估管理机制往往与发展援助整体管理机制相伴相生，各国、国际组织、多边发展银行的组织架构政策环境不一，形成的评估管理机制也不尽相同（见表3-2）。但得益于DAC发展评估网络（DAC Network on Development Evaluation）[①] 等协调机制，各国评估行动遵循共同的准则，其行为标准和逻辑有着共通之处。本章拟总结不同机构评估管理机制和制度框架的特点，一言以概之，即评估机构专门化、监督工作外部化、评估管理分层化、评估过程全链条化。

表3-2　DAC发展评估网络成员及其评估部门

序号	类别	国别	发展机构	评估部门
1	DAC 成员国	澳大利亚	澳大利亚外交和贸易部（DFAT）	发展有效性办公室
2		奥地利	奥地利发展署（ADA）	评估组
			欧洲和国际事务部（FMEIA）	评估、发展政策和战略司
3		比利时	外交、外贸和发展合作部发展合作总局（DGDC）	特别评估办公室
4		加拿大	加拿大国际发展署（CIDA）	评估司
5		丹麦	丹麦国际发展援助署（Danida）	评估部（EVAL）

---

　　① 它是一个独特的国际论坛，汇集了经合组织成员国的发展合作机构和多边发展机构评估管理人员与专家。该网络的目标是通过促进高质量的独立评估，提高援助政策和方案的发展有效性，改善发展成果。目前有40个成员机构的评估单位参加。

序号	类别	国别	发展机构	评估部门
6	DAC 成员国	欧盟	欧盟委员会（EC）	发展、外部关系和欧洲援助总局评估部
7		荷兰	外交部	政策和业务评估部
8		法国	法国开发署（AFD）	评估和知识发展组
			外交和欧洲事务部	评估和绩效发展办公室
			经济、工业和就业部	国库总局发展活动评估组
9		德国	经济合作与发展部（BMZ）	发展合作评估和审计处
			德国复兴信贷银行（KfW）	评估部
			德国技术合作公司（GIZ）	评估组
10		爱尔兰	爱尔兰援助署（Irish Aid）	评估和审计部
11		意大利	外交部发展合作总局（DGCS）	检查、监督和倡议评估部
12		日本	国际协力机构（JICA）	评估司
			外务省	ODA 评估和公共关系处
13		韩国	国际合作署（KOICA）	评估办公室
			经济发展合作基金（EDCF）	评估工作组
14		卢森堡	外交部	监督、审计和评估组
			卢森堡发展署（Lux Dev）	—
15		荷兰	外交部	—
16		葡萄牙	葡萄牙发展支持研究所（IPAD）	内部审计和评估办公室
17		新西兰	新西兰国际发展署（NZAID）	战略、咨询和评估组
18		挪威	挪威发展合作署（NORAD）	评估部
19		西班牙	外交与合作部发展政策规划与评估总局（DGPOLDE）	评估处
20		瑞典	瑞典发展评估署（SADEV）	—
			瑞典国际发展合作署（Sida）	评估司
21		瑞士	瑞士发展合作署（SDC）	评估和合作控制处
			国家经济事务秘书处（SECO）	经济合作和发展司质量和资源组
22		英国	外交、联邦事务和发展部（FCDO）	经济和评估司

序号	类别	国别	发展机构	评估部门
23	DAC 成员国	美国	美国国际发展署（USAID）	学习、评估和研究办公室（LER）
			国务院对外援助署（DFA）	—
24			非洲发展银行（AfDB）	独立发展评估（IDEV）
25			亚洲开发银行（ADB）	独立评估部（IED）
26	多边/ 国际金 融机构		欧洲复兴开发银行（EBRD）	独立评估部
27			美洲开发银行（IADB）	评估和监督办公室（OVE）
28			国际货币基金组织（IMF）	评估办公室（IEO）
29			世界银行集团（WBG）	独立评估局（IEG）
30			联合国开发计划署（UNDP）	独立评估办公室（IEO）

注：希腊外交部和美国千年挑战公司（MCC）不包括在内。

第一节　评估机构专门化

一、双边援助国

20 世纪 80 年代，发展机构的评估和业务单位之间的分工并不明确，评估办公室一般对单个项目、方案进行监督。以法国为例，20 世纪 80 年代，法国开发署建立了援助评估制度，主要用于检查援助项目的进展情况和实施质量，总结援助经验。评估由法国开发署资深专家开展，法国外交部和经济财政部也进行少量的评估工作。2000 年，OECD 发布了法国同行评审报告，指出法国的评估体系存在架构分散、方式落后、预算规模较低、透明度不足等问题。[①] 为改进评估体系，2002 年，法国开发署引入第三方评估机制，外交部和经财部也逐步提高评估预算、扩大评估范围。同法国类似，绝大多数中央评估单位开始负责个别方案或国家办事处范围之外、更具战略性的专题和政策的评估，更多发挥问责作用，为整个机构的学习和战略作出贡献。评估独

---

① OECD, The DAC Journal 2000: France, New Zealand, Italy Volume 1 Issue 3, 2000. https://doi. org/10.1787/journal_ dev-v1-3-en.

立化也因此成为机构的一个发展趋势。2010 年 OECD-DAC 对成员的审查发现，大多数多边、双边发展机构在总部设立了独立的中央评估单位，都明确公共授权，定义了评估的明确作用。中央评估单位独立于业务部门设置，直接向机构决策层汇报。①独立部门有助于保持评估的客观性和公正性，使评估结果直接上传至领导层，影响项目决策和政策制定。当然，评估部门的独立化并不意味着与业务部门的隔绝。在德国等国，评估与业务部门密切合作，评估部门在确定评估主题时，往往征求业务部门的意见。

由于国情、政情不同，各国管理架构也各异。从评估机构在整个发展体系中的位置来看，可以分为以下几种模式。

第一，法国模式——"谁实施、谁评估"，即评估职能分设在不同机构，评估部门负责评估各自开展的项目。法国多个部门都有相应的援助功能，主要包括欧洲和外交部②、经济财政部和法国开发署。欧洲和外交部具体由全球化、发展与伙伴关系总司负责，其主要职能是负责政府治理领域的国际合作；监督和引导发展合作实施机构，尤其是法国开发署的活动；监督非政府组织的国际合作活动；支持地方政府参与发展合作。2008 年，外交部内部设立了危机中心，负责人道主义援助。2012 年，在外交部设立发展部长代表，负责协调外交部和经济财政部发展事务以及对法国开发署的统一管理。经济财政部的财政总司负责与多边金融机构的合作、债务问题、货币合作、金融合作等。2013 年，财政总司进行重组，将发展与全球公共产品部门合并，设立新的商业与全球经济司，以促进经济外交发展。法国开发署作为法国主要援助执行机构，负责法国约三分之二的双边援助额，受外交部和经济财政部共同管理和监督。法国开发署经多次机构调整，于 1998 年改名，兼具援助执行机构和金融机构的性质，主要提供无偿援助、技术合作、优惠贷款和担保。

与之相对应，法国援助评估共有 3 个主体：一是外交部的评估和绩效发展办公室，隶属于全球化、发展与伙伴关系总司。其每年向外长办公室上报

---

① OECD, Evaluating Development Activities——12 lessons from the OECD DAC, 2013. https://www.oecd.org/dac/peer-reviews/12%20Less%20eval%20web%20pdf.

② 2019 年 3 月，法国政府进行重组，之前的"外交和国际发展部"改名为"欧洲和外交部"。

工作计划，向秘书长上报每年评估结论；编制为 5 人，平均年预算约为 49 万欧元；主要进行政策评估，并评估财政预算科目 185 项和 209 项下优先团结基金项目、法国开发署支持项目和部分多边基金捐助，每年开展 9 个评估。二是经济财政部的发展活动评估组，编制为 4 人，预算每年约 50 万欧元。其主要评估财政预算科目 110 项和 851 项下对多边组织捐赠、财政援助、研究和私营行业援助基金（FEASP）及贷款项目；平均每年完成 4 个评估。三是法国开发署的评估和知识发展组，隶属于创新、研究和知识司，向署长报告。其编制 9 人，预算约为 500 万欧元；主要开展开发署执行项目评估和地方合作项目评估；平均每年完成 50 个项目后评估，覆盖项目总数的约四分之一。

法国评估虽然分散在不同机构，但三方通过体制机制保障，在评估主题内容的选择和实施上保持密切沟通，保证评估资源的合理分配。从 2009 年开始，3 家机构每两年向议会和国际合作及发展部际委员会提交法国发展援助政策三方联合评估报告，加强了评估业务的交融和互鉴。

与法国模式类似的还有瑞士。瑞士涉及援助的部门呈三轮驱动，分别为瑞士发展合作署（SDC），隶属于瑞士经济、教育和研究部的经济事务秘书处（SECO），以及外交部人类安全机构（HSD）。瑞士的发展援助集中在人道主义援助、技术合作与财政援助、经济贸易发展合作、对东欧转型国家援助合作和促进和平与安全等领域。其中瑞士发展合作署负责瑞士约 85% 的发展援助，主要包括人道主义援助、技术合作与财政援助和对东欧转型国家援助等，同时也是瑞士制订与实施发展合作战略、国别和主题政策，进行项目实施与评估，开展国际交流等业务的主要推动方。经济事务秘书处主要负责与发展中国家的经济贸易合作，并与瑞士发展合作署共同负责与东欧国家在经济贸易领域的发展合作。随着全球和平安全形势越发严峻，2016 年，瑞士联邦议会决定由外交部直属机构——人类安全机构，专门负责管理发展援助中的和平与安全事务。

与援助管理部门相对应，瑞士项目评估有两个部门负责：一是瑞士发展合作署下设的评估和控制处。评估为署领导决策服务，负责制定评估政策，委托独立评估机构开展评估工作。每年评估数量约占项目/方案总数的 10%，评估费用约占总援助额的 3%。基于评估结果，每四年向议会提交机构工作总结报告。二是经济事务秘书处下设的经济合作和发展处。评估类型包括主题评估、跨部门评估、方案/项目评估、国别评估、政策评估等。通常情况下，两个部门可进行联合评估。

韩国也与法国模式类似。韩国国际合作署（KOICA）评估部门负责制定无偿援助的评估政策和流程，管理评估工作。在负责优惠贷款的经济发展合作基金（EDCF）中另设一个评估部门，隶属于战略和财政部，主要负责监督优惠贷款、支持多边发展银行的活动。

第二，日本模式——分层管理式。日本的援助管理体制呈现决策和执行相分离、又互相贯通的模式。日本外务省负责制订对外援助政策和援外资金预算总体协调；审核绝大多数无偿援款和日元贷款项目立项；直接支配少量无偿援助项目，包括资助非政府组织实施的项目；协调联合国等多边发展合作事务（见图 3-1）。日本国际协力机构（JICA）是日本对外援助的主要执行机构，于 1974 年成立，主要负责技术合作项目。2008 年，JICA 和负责日元贷款的国际协力银行（JBIC）合并，管理超过 60% 的日本双边援助资金，受外务省和财务省监管。其主要职责包括实施技术合作项目，执行大部分无偿援助项目，管理日元贷款。

与援助管理机制相对应，外务省主要负责政策、主题和方案评估，并负责其直接开展的且一定规模以上的无偿援助项目评估。[①] JICA 根据项目规模由本部或驻外代表处负责项目评估：一是 10 亿日元以上的项目由 JICA 自身开展项目预评估、中期评估、完成评估和事后评估。JICA 本部设立评估司，共 20 余人，设置规划处、地区一处、地区二处。二是 2 亿~10 亿日元的项目，由 JICA 驻外代表处直接进行评估。JICA 也根据需要开展专题评估，例如 2019 年对华官方发展援助开展 40 周年之际，开展了对华援助综合评估，涉及环境、传染病等方面。

---

① Review of Japan's OPA Evaluations between 2000—2007, 2010. https://www.oecd.org/derec/japan/45813638.pdf.

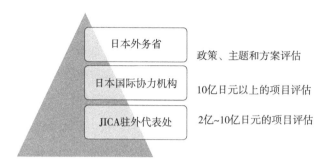

图 3-1　日本评估分层管理体系

二、联合国机构

20 世纪 70 年代以来，随着全球性挑战此起彼伏，联合国系统各组织总部的评估职能逐渐发展，中央评估职能更多地参与跨领域和多部门的评估，从对地方项目评估进行监督和质量保证转向支持广泛和战略性的机构决策，以提供更加综合和全面的解决方案。① 联合国系统机构庞大，联合国提供援助金额较多的机构分别为联合国儿童基金会（UNICEF）、联合国维和基金（UN-PBF）、联合国难民署（UNHCR）、世界卫生组织（WHO）、国际农业发展基金会（IFAD）、联合国人口基金会（UNFPA）、联合国开发计划署（UNDP）、世界粮食计划署（WFP）、国际劳工组织（ILO）、联合国艾滋病规划署（UN-AIDS）、国际原子能机构（IAEA）等。其设立的评估系统、机制、程序和产出质量也各不相同，很大程度上受到组织规模、评估资源以及评估机构地位的影响。有的组织被认为是高绩效的，有的机构评估能力处于初级水平。为此，1984 年，联合国成立了评估小组（UNEG），加强评估职能的专业发展，促进评估方法的统一，改变各机构"单打独斗"的做法，为更多的合作伙伴和机构参与提供了平台。

联合国评估小组对评估进行了统一定义，即"对一项活动、项目、方案、

① Sukai Prom-Jackson, George A. Bartsiotas, Analysis of the evaluation function in the United Nations system, 2014. http://www.unesco.org/new/fileadmin/MULTIMEDIA/HQ/IOS/images/JIU_REP_2014_6_English_Summary.pdf.

战略、政策、专题、主题、领域、业务领域、机构绩效等开展尽可能系统和公正的评估。它侧重于预期和已取得的成绩，审查结果链、过程、背景因素和因果关系，以了解取得的成绩或不足。它考虑到联合国系统组织的活动和贡献的相关性、有效性、效率、影响和可持续性。评估应提供可信、可靠和有用的循证信息，以便及时将评估结果、建议和经验教训纳入联合国系统及其成员的决策过程。"① 在联合国评估小组的指导下，各机构纷纷制定规范的评估管理机制。例如联合国世界粮食计划署（WFP）设立独立评估办公室（OEV）独立运作，负责每年制定评估计划、开展专项评估。评估办公室向WFP 副执行署长报告，执行署长向 WFP 执行董事会报告。2021 年，WFP 开展了 42 项各类评估。②

三、多边发展银行

多边发展银行评估部门的核心任务是对政策、战略、国家计划和项目进行系统和客观的评估，以确定其相关性、有效性、效率和可持续性。评估过程展示了良好治理的 3 个要素：一是问责制，评估业务的有效性；二是透明度，独立审查业务并公开报告调查结果和建议；三是改进绩效，从过去的经验中学习，以加强目前和未来的业务。非洲发展银行、亚洲开发银行、欧洲复兴开发银行、美洲开发银行、国际货币基金组织、世界银行等多边银行都有独立的评估部门，其任务是解决组织效率和影响的问题，且投入比较大，每年平均花费 510 万美元用于评估。③

世界银行独立评估局（IEG）作为独立部门，直接向董事会报告。根据业务部门分为 IEG—世界银行、IEG—国际金融公司（IFC）和 IEG—多边投资担保机构（MIGA）。根据每年机构的预算，评估支出有固定比例，其中世界银行为 1.4%，IFC 为 0.9%，MIGA 为 2.2%。

---

① http://www.uneval.org.

② Annual evaluation report for 2021. https://executiveboard.wfp.org/document _ download/WFP － 0000138211.

③ OECD, Evaluation in Development Agencies, Better Aid, 2010. http://dx.doi.org/10.1787/ 9789264094857-en.

非洲发展银行（AfDB）业务评估部作为独立部门，直接向董事会和行长汇报。项目完工报告由业务部门执行，业务评估部负责书面审核完工报告，选择 15%～20% 的项目执行独立绩效评价，开展行业和国别、主题、政策评估，制定三年评估工作计划，每年发布评估结果回顾。

亚洲开发银行（ADB）独立评估部（IED）于 1978 年成立了"后评估办公室"，历经几次机构调整，于 2004 年 1 月成立业务评估部，直接向董事会报告。2008 年，业务评估部改名为"独立评估部"，加强了其独立性，负责政策、战略和相关业务的评估。项目自评估由执行部门开展，由独立评估部审核报告。一些自评估由驻外代表处开展。2000 年以来，为改进完工报告的质量，独立评估部独立审查报告，每年选择 10 余个项目进行评估，此外还有 17～20 个专题评估。[①]

第二节　监督工作外部化

西方国家除发展援助机构的内部评估外，许多机构通过直接向议会、审计机构或独立委员会报告，行使外部监督职能，起到节省财政支出、优化政府绩效、落实问责制的作用，与发展援助机构的评估主体形成内外相济的格局。

第一，在评估部门之外成立独立委员会。为了加强独立性和可信度，瑞典、英国和德国等国在发展机构之外建立独立的评估机构。2011 年，德国经济合作和发展部发起成立"发展评估研究所"（German Institute for Development Evaluation，DEval），作为第三方独立机构，对发展合作措施的有效性和可持续性进行战略评估，推进发展领域评估指标和评估方案的运用。2011 年，英国新政府成立后，在发展合作方面进行了一些改革，更加强调评估英国援助的影响，鼓励整个组织关注学习。为此，英国建立了"援助影响独立委员会"（ICAI），成为负责审查英国援助的独立机构。ICAI 工作重点是使英国的援助

---

① Independent evaluation at the Asian development bank, 2007. https://www.oecd.org/derec/adb/39535250.pdf.

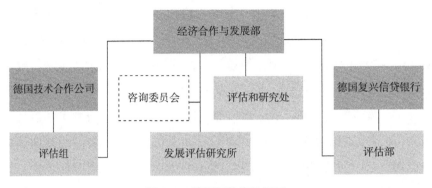

图 3-2　德国评估机构设置

预算对预期受益者产生最大效益，为英国纳税人实现物有所值；对援助项目和影响进行独立审查；发布透明、公正和客观的报告，提供证据和明确的建议，以支持英国政府的决策，并加强援助项目的问责制；使用"交通灯"评分系统来报告每一个项目或主题。① 澳大利亚由外交贸易部部长指定 3 名部外成员和 1 名部内代表，组成独立评估委员会，对评估工作进行指导、建议和监督。韩国成立了国际发展合作委员会，用于改进政府协调，2009 年，在其项下成立评估分委员会，专门对相关机构的评估进行指导和监督。评估分委员会由 6 名韩国政府部门以及 7 名公民社团、私营部门和学界人员组成，由总理主持评估分委员会，负责批准年度评估计划、评估指南和程序。加拿大发展署（CIDA）评估司负责管理方案、机构和政策评估。2009 年，在评估司设置评估委员会，负责监督评估，由 CIDA 署长担任主席，由 2 名来自地区业务部门，3 名来自其他政府部门，3 名来自公民社团、学界和私营部门的成员组成。2006 年开始，加拿大《联邦问责法案》要求所有部门对其项目开展100%评估，因此，加拿大财政部对 CIDA 评估司的工作进行年度评估，基于工作质量、客观性、覆盖面和项目使用 4 个标准，保障政府和公民及时获得有效信息。

多边发展银行多采取在董事会中设立评估委员会的方式提升评估层级。

---

① ICAI's approach to effectiveness and value for money, 2011. https://www.oecd.org/derec/unitedkingdom/49094927.pdf.

亚洲开发银行董事会成立发展有效性委员会（Development Effectiveness Committee，DEC），DEC 包括至多 6 名董事会成员，帮助董事会确保项目实现发展有效性，审核独立评估部的工作计划，讨论评估报告和管理反馈，向董事会报告重点评估结论，提出建议，审议年度评估报告，对工作计划提出建议，监督管理反馈落实。非洲发展银行董事会成立业务和发展有效性委员会（Committee on Operations and Development Effectiveness，CODE），CODE 负责审定评估工作计划，对评估工作进行外部监督。

第二，由议会或国会进行监督。美国国会下属机构问责局定期检查国务院和国际发展署的资金使用状况和效率，并对执行中存在的漏洞提出应对建议。英国国家审计办公室对发展援助相关部门实施审计，并将结果报告议会。日本独立检查机构会计检查院对日本官方发展援助的执行开展审计，监督资金使用和效果。审计对象既包括国内管理和执行机构，也包括海外办公室。2014 年法国发布《发展政策和国际团结指导和规划法》，规定设立发展政策观察站。观察站由 11 个成员组成，其中 4 名为议会议员，7 名为国家发展和国际团结理事会每个小组的代表，可以获取所有评估信息，加强了评估成果的共享。2021 年 8 月，法国出台新的《团结发展和抗击全球不平等规划法案》，计划设立一个官方发展援助独立评估委员会，隶属于国家审计署，对援助战略、项目和方案的效率、效果及影响进行评估。该委员会秘书处计划由两名众议员和两名参议员组成议员团，10 名个人组成独立专家团。成员任期4 年，可连任一次。

评估的自主性和外部性相结合，一是保障评估结果的客观性和可信性，加强了评估机构的独立性和权威性；二是拓宽了发展评估机构"只缘身在此山中"的眼界，赋予其更高站位和更广视野，以更大力度推进发展政策的一致性和透明度；三是为高级管理层关注评估结果提供了强大的动力，以此保障议会和国内民众问责。

第三节　政策框架系统化

有了专门管理机构，还需有制度框架予以保证。各国评估政策的制定一方面得益于援助有效性日益发展的国际大趋势；另一方面也受到国内公共行政大背景的驱动。日本政府于 2002 年发布《政府政策评估法》，规定由行政机构进行自我评估。在这种背景下，日本《官方发展援助宪章》于 2003 年 8 月进行了修订，进一步加强了官方发展援助的评估，规定了从事前、事中到事后阶段进行连贯的评估；针对政策、方案和项目的评估；促进具有专业知识的第三方评估，客观地衡量和分析官方发展援助的效果；此外，提倡与受援国和国际组织合作，开展联合评估，并努力提高受援国的官方发展援助评估能力。2006 年，法国政府颁布新《财政预算案组织法》（LOLF），强调以效果和绩效导向的公共预算体系，反映在发展援助领域，相关部门更加重视提高援助政策和项目的有效性及可预见性。2014 年，法国出台的首部援助法律《发展政策和国际团结指导和规划法》[1] 中对援助评估做出了明确定义，指出"评估是衡量法国双边、对欧盟和多边机构开展活动的有效性，以更好地管理合作方式，实现法国合作目标，改善主管机构功能，告知大众和议会公共资金使用情况和合作政策达到的结果"，并在附件中确定了评估指标体系，推动法国的评估体系逐渐规范化。

表 3-3　部分 DAC 国家发展评估政策

国家/组织	文件名称	发布时间
奥地利	《项目和方案评估指南》[2]	2009 年 7 月
美国	《美国国际发展署评估政策》[3]	2011 年 1 月

---

[1]　Loi d'orientation et de programmation relative à la politique de développement et de solidarité internationale, 2014.

[2]　Guidelines for project and programme evaluations, 2009. https://www.oecd.org/derec/austria/AUSTRIA%20ADA%20ADC%20Guidelines.pdf.

[3]　USAID Evaluation policy, 2011. https://www.oecd.org/derec/unitedstates/USAID_Evaluation_Guidelines.pdf.

国家/组织	文件名称	发布时间
联合国开发计划署	《联合国开发计划署评估政策》①	2011 年 1 月
丹麦	《丹麦外交部国际发展署评估指南》②	2012 年 1 月
新西兰	《项目评估操作政策》③	2012 年 3 月
日本	《官方发展援助评估指南》④	2012 年 4 月
英国	《国际发展评估政策》⑤	2013 年 5 月
瑞士	《评估政策》⑥	2013 年 7 月
法国	《法国开发署评估政策》⑦	2013 年 10 月
西班牙	《西班牙合作评估政策》⑧	2013 年 11 月
卢森堡	《评估政策》⑨	2015 年 7 月
葡萄牙	《葡萄牙发展合作评估政策（2016—2020 年）》⑩	2016 年 5 月

注：根据资料整理。

根据 OECD 统计，尽管政策形式和法律地位各不相同，但 70% 的成员机构拥有单一的政策文件，来指导中央评估部门的工作，确定评估在该机构中

---

① Evaluation policy of UNDP, 2011. https：//www.oecd.org/derec/undp/UNDP_Evaluation_Guidelines.pdf.

② Danida evaluation guidelines, 2012. https：//www.oecd.org/derec/denmark/DENMARK_danida_evaluation_guidelines.pdf.丹麦最早的评估指南出现在 1986 年，此后于 1994 年、1999 年、2006 年经过数次修改。

③ Activity evaluation operational policy, 2012. https：//www.oecd.org/derec/newzealand/NEWZEALAND_NZAID_EvaluationGuidelines.pdf.

④ ODA Evaluation guidelines, 2012. https：//www.oecd.org/derec/japan/JAPAN_MOFA_Guidelines.pdf.

⑤ International development evaluation policy, 2013. https：//www.oecd.org/derec/unitedkingdom/DFID-Evaluation-Policy-2013.pdf.

⑥ Evaluation policy, 2013. https：//www.oecd.org/derec/switzerland/SWISS%20SDC_EvaluationGuidelines.pdf.

⑦ AFD's evaluation policy, 2013. https：//www.oecd.org/derec/france/AFD-evaluation-policy-eng.pdf.

⑧ Spanish cooperation evaluation policy, 2013. https：//www.oecd.org/derec/spain/Spanish-Cooperation-Evaluation-Policy.pdf.

⑨ Politique d'evaluation, 2015. https：//www.oecd.org/derec/luxembourg/PE_200715_vf.pdf.

⑩ Portuguese development cooperation evaluation policy 2016—2020, 2016. https：//www.oecd.org/derec/portugal/politicaaval_1620_en.pdf.

的地位。半数成员机构的评估政策明确了评估定义、角色和责任，评估机构、质量标准、报告过程、管理反馈系统、评估结果使用和发布等内容，广泛反映了发展合作的趋势，包括强调相互问责、受援国应发挥主导作用、统一和协调的援助有效性等原则。瑞士、澳大利亚和奥地利的评估政策区分了不同种类的评估，规定了中央评估单位的任务，并描述了评估在发展机构中的作用。联合国世界粮食计划署发布《2016—2021 年评估战略》，重申了粮食计划署对评估在绩效管理、问责制和学习系统中的价值，使粮食计划署工作人员和利益相关方了解评估的目的、概念和规范性框架，包括覆盖面、方法使用以及人力和财政资源等要求。

澳大利亚的评估制度是较为系统的，从宏观、中观、微观 3 个层面，为评估工作的规范操作提供了基本遵循。宏观上，澳大利亚发布《发展评估政策》，并于 2020 年 11 月更新。政策明确发展评估目的和定位，厘清评估主体责任，列明保障评估质量和保障成果应用的措施，为评估工作提供顶层和全局性指导。中观上，澳大利亚制定《监督和评估标准》，并于 2017 年 4 月更新。标准列有援助设计、援助监督评估系统、进度报告、评估任务大纲、评估计划、评估报告、监督巡查等七大方面标准，为评估具体实践提出明确规范。微观上，澳大利亚每年发布《年度评估计划》，作为发展评估政策的一部分，确定本年度计划完成和发布的评估任务，既覆盖不同国别地区和专题，也涉及中期评审、完成评估和后评估等不同阶段。例如，2021 年澳大利亚计划开展 46 项各类评估，包括对伊拉克人道主义项目评估、澳大利亚志愿者评估等。

联合国开发计划署于 2006 年通过首个评估政策，并于 2011 年进行了一次修订。一方面，该政策界定了机构架构，明确了开发计划署机构框架内的作用和责任，为保障评估工作的独立性提供了政策基础。该政策涵盖了开发计划署独立评估办公室进行的所有评估，以及资发基金、联合国志愿人员组织委托进行的评估。另一方面，评估政策为开发计划署的评估职能确立了财务基准，规定在资源允许的情况下，每年为评估职能分配 1% 的核心与非核心资源，其中 0.2% 用于开发计划署独立评估办公室的工作。开发计划署评估政策的目的是为其评估职能建立共同的机构基础，提高产生和使用评估知识的透明度、一致性和效率，以促进组织学习和有效的成果管理，并支持问责制。

第四节　评估过程全链条化

评估不完全是"后评估"的概念。如果只在项目完成后才提供信息，而此时再进行调整以改善项目结果可能"为时晚矣"，这就要求在实施前和实施中就有评估介入，通过对规划、实施等不同阶段进行一致的管理，使结果变得更加可控。事实上，21世纪初，千年发展目标通过以后，援助有效性成为国际社会关注的议题。西方逐渐形成以结果为导向的援助逻辑模式，衍生出以循证为基础的评估模式，评估成为检验项目是否实现预期目标的"标尺"。因此在西方援助机构中，监督评估往往从项目准备阶段就开始介入，贯穿于项目全生命周期。也就是说，从项目伊始就需预设产出和影响，制定结果框架和评估指标，并考虑收集数据可及性。后评估用于追本溯源，衡量预期目的是否实现，以此形成闭环的管理链条。

日本《官方发展援助章程》将评估定位为"提高发展援助质量的工具"，并规定"从事前到事后的一致评估"。另外，日本在《2005年财政改革计划》中规定，"应当对官方发展援助项目的成果进行第三方客观评估，包括成本效益分析，评估结果应当公布，并通过'PDCA周期'反映在官方发展援助政策规划中，这一点也应当确立。"这里所说的"PDCA周期"，即"立项—执行—评估—行动"（Plan-Do-Check-Action）的循环体系，包括事前评估、中期评审、事后评估、事后监测等步骤，将事前评估到事后评估贯穿始终。

第一，在项目准备立项时，就由立项部门提出评估计划，JICA评估司对所有超过2亿日元（约合人民币1300万元）以上的各类型项目进行预评估，验证项目是否能产生预设效果、确认环境方面影响。在这一过程中，往往参考以往评估的项目经验，并将这些经验应用到立项中去。以医疗卫生技术合作为例，实施部门是日本国际协力机构人类发展司，其编写评估表后，交至评估司。JICA评估司依据DAC标准，验证项目是否会有效果、确认环境方面影响。

第二，对日元贷款和技术合作等实施期限较长的项目，在实施过程中开展中期评估，主要检查项目的实施对目的实现的程度和匹配性，实施过程中是否存在阻碍要素及其原因等。技术合作项目期限一般是在 5 年左右；日元贷款项目为基础设施项目，一般周期为 6~8 年。无偿援助项目一般期限较短，所以不组织中期评估。

第三，在项目接近完成的半年前进行完成评估，主要针对制度制定、培训等技术合作项目。检查是否达到预设目标，评估是否需要延长工期。一般与受援方、第三方专家共同评估。

第四，项目建成后，原则上金额达到 2 亿日元以上的项目都要进行事后评估，其中 2 亿~10 亿日元进行内部评估，由 JICA 驻外代表处实施，本部的评估部提供协助；10 亿日元以上（约合人民币 6600 万元）的项目进行外部评估，聘请外部第三方评估专家并开展实地调查。技术合作大部分为内部评估，日元贷款和无偿援助项目基本都要进行外部评估，志愿者、培训项目、青年协力队不进行评估，由队员提交自评报告。

图 3-3　日本的 PDCA 循环体系

与上述日本 PDCA 类似，瑞士发展合作署评估体系纳入以结果为导向的"设计—计划—执行—后评估"的项目周期管理模式（Project Cycle Management，PCM）。该模式包括 4 个步骤：一是设计。瑞士根据受援方需求，制定国别战略，针对重点领域规划援助方案和项目，设计方案和项目的预期产出。

在此阶段，需设计好项目的评估标准和方法，以便后期评估项目的有效性。二是立项。其是指制定详细的项目计划文件，具体包括项目预算、采购方法、实施方式、项目实施主体、合作伙伴等，并确定评估标准和指标。三是实施。项目资金获批后，项目进入实施阶段。在实施期间，项目实施主体需接受瑞士援外执行部门的监督，定期汇报项目进展情况。瑞士和受援方共同开展项目监督工作，对不符合项目计划文件的行为及时提出更正意见。四是项目后评估。在项目完成若干年后开展评估，检查项目是否带来预期效果。

世界银行的评估也贯穿项目全周期，大致分为几个环节：在项目全周期的顶端，是国别合作框架（CPF），这是所有项目的指导文件，一般覆盖时间为4~6年。项目全周期分为6个环节：项目识别、项目准备、事前评估、协商和立项、项目执行、完成评估，周期约7~8年。一是项目识别阶段。该环节需要1~2年，需与受援国商谈，制定项目概念书。从项目商讨的第一场会议起，就需要开始明确项目目的、使用的具体指标、项目实际内容、如何执行项目中各项子内容等。概念书最重要的内容是确定项目发展目标（PDO）和可能成效，以便形成结果框架和变革理论（Theory of Change），评估对国别规划的贡献。概念书由项目团队准备，团队成员一般包括工程师、财务管理、法律、采购、监测、经济分析、行业专家，并交国别代表处局长审核。二是项目准备阶段。项目团队要制定结果框架和指标、评估数据收集能力，保证受援国也配套投入一部分资金。结果框架包括活动、产出、中长期影响等内容。三是事前评估阶段（类似可行性研究）。其主要分为结果导向和政策导向的评估类型。由受援国提出项目建议，世界银行就此评估项目技术层面，包括技术指标、实施期限、采购方法等，形成项目评估文件（Project Assessment Document，PAD），确定评估指标，评估文件内容包括战略背景、项目描述、执行安排、项目评估摘要、申诉赔偿、风险、结果框架和监督等。由于一些非洲国家没有能力进行评估，世界银行有时会聘请咨询公司完成，同时注意培养受援国自主性。资金紧张的受援国，可以申请世界银行信托基金，如涉及减灾相关项目可以请求相关组织帮助。事前评估后，如发现环境等风险过高，可能拒绝执行项目。四是协商和立项阶段。与受援国商定结果框架和评估安排。项目立项会议由国别代表处局长主持，报世界银行副行长并经董事会批准后，与受援国签署项目协议。五是项目执行阶段。项目实施单位每6个月报送《执行状态和结果报告》（Implementation Status Report，ISR）指标值，对发展目标和实施计划完成情况打分。世界银行国别代表处负责审核，可质询项目团队，或聘请第三方机构进行独立调查，保障 ISR 信息可靠，监测项目打款、采购和落实保障措施等。在项目执行期间，国别办公室基于经验能够检查数据，也可赴现场访谈受益人员，检查物资是否发放、使用，教室是否配备家具、手术室是否建好、是否因为腐败导致项目质量差等。六是项目完成后。项目周期一般5年，项目完成后，项目团队制定《完工报告》（Implementation Completion Report，ICR）。团队有6个月至一年时间准备完工报告，一般在项目结束前6个月内开始准备，在项目结束后6个月内向世界银行董事会报送。一般内容包括项目背景和目标、达到结果、影响执行和成效的因素、银行绩效、风险、经验和建议。独立评估局对完工报告进行独立案头评估，根据项目结果、相关证明和打分提出自己的打分。独立评估局也会进行飞行检查，验证完工报告的阐述。

2013 年 12 月，韩国国际合作署（KOICA）发布《卫生领域项目结果导向管理指南》[1]，根据卫生领域的项目全周期，明确了管理方面的实用信息，特别是在项目设计和分析阶段，就提出了搜资和设计评估的要求。在项目设计阶段，首先研究受援国卫生领域现状和战略，在世界卫生组织、联合国等国际机构网站中搜集宏观经济社会指标，如当地人口出生率、死亡率等。对照千年发展目标中关于卫生领域的指标，并查看受援国国家发展规划、国家卫生政策战略和计划、国家卫生预算等。其次，审查韩国国际合作署卫生战略，保障项目与卫生领域战略挂钩。在项目分析阶段，设定结果目标，选择结果指标，将目标用量化指标表示，设定基准数据和目标，确定数据来源。

---

[1] Result-based management guideline on Health sector programs, 2013. https://www.oecd.org/derec/korea/Result-based-Management-Guideline-on-Health-Sector-Programs.pdf.

第四章　评估标准和内容

国际发展领域评估在长期实践中形成了一套较为完整的方法论。这其中，经合组织发展援助委员会（OECD-DAC）作为协调官方发展援助的核心机构，形成了发展评估网络，在评估发展成果和政策有效性的规范及标准制定上发挥了重要作用。2010 年，OECD-DAC 发展评估网络发布了《评估发展合作——关键规范和标准摘要》，内容包括质量标准、一般原则和具体评估类型的建议。此外，各国在具体指标设置上虽有不同，但也形成了一定的逻辑框架，在评估体系上有共通之处。本章拟总结国际上普遍使用的评估标准、逻辑框架和具体方法。

第一节　评估标准

在评估规范性框架中，评估原则通常处于框架的宏观层面，规定了"良好"评估的关键方面，例如独立性、有用性、准确性、透明度和道德责任。评估标准则通常处在中观层面，为评估的整体设计提供主干支撑，用于帮助构建特定评估问题。在微观层面上，每个评估标准项下设有具体的指导性问题，引出对中观层面标准的更具体阐释。

评估标准的发展经历了一定的历史过程。基于 DAC 评估小组 1984 年关于评估结果的报告和 1988 年关于可持续性的报告，DAC 于 1988 年批准了《项目评估原则》，但一直没有一套用于评估工作的整体原则。1989 年，评估小组决定制定一套评估原则，DAC 秘书处制定纲要后，各成员为具体部分编写草案。1990 年 2 月，DAC 讨论了第一份草案，当时大家一致同意制定一套简明原则，而不是一份冗长的文件。结合在巴黎举行的定期会议和在科特迪瓦阿比让举行的区域研讨会，各方又召开了几次起草会议。1991 年 3 月，各方就《发展援助评估原则》达成一致，随后得到 DAC 的批准。

1991 年的《发展援助评估原则》是一个具有里程碑意义的文件，提出了评估独立性、公正性、可信性、透明度、实用性、及时性和包容性等基本原则，并首次提出援助评估的 5 项标准，成为指导国际发展政策和项目评估的重要参考。5 项标准包括：一是相关性（Relevance），指项目是否符合受援方的优先领域和政策，与受援方及其受益群体的需求是否相关；二是有效性（Effectiveness），将结果与预定目标进行对比，评估项目预期目标是否达到；三是效率（Efficiency），将使用资源与结果进行对比，评估项目是否以性价比最高的方式实施；四是影响（Impact），包括积极和消极、预料之中和预料之外的影响；五是可持续性（Sustainability），评估项目结束后产生的影响是否能够持续。

2019 年 11 月，DAC 重新完善了援助评估标准，在原有 5 项标准的基础上新增一项"一致性"（Coherence）标准，用于评估援助活动与援助方国内其他活动和国际上其他援助方活动的兼容互补性。这反映了在全球援助资金渠道多元化的形势下，DAC 更加重视援助方国内和国际的协调统筹，特别是在应对危机和人道主义援助、气候变化等全球性议题方面，可避免援助资源重复和冲突。

以上 6 项标准适用于常规的非紧急人道主义援助项目。国际上对于紧急人道主义项目的评估标准略有不同，它不评估可持续性，而主要评估"获得人道主义援助的覆盖范围"，考察大部分面临生命威胁的人口是否获得了帮助；还关注短期紧急性质的援助能否与当地长期发展相关联，并与安全、贸易和军事等方面政策的协调。

在 DAC 评估标准的基础上，联合国系统组织和专门机构的评估标准还包括物有所值和客户满意度。2005 年 4 月，联合国评估小组出台了联合国评估标准，目的是统一和简化评估方法、规范、标准和周期，推进整个系统的评估协作。总体而言，DAC 和联合国援助标准都要求与受援方背景相符，与其他援助活动保持一致，以有效的方式实现援助目标，并产生持久的积极影响。联合国系统作为多边机构，其资金主要来自各国会费和捐赠，更重视成本收益比，即使用最实惠的经费且有效的方式实施项目，让受援方满意。

世界银行等多边发展银行评估效果时遵循 3 个原则，一是相关性（Relevance），发展目标与受援国别政策是否相关；二是有效性（Efficacy），发展目标实现情况；三是效率（Efficiency），即投入是否合理，特别关注贷款项目创造资金流情况等。

除 DAC 六大评估标准外，一些国家也会根据自身关注增加自己的标准，如日本增加了"项目对社会贡献度"。2011 年，日本在评估中提出"外交视角"标准，旨在加强官方发展援助和日本国家利益、外交政策的联系，回应日本内阁和纳税人的质询。但由于官方发展援助与国家间外交关系的因果联系较难界定，因此多为定性分析，而没有定量指标。

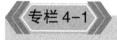
专栏 4-1

以外交视角开展援助评估

对于不少双边援助国而言，对外援助是开展政治外交的工具之一，以外交视角评估援助对于公众问责来说具有重要意义。2011 年，日本外务省除"发展视角"外，开始使用外交视角来评估官方发展援助。"发展视角"用于确定日本 ODA 对受援国发展的贡献程度，"外交视角"则用于确定官方发展援助是否实现了日本国家利益，包括全球公共利益。2015 年，日本外务省开始在所有第三方评估项目中使用外交视角。评估者应参照《日本国家安全和发展合作宪章》，确定日本通过提供援助达到的国家利益。在日本对国别援助评估和对 JICA 志愿者项目的评估中，都提及了外交标准。

参考文本	评估结果
《日本对乌干达国别援助评估》第四章 4-1 外交重要性 4-1-1 乌干达援助在日本外交中的位置 4-1-2 地缘政治位置重要性 4-1-3 乌干达和日本关西 4-1-4 外交重要性摘要 4-2 外交影响 4-2-1 政治方面 4-2-2 经济方面 4-2-3 社会方面	本报告中，日本的国家利益是指日本的国际环境对日本有利以及与乌干达双边关系的变化。评估发现，通过对乌干达援助改善了安全环境，提高日本在国际社会的存在感（政治方面），深化投资和贸易关系、日本企业在乌干达的业务更加活跃（经济方面），开发全球人力资源，改善日本在乌干达形象，私营企业和地方政府层面的基层交流活跃，加深相互理解（社会方面）。评估试图以客观方式掌握这些变化的情况，并尽可能地验证与日本对乌干达援助有关的因果关系。但在因果关系难以证明的情况下，评估受到一定限制，因此没有进行评级确定。
《JICA 志愿者项目评估》第六章 评估结果 6-4 外交重要性与影响 6-4-1 外交重要性 6-4-2 外交影响：双边关系 6-4-3 外交影响：日本在国际社会中的地位	本节从外交效果的重要性和影响方面考虑：一是双边关系；二是日本在国际社会中的地位。评估认为，由于志愿者在日本外交中的明确定位，以及他们作为"草根外交官"的角色，该项目在外交上的重要性是非常高的。该项目受到派遣目的地国家的高度重视，并获得了官方表彰产生了积极的外交影响。此外，从日本大地震后这些国家的大量捐款中可以看出，日本在国际社会的地位有所提升。

2030 年联合国可持续发展议程制定了更加包容、综合、公平和可持续的新发展方法，催生了更具内生性和全面性的发展效益概念，使发展领域呈现出资金多样化、援助模式复杂化、工具和伙伴关系多元化等趋势。在此背景下，关于 OECD-DAC 传统评估标准的适用性也引发了激烈讨论，发展实践者、政策制定者和评估专家在重新审视相关性、有效性、影响、效率和可持续性这五大评估标准。[①]

第一，相关性标准。相关性原则是衡量活动与目标之间的关系，但可持

---

① Deval, The OECD-DAC evaluation criteria: to reform or to transform?, 2018. https://www.oecd.org/derec/germany/DEval-Policy-Brief-DAC-evaluation-criteria.pdf.

续发展目标涵盖面之广，任何活动都可能与可持续发展目标、国家和捐助者优先事项有不同程度的相关性。相关性标准还隐含着"受益人的需求是同质的、通过政府的政策能够很好把握"的假定。而在实践中，发展活动对直接受益者或其他相关群体的相关性较少被评估者考虑。对一项发展活动、计划或政策相关性的看法，在中央与地方政府、公共与私人合作伙伴、企业与工会、民间社会代表或非政府组织代表等不同利益相关者之间可能大不相同。评估人员需要整合需求、背景和政策的多样性，确定这些不同观点及其各自的合理性。

另一个复杂的问题是，相关性原则没有考虑到快速变化的环境。评估人员经常认为，如果发展问题和目标在活动一开始时就得到很好的界定，那么就可以确保其相关性。但是需要看到，在一个形势和政策快速变化的发展环境中，评估人员需要考虑发展活动在整个生命周期中的"持续相关性"。在2030年可持续发展目标的评估时代，灵活性和对不断变化的环境快速反应变得尤为重要。这有时被称为"适应性管理"方法，需要利用监测评估的知识来形成新的理解，产生新的行动方式。①

第二，有效性和影响标准。有效性和影响原则通常分开考虑，但它们在实践中较难区分，以至于许多评估者建议将二者合并。在2030年可持续发展目标的背景下，影响和效果将更加难以评估。一是许多可持续发展目标不是以量化目标制定的，而是以"应对气候变化"或"调动资源"这样的发展结果呈现的，这使得评估其有效性变得主观。二是可持续发展目标反映了复杂的现实，而不是支撑千年发展目标简单的变化理论，逻辑框架过度简化了因果关系，就变得具有局限性。发展活动可能会产生意料之外的效果，对不同的群体产生不同的影响，其复杂的联系关系很难用传统的评估模式来理解。

第三，效率标准。效率是指衡量投入在多大程度上被用于预期产出。在可持续发展目标中，即使基于投入的目标也很难作出推论，确定投入是否达到了预期目的。例如，我们可以追踪"政府直接分配给发展中国家的国内资

---

① Evaluation in the era of the SDGs, 2017. https://www.oecd.org/derec/afdb/afdb-eval-matters-q32017-evaluation-sdg.pdf.

源的比例"，但很难有效地评估效率。与效率有关的另一个问题是，通常的评估方法，如成本效益分析或经济回报率，适合基础设施部门或投资项目，但对政策和预算支持、技术援助、担保等"软"领域就不那么适用，存在一定数据限制。对于许多可持续发展目标议程的领域，也没有先例可供借鉴，例如如何促进"伸张正义"（SDG16.3）或"和平与非暴力文化"（SDG4.7）。随着发展行动的复杂性和多面性，成本效益分析方法正在逐渐减少。据世界银行统计，在20世纪70年代有70%的项目进行经济回报率的计算，在20世纪90年代仅为25%。此外，对效率的考虑在长期影响方面受到了挑战。有些活动在评估时被认为是有效的，但几年后可能变得非常低效，如对自然资源存在不可预见的破坏性，这是很难通过一次评估发现的。

第四，可持续性标准。可持续性标准要求评估一项发展活动延续到实施期之后。它处理的是长期的不确定性和动态性问题，不仅包括环境生态和资金层面，还覆盖了制度、政治、经济、社会和文化等方面。在可持续发展目标的背景下，可持续性越来越多地被"复原力"替代。它指的是一个系统承受冲击并从冲击中恢复的能力，主要关注应对压力的能力和适应不断变化的环境，包括应对不可预知灾难的能力。因此，复原力是一个动态的概念，更适合于可持续发展目标。德国联邦经济合作与发展部认为，在原可持续性原则上，还需要考虑不让任何人落后、共同责任和问责制。"不落人后"的原则要求对发展项目的结果进行评估，特别是针对弱势群体的长期跟踪和评估。[①]

第二节　不同类型的评估内容

评估类型的划分取决于评估的对象和目的，这也决定了评估的内容和走向。芬兰《评估指南》就指出，应采取灵活的方法，使评估类型适应当前环境和计划，以最大限度地发挥评估的作用。总体来看，国际发展领域的评估类型可分为项目评估和综合评估两个大的层次。项目评估是基于单个项目的

---

① Evaluating sustainability in times of the 2030 agenda, 2018. https://www.oecd.org/derec/germany/DEval-Policy-Brief-sustainability-Agenda-2030.pdf.

评估，主要评估项目的过程、产出和效果。综合评估较项目评估更为宏观，包括国别方案评估、专题评估、机构评估、影响评估、跨领域主题评估等。

表4-1 部分捐助方近年来综合评估主题列表

类型	日本	瑞士	联合国世界粮食计划署（WFP）	世界银行
国别评估	菲律宾	—	孟加拉国、喀麦隆、刚果（金）、印度尼西亚、东帝汶	菲律宾（2009—2018年）、中国（2013—2017年）、卢旺达（2009—2017年）
政策评估	—	性别平等有效性	（1）WFP社会安全网络政策；（2）WFP性别政策	世界银行对中小企业的支持
专题评估	（1）日本非政府组织项目评估；（2）妇女赋权评估；（3）日本科技研究促进可持续发展评估	减灾领域	校园餐食项目贡献SDGs评估	（1）促贸援助的贡献和有效性；（2）在脆弱和冲突地区的行动
机构评估	—	—	（1）在尼日利亚东北部的机构响应；（2）应对埃塞俄比亚干旱的机构间人道主义响应	—
影响评估	—	—	（1）气候变化和气候韧性；（2）现金援助	社区营养项目

资料来源：相关发展机构官方网站。

以法国为例，近年来，法国政策和领域评估逐渐增多，约占到评估总数的三分之二。表4-2为近年来法国开展的部分评估活动。评估内容一般由相关部门评估小组拟定，由相关部门评估委员会判断其可行性后立项，保证评估内容具有领域代表性。

表 4-2　2012—2018 年法国开展的部分评估活动列表

年份	外交部	经济财政部
2012	法国对西非地区一体化支持的评估、法国—中国地方合作的评估	法国对亚洲发展基金捐助、对京都议定书机制援助的评估
2013	法国发展政策（1998—2010 年）共同评估，法国—加拿大研究基金评估，对撒哈拉非洲选举期间媒体支持的评估，法国对抗击艾滋病、肺结核和疟疾全球基金捐助的评估，对法国—科摩罗国别伙伴框架文件的评估，法国开发署技术援助评估	法国发展政策（1998—2010 年）共同评估、格鲁吉亚航空领域安全修复评估
2014	法国对受援国地方治理支持的评估，对欧洲发展基金的捐助评估，优先团结基金评估，德国、比利时、欧盟委员会、法国、荷兰、英国和瑞典对布隆迪援助联合评估	法国对世界银行国际开发协会的捐助、对突尼斯和巴勒斯坦中小企业信贷支持评估
2015	对卫生、母婴健康领域援助评估	对布隆迪财政援助、斯里兰卡公立医院改善急救贷款项目
2016	对减债促发展政策的评估	对非洲发展基金的捐助、对巩固商业能力项目的评估
2017	法国发展政策三方联合评估（2013—2015 年）、法国政府奖学金战略评估、对国际法语国家组织捐助战略评估（2010—2015 年）	法国发展政策三方联合评估（2013—2015 年）、国库总局发展活动政策评估
2018	法国对越南发展援助评估（2005—2015 年）、法国对撒哈拉五国基础教育援助评估、对全球基金"5%倡议"战略评估（2011—2016 年）	法国对越南发展援助评估（2005—2015 年）、摩洛哥卡萨布兰卡有轨电车项目评估

一、项目评估

自 20 世纪 90 年代推行成果管理模式以来，单一项目层面的评估已在很大程度上被分散，被纳入一线执行单位的成果管理计划，使中央机构能够更广泛地审视发展的有效性。① 因此，项目评估一般由发展机构驻外代表处决定，并在当地进行管理。例如，瑞士项目评估由驻外使（领）馆和发展合作署代表处项目官员决定，驻外机构负责筛选项目、进行立项、监督评估项目，预算由总部批准，形成"立项—执行—监督"的完整链条。总部可以指导、建议驻外机构，但不负责管理。通过评估，驻外机构可以发现问题，决定下阶段扩大、升级援助方案，或对项目进行必要的调整，和受援国探讨其他新的合作领域。世界银行和日本等捐助方的中央机构也直接参与一部分的项目评估。例如，世界银行的项目评估由实施单位进行自评，总部抽取约 20% 的项目进行绩效评估。日本国际协力机构则按项目规模来确定，资金规模大的项目由总部进行评估，如图 4-1 所示。2 亿~10 亿日元的项目由驻外代表处实施评估，10 亿日元以上的项目由协力机构评估司负责。

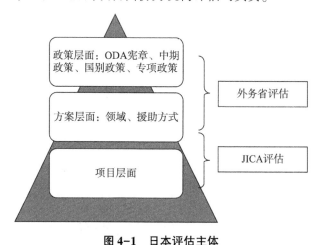

图 4-1 日本评估主体

项目层面的评估分为两类：对项目实施进度的评估和取得成果的评估。首先，实施评估涉及项目的投入和活动是否符合设计预算、工作计划和时间表；其次，成果评估涉及实际成果是否按计划实现，成果通常在 3 个层面上进行衡量——直接产出、中间成果和长期影响。早期，发展机构主要关注的是实施问题，但其重点越来越多地放在对结果的衡量上。此外，重点正在从

---

① Evaluation in Development Agencies, Better Aid, 2010. http://dx.doi.org/10.1787/9789264094857-en.

直接产出转向中长期结果和影响。

以 2012 年瑞士发展合作署援助塔吉克斯坦农村水供应和清洁项目评估为例①，在评估中，主要使用相关性、有效性、效率和可持续性指标，包括项目目标与受援方形势的一致性，项目对与省地各主体政策对话的影响等（见表 4-3）。

表 4-3　瑞士发展合作署项目评估指标体系示例

一级指标	指标解释	二级指标
相关性	项目目标与受援方形势的一致性	（1）受援方该行业主要的挑战或瓶颈是什么？ （2）项目如何管理这些困难？
有效性	评估项目活动和结果，特别是对与当地各主体政策对话的影响	（1）项目是否在政策对话中扮演了有效角色？ （2）SDC 在政策对话中起到什么作用？
效率	评估项目实施单位和发展合作署的能力	（1）项目是否充分支持了瑞士农村水供应计划？ （2）项目提供的设备和其他资源是否充分使用？ （3）项目如何优化以达到更好结果？ （4）监督和评估系统是否具有结构性和全面性？
可持续性	提出下一步合作战略	（1）社会可持续； （2）财政可持续； （3）机构可持续； （4）环境可持续

二、国别/地区层面评估

国别合作战略规划评估是评估对某受援方的评估政策，分析的单位不是单一的项目，而是整个国家/地区的项目，通常包括由不同捐助机构和合作伙伴在一个相对较长的时间段内实施的多项活动。美国国际发展署在 20 世纪 90 年代中期从对项目的关注转向国别评估，率先采用了这种方法。其原因是国别评估可以作为问责制的工具，使一个机构说明在一个特定国家的资源使用情况。另一个原因是大多数捐助者广泛采用国家援助战略，这反过来又要求评估者在国别层面而非项目或部门层面评估结果。例如，世界银行于 1999 年

① Tajikistan, SDC - Rural water supply and sanitation External Review, 2012. https：//www. newsd. admin. ch/newsd/NSBExterneStudien/256/attachment/en/997. pdf.

提出《综合发展框架倡议》，呼吁所有发展伙伴根据结果导向、受援国所有权等原则，用更具战略性的方法来规划、实施和监测国别一级的发展努力。国别援助评估可以从一国以前的援助措施中吸取教训，更可以影响未来国家战略文件的设计。例如瑞士每四年制定国别战略规划，制定战略需要一年，一般在制定新的战略前两年开始进行上一轮国别战略评估，了解在受援方所做项目效果，考虑之前确定的优先领域是否纳入下一轮国别战略规划。例如某受援国以卫生、减灾、供水作为优先领域，那么开展专项评估，需要考量上述领域是否还应继续作为优先领域，或评估双边渠道的效果是否良好，是否需要从多边渠道援助。

与项目评估相比，国别评估是一种更为全面和战略性的绩效管理及衡量方法，要回答的是"在这个国家开展的活动做得对吗？"项目评估中，逻辑框架中的所有要素都应给予同等重视，甚至可能倾向于实施监测，而国别评估则将高阶发展目标和中间成果置于中心位置。它不太关注确定单个项目的投入/过程和产出，而更关注衡量和实现更高层次的结果。从单个项目到更广泛计划的转变也意味着一个更长的时间框架，超越了单个项目的生命周期限制。良好的项目成果不一定会转化为有利的国家经济和社会发展。

专栏 4-2

非洲发展银行国别评估指南

1996 年，非洲发展银行曾发布了一套国别评估的准则。但指导方针没有采用 ECG 和 DAC 所倡导的相关性、有效性、效率和机构发展等评估标准；此外，这些准则很少关注作为国家援助评估主要推动力的国家援助战略，且国家数据库信息不足。此后，世界银行建立了由项目、部门和专题评估报告及结果组成的大型国家信息数据库。2004 年，非洲发展银行重新发布了《国别援助评估指南》。[①]

---

① African Development Bank, Guidelines for country assistance evaluation, 2004. https://www.oecd.org/derec/afdb/35142316.pdf.

典型的国别评估报告大纲

前言

执行摘要

一、经济和社会背景

二、国家面临的发展挑战和制约因素

三、援助产品和服务

(一) 机构战略及其现实意义

(二) 实施战略：贷款服务

(三) 实施战略：分析和咨询服务

四、国家援助的发展影响

五、发展伙伴的表现

六、教训和建议

第一部分描述该国的经济和社会发展情况。第二部分讨论该国面临的发展挑战和制约因素，以及援助战略所要应对的问题。第三部分是对主要方案投入、援助协调和资源调动的"自下而上"的评估，以确定它们与该国发展问题的相关性，对援助的相关性、有效性、效率、可持续性及其对机构发展的影响进行评估，形成对该国援助的总体判断。第四部分（发展影响方面）是对主要计划目标"自上而下"的分析。大多数情况下，像减贫这样的高阶目标是很难一次性直接实现的。因此，在评估发展影响时，评估将确定这些高阶目标下的中间目标，如加速经济增长、私营部门发展、提供社会服务和农村综合发展等。第五部分是归因层面，评估捐助者、政府和其他发展伙伴等的表现。第六部分提出可吸取的教训，以及由此产生的建议。

好的国别评估应该能够回答以下问题：一是机构战略是否与受援国的发展问题有关？二是项目是否达到了预期目标？三是如果实现了，是否有效率？四是这些成就是否可以长期持续？五是这些活动是否有助于提高政府能力？

例如，援助对经济、减贫和其他发展目标的总体影响是什么？

仍以瑞士为例（见表4-4）。瑞士开展国别/地区合作战略评估主要有4个维度①：一是受援方和瑞士的形势分析；二是单个项目或计划与合作战略的相关性及合适性；三是实施有效性；四是效果。在评估国别/地区合作战略时，要注重合作战略本身的质量，如是否包括当地关注的热点议题、是否涵盖当地不同主体；还要重视单个项目和整体战略之间的关联。

表4-4　瑞士国别/地区合作战略评估指标示例

一级指标	二级指标	指标解释
相关性	定位适应性	（1）合作战略是否反映受援方和瑞士的发展优先领域？ （2）受援方最需获得哪些支持？ （3）已采取了哪些措施？
	合作战略质量	合作战略是否包括社会不平等、全球挑战、地区不平衡等热点议题？是否包括当地私营部门、政党、机构等相关参与主体？
	单个项目与战略相关性	（1）各项目对于实现合作战略是否具有相关性、适当性？ （2）援助方法是否适当？
实施有效性	管理情况	（1）驻外代表处等主体的管理和协调是否有效？ （2）对于结果优化作出了哪些贡献？
效果	结果	（1）援助是否促进受援方发展？ （2）哪些内外部因素增强或阻挠了援助结果的实现？
	可持续性	采取哪些措施增强了各项目的可持续性？

三、领域层面评估

政策和专题评估是对某一援助政策或领域进行的，使用一系列研究方法来系统地调查政策有效性、实施过程的有效性。在领域评估时，需要关注援

---

① Country and Regional Strategy Evaluation, 2016. https://www.eda.admin.ch/dam/deza/en/documents/resultate-wirkung/Concept_CS_Evaluation_Jan_2016_EN.pdf.

助活动是否符合援助方国内相关行业规划，并衡量援助对受援国该领域的促进作用。以瑞士发展合作署《2007—2014 年基础教育领域评估》为例①，2016 年，瑞士对发展合作署 7 年间开展的基础教育领域援助进行评估（见表 4-5），包括布基纳法索、罗马尼亚、塞尔维亚、阿尔巴尼亚、阿富汗、海地、蒙古国、尼日尔等受援国。它使用的指标包括目标一致性、项目相关性和有效性、实施方式适当性和效率、与国际发展议程一致性，关注以下 4 个关键领域：一是与发展合作署的教育战略目标保持一致；二是基础教育项目和计划的相关性及有效性；三是发展合作署执行模式的适当性和效率；四是与国际议程、标准和"最佳做法"的对应关系。

表 4-5　瑞士教育领域评估指标体系示例

一级指标	二级指标
战略目标一致性	援助活动是否符合瑞士《基础教育和职业技术发展指导纲要》？
项目相关性和有效性	（1）是否与受援方国情、当地需求、受益群体（儿童、青年和成年）要求、社会融合相关？ （2）各项目预定目标是否实现？是否帮助受援方实现教育领域规划？ （3）是否使受援方教育系统持续改善？
实施效率和可持续性	（1）不同援助方式和活动是否具有一致性及适当性，以保证结果实现？ （2）项目是否具有可持续性？
与国际发展议程一致性	（1）是否促进了教育领域的性别平等？ （2）在脆弱国家的项目是否反映了联合国紧急教育网络的最低标准？ （3）是否成功影响了国际发展合作议程？

四、战略评估

战略评估相较于项目和国别评估更加宏观，一般需要评估其连贯性、目标清晰度和相关性、规划的有效性以及活动的及时适应性。以 2021 年 3 月联合国开发计划署独立评估局发布的《2018—2021 年 UNDP 战略计划评估》为例，评估分为连贯性、清晰度和相关性、有效性、效率和适应性（见表 4-6）。

---

① http://www.oecd.org/derec/switzerland/Annexes_Evaluation%20of%20SDC's%20Performance%20in%20Basic%20Education%202007%20-%202014.pdf.

特别强调开发署战略规划同可持续发展目标和联合国发展系统改革的一致性，以及组织机构设置和伙伴关系对成果实现的有效性。

表4-6 联合国开发计划署战略评估的主要内容

关键标准	评估内容
连贯性、清晰度和相关性	（1）战略计划为组织表达了清晰的愿景和目标； （2）有明确的行动计划和指南，以在整个组织内落实战略计划的愿景和目标； （3）战略计划明确阐述了开发署的角色和整合性方法； （4）开发署对可持续发展目标的支持是明确的、一致的和相关的； （5）开发署对联合国发展系统改革的贡献是明确的、连贯的和相关的
有效性	（1）开发署有效地实施了战略计划的愿景和目标； （2）开发署对可持续发展目标和2030年议程作出了有效贡献； （3）开发署利用"不让一个人掉队"、性别平等和妇女赋权等原则作为2030年议程的推动力，以实现成果； （4）开发署利用相对优势和协作伙伴关系来交付成果； （5）促进并扩大了创新； （6）全球和国家支持平台成为有效的交付机制
效率和适应性	（1）使一个更灵活、更敏捷、更有创新精神的组织能够调整能力，以实现并加速实现可持续发展目标； （2）开发署能够根据战略计划调整其管理做法； （3）内部环境（改革、结构、系统、激励措施和业务模式）有利于开发署实现目的； （4）开发署能够应对和适应新冠疫情的危机； （5）本组织的人员和财务得到了有效管理

五、机构评估

机构评估主要评估机构运行情况，在国内公众压力和政府对机构绩效年度报告的立法推动下，发展机构需要以机构为单位，展现其目标的实现和全成果情况。这些全机构范围内的项目绩效和成果数据的分析结果，通常在年度绩效报告中向利益相关者报告。对机构的评估，主要有3种评估方法。

第一，选择项目/计划的产出水平。例如交付的产品和服务单位数、受益人数，这种数据通常较易收集。丹麦国际发展援助署采取这种方法，并为其每个主要领域的可比项目类型制定了标准产出水平指标的指导方针。对于结构分散、项目类型或方法多样的机构来说，对各项目产出进行汇总可能并不那么容易。此外，产出层面的报告只陈述"做了什么"，对于回答"做得怎么样"的价值可能有限。

第二，选择长期的国别发展趋势数据。利用国际统计数据，报告国家领域层面的长期社会和经济变化，这些数据在各国之间具有一定的可比性。这种方法的优点是可以显示发展影响，例如减轻贫困、降低婴儿死亡率、实现普及初等教育等。但试图将这些国家层面的发展改善与单一捐助机构的活动联系起来，并将其归因于单一捐助机构的活动，往往较为困难。另一个复杂的问题是，绩效监测和报告通常每年进行一次，而数据关于国家发展趋势的数据通常只有几年间隔，且存在滞后性。此外，即使每年都有数据，发展影响的长期性也意味着每年的变化/改善可能并不显著，不能完全归因于当前的机构活动。

第三，选择项目/计划结果层面。在项目产出和宏观统计之间，有项目成果的层面。成果层面比产出更有意义，且成果比国家层面的统计趋势更容易归因。另一个优点是，项目/计划层面的绩效监测系统往往已经建立，因此，在大多数情况下，应该有一些关于项目/计划成果实现的数据。机构可以在一个目标、次级目标或计划方法领域内，如用"85%的信贷项目成功地达到结果目标"这样的表述来汇总所有的项目/计划。这种方法的问题是，由于不同产出产生的成果各异，可汇总性较差。

为整个机构的绩效评价和报告收集数据有两个基本来源：一是现有的国际数据库，可查询全球和国别层面的统计数据；二是发展机构国别办公室所维护的项目/计划绩效衡量系统。

如前所述，评估标准的使用应取决于评估类型和目的。评估的内容一般都包括目标相关性、实施有效性和项目可持续性。但在评估国别/地区合作战略时，一是注重合作战略本身的质量，如是否包括当地热点议题，是否涵盖当地不同主体；二是重视单个项目和政策之间的关联，保障单个项目有效服务于更高层次的战略。在领域评估时，更关注援助活动是否符合援助方国内相应行业规划，并衡量援助对受援国该领域的促进作用。由于评估类型的多元化使得评估所针对的问题是不一致的，因此评估标准的使用应从受援方角度出发，理解评估背景、项目和利益相关方立场，根据具体情况对标准进行情境化，有针对性地使用标准。此外，每个标准的使用也取决于可获得的资源、数据可及性、时效性等。同时应注意，性别平等、环境保护、减贫、社会融合等跨领域主题在发展援助政策中越来越主流化，这使得各类评估越发关注这些热点议题，即使在评估某一特定领域时，也注重衡量这些跨领域主题的实现程度。

第三节　基于结果链的评估指标体系

一、评估指标体系的逻辑

如果说评估标准为评估活动框定了范围、指出了方向，那么评估指标则是指导评估机构开展评估的具体工具。健全指标体系是开展评估活动的必要前提，能够指导评估人员科学、有效地收集信息，为实现评估管理标准化、规范化夯实基础，为强化政策统筹提供抓手。在设置具体指标时，国际上主要采用"结果链"（Result Chain）的方法，其演变形式也包括变革理论（Theory of Change）、逻辑框架（Logical Framework）、结果框架（Result Framework）等，原理是通过"投入—产出—效果—最终目标"这样的线形结果链条，来推导和显示项目与效果之间的关联，形成相应的效果指标和产出指标（见图4-2）。

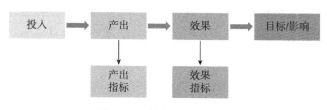

图4-2　"结果链"示意图

其中，投入是指为项目实施而投入的资金、人力和活动。产出是指因项目实施而直接产生的产品、设备或服务。效果是指实施项目而带来的中期或长期、积极或消极、直接或间接、有意或无意的影响。目标是指项目想要达到的最终目的。"结果链"的核心是目标（见图4-3）。也就是说，在项目伊始就应该明确目标，基于项目目标才能倒推出援助所需的投入和产出。以世界银行的指标体系为例，如某受援方提出援助需求，想要解决"因水供应短缺导致卫生问题，影响了农村人口健康"的问题，那么项目的预期目标是要"减少与水短缺相关的疾病"。为达到这一目标，应考虑提高水和卫生资源的获得性，那么就要增加水供应系统和卫生设施的覆盖用户，相应的产出就应设计为"修复或扩建输水系统、新建卫生设施"。为达到这一产出，自然就是投入修扩建输水系统、新建卫生设施。除了新增基础设施外，也可以通过唤醒民众的清洁卫生意识这种软援助来达到这一目的，即将其设计为"发起清洁卫生运动"。

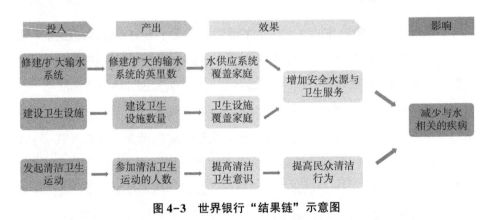

图4-3　世界银行"结果链"示意图

　　日本国际协力机构、世界粮食计划署等机构的评估指标设计也遵循这一逻辑路径。以日本的评估指标体系为例，指标体系分领域设置，每个领域首先设置战略目标、中期目标、子目标，再根据项目类型产生产出指标和效果指标（见表4-7）。如在卫生领域，目标之一是"改善基层医疗服务"，项目类型为"修复基层卫生诊所"，产出指标为"居民到卫生所所需时间、卫生所辐射半径、门诊数量、年人均接受医疗检查次数"等，效果指标为"农村地区死亡率"。卫生领域的另一目标是"改善母婴健康"，项目类型之一为"提供妇产科设备",那么产出指标则为"年接受病人数量、年手术台数"等,相应的效果指标是"地区生育死亡率"。

表4-7 日本评估指标体系框架示例

发展战略目标	基础设施类型	产出指标	效果指标
改善基层医疗服务	修复基层卫生诊所	居民到卫生所所需时间、卫生所辐射半径、门诊数量、年人均接受医疗检查次数	农村地区死亡率
改善母婴健康	提供妇产科设备	年接受病人数量、年手术台数	地区生育死亡率

同样,世界粮食计划署评估指标设置战略目标、效果,在此基础上形成效果指标和产出指标。如战略目标是达到"全球零饥饿",那么要达到的效果是"无人遭受营养不良",因此效果指标是"营养不良的人口比例",具体活动是提供营养食品,则产出指标是"提供的营养食品数量"(见表4-8)。

表4-8 WFP评估指标框架示例

战略任务	战略目标	战略结果	效果	效果指标	产出指标	活动类别
达到"全球零饥饿"	改善营养	无人遭受营养不良	提高目标人群对营养食物的食用	营养不良的人口比例	提供的营养食品数量	提供营养食品

简而言之,如果将这些指标体系看作一棵大树,那么各领域战略目标是树根,项目类型为树枝,本固枝荣,项目效果才能枝繁叶茂。评估指标体系的建设只需将战略目标具体化和行为化,指导评估工作追本溯源、执本末从,衡量援助预期目标是否得以实现。如果脱离立项目标来设计评估指标体系,那将变成无本之木,缺乏评估准绳。

二、搭建指标体系的步骤

在世界银行发展评估专家琳达·莫拉·伊马斯和雷·瑞斯特的《通向结果之路:有效发展评估的设计与实施》一书中,系统阐述了进行援助评估的理论方法，其中提及评估指标体系构建的步骤，包括以下几个方面。

第一，对评估效果达成共识。建立结果导向的评估指标体系应该基于明晰的预期成果。在开展评估前，首先要明确项目的预期目标。具体应考虑是否有国家或部门级别的书面目标、有没有相应法律文件、是否做出在特定领域改善绩效的承诺等问题。这些可以通过资料查阅、访谈和问卷调查等方式来了解。

第二，选择关键指标。指标是用于系统地、持续地跟踪目标实现进度的衡量工具，来回答"成效已经实现了吗"这一问题。指标选择有 SMART 和 CREAM 两种标准。SMART（Specific、Measurable、Achievable、Relevant、Time-Bound），即具体、可衡量、可实现、相关、有时限。CREAM（Clear、Relevant、Economic、Adequate、Monitorable），即清晰（准确而不含糊）、相关（与当前目标相适应）、经济（成本合适）、充足（能够为绩效评价提供充分的依据）、可监测（能够独立考核）（见表4-9）。所有的指标都应该中立地陈述，并定量描述，确保成效量化。确定指标时应考虑相关信息和数据的收集策略，即指标是否具有可操作性。需要考虑的因素包括现有哪些数据来源，现有哪些能力可增加数据收集分析的广度和深度。在使用之前，应先测试这些指标的相关性。同时，指标并不是一成不变的，在具体评估过程中，也可适当增减或调整指标。

表4-9 世界银行选择指标的 CREAM 标准

序号	标准	要求
1	明确	精确和不含糊 指标定义缺乏具体性，会使人无法相信所收集的数据
2	相关	适用于评估的主题
3	经济	以合理的成本获得 设定指标的经济成本应被考虑在内。这意味着在制定指标时应了解收集和分析数据的可能费用
4	充足	为评估绩效提供充分的基础 指标应该是充分的。它们不应过于间接、过于代理，或过于抽象，以至于评估变得复杂而有问题

续表

序号	标准	要求
5	可监测	可以进行独立验证 　　指标应该是可监测的，也就是说，它们可以被独立验证或核实。指标应该是可靠和有效的，以确保在某一时刻和以后的某一时刻再次被测量，是预期要测量的东西

资料来源：世界银行。

　　第三，搜集指标的基准数据。对成效进展的衡量，要从初始状态开始描述，找出现阶段所处情况。这一环节也能够进一步印证数据的可得性，判断是否可依照基准数据来获得数据。

　　一旦选定基准数据来源，评估人员需确定搜集方法。搜集方法可从最不严格的、最不正式的、成本最低廉的方法，到最严格的、最正式的、最耗费成本的方法（见图4-4）。

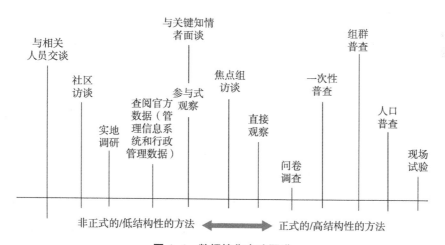

图4-4　数据搜集方法图谱

　　第四，确定目标指标。确立目标指标是建立指标体系的最后一个步骤，也是结果导向评估的关键。每一项指标都应只设定一个目标。如某个指标以前从未被使用过，那么不要设置具体数值，而是设置一个阈值区间。发展项目中大多数成效和影响需经过很长时期才会实现，因此可确立中长期目标，并明确展示与预期成效距离多远、时间节点如何。如果一个体系能够随着时间的推移推动目标的实现，那么就是一个好的指标体系。表4-10是指标体系的一个样本，它定义了成效、评估指标、基准指标和绩效目标。

表4-10　指标体系样本：预期、指标、基准和目标

成效	指标	基准	具体目标
使全国有更多儿童加入学前教育计划	（1）城市适龄儿童接受学前教育的比例； （2）农村适龄儿童接受学前教育的比例	（1）当年城市儿童接受学前教育的比例为75%； （2）当年农村儿童接受学前教育的比例为40%	（1）5年后城市儿童接受学前教育的比例要达到85%； （2）5年后农村儿童接受学前教育的比例要达到60%
提高儿童小学学习的成效	（1）六年级学生在数学和自然科学考试中得到70分或以上成绩的人数比例； （2）六年级学生在数学和自然科学考试中成绩高于基准数据的人数比例	（1）当年在数学和自然科学考试中取得70分或以上成绩的学生比例分别为47%和50%； （2）当年六年级学生数学和自然科学平均成绩分别为68分和53分	（1）5年后在数学和自然科学考试中取得70分或以上成绩的学生比例要分别达到80%和67%； （2）5年后数学和自然科学平均成绩要分别达到78分和65分

第五，维持评估体系。为维持评估指标体系的可持续性和效用，以下5个方面尤为重要：一是清晰的角色和责任。必须清晰地明确规定部门收集、分析和报告评估信息的权力与责任，明确评估体系分工。二是可靠和可信的信息。评估体系生成的消息应该是透明的，并接受过独立核查。相应地，信息的提供者需要得到保护。三是能力建设。关键能力包括数据收集和分析能力、战略目标设定和组织发展能力、财力可持续的程度以及评估机构经验等。四是问责机制。应使对绩效感兴趣的外部利益相关者能够获得信息，包括民间组织、媒体、私人部门和政府，并进行相应的问责。五是激励机制。引入激励机制，鼓励评估成果的应用。对评估结果积极的被评估单位进行表扬和奖励，对结果不良的被评估单位提出整改意见。

三、具体评估指标

在长期援助评估实践中，国际上不少发展机构经过实践积累，形成了自己的一套指导性评估指标。通过明确评估要素，能够指导前期评估指标设计，能够引导评估规范化，便于归集同类型项目所取得的集成成果，实现精确跟踪、精细管理。

日本在数十年实践中形成了一套较为完整和成熟的评估指标体系，由评估司和领域司局制定。在项目实施时也邀请精通专家不断加入新的经验。日本援助项目评估指标体系按照援助方式分为无偿援助、技术合作和优惠贷款三类，不同援助方式项下涉及不同领域，根据各领域战略目标设置一系列具体评估指标。

无偿援助项目的评估指标体系涉及 12 个领域，包括基础教育、灾害管理、水供应、农村水供应/地下水、卫生、交通（道路、桥梁、陆路运输、航空和港口）、农业和农村发展、渔业、能源、信息和通信技术、广播和固体垃圾管理。技术合作项目评估指标分为 13 个领域，包括基础教育、灾害管理和减灾、水资源、中小企业促进、农业和农村发展、残疾人发展、贸易和投资促进、立法和司法系统发展、性别平等、金融、卫生、公共金融管理、城市和区域发展。优惠贷款项目评估指标涉及 20 个领域，包括火电站、水电站、风电站、输变电、电力配送、天然气、道路、铁路、航空、港口、通信、灌溉和农业、河流治理、森林管理、水供应、污水系统、教育、卫生、旅游和固体垃圾。

各个援助领域设定战略目标、中期目标、子目标三级目标，目标从宏观到微观，层层递进。以农业和农村发展领域为例，宏观战略目标包括可持续农业生产和促进农村地区活力。为实现可持续农业生产这一战略目标，下设改善生产基础设施和研发能力建设软、硬两方面的中期目标；为改善生产基础设施，又分为土地和水管理两个子目标。在微观子目标指导下，有相应配套的项目支持，不同项目类型设有相应评估指标（见表4-11）。

表 4-11　日本农业和农村发展领域三级目标设置

战略目标	中期目标	子目标	项目类型
可持续农业生产	改善生产基础设施	土地利用和土壤保持	发展和改善农业用地
		水管理	修建灌溉和水渠
			支持成立农民用水户协会
	研发能力建设	加强科研技术发展	为农业科研机构提供设备
促进农村地区活力	改善食物分发和销售	改善市场基础设施	建设农贸市场及支线道路
		改善农村道路	新建或维护农村道路和桥梁
		发展储存系统	建设存储仓库
	改善农村生存环境	农村电力和水供应	打水井
	改善农村居民卫生和教育	改善医疗服务	修建通往医疗诊所的农村道路
		扩大教育服务	修建通往学校的农村道路

　　指标按照评估内容分为两种，一种是产出指标，用于量化项目实施的产出；另一种为效果指标，用于衡量产出在受援国或地区所产生的影响。也就是说，产出指标注重项目的即时有效性，效果指标更多考察项目的长久影响。根据指标的适用性和可得性，产出和效果指标又可分为基础指标与补充指标两种。基础指标是通用的，适用于大部分项目，数据搜集具有较大可及性，可清晰、客观和量化地评估援助项目；补充指标根据具体项目特点有所不同，并应在数据搜集具有可行性的情况下使用，如数据搜集有困难，则不应选取该指标。需要注意的是，指标提供的是一种分析维度，不强制全部使用，宜根据项目具体特点和受援国国情相应增减。

　　在卫生领域中，对于新建医院或提供医疗设备项目，应重点搜集医院病床数、年医疗化验数量、手术台数、门诊人次、住院人次、每年转至该医院患者人次、居民到医院所需时间、减少患者等待治疗时间等产出指标，通过评估检查项目的预期数量和实际数量，并对比项目实施前后数量，客观反映项目建成后的实际产出；同时，通过对比该地区死亡率等效果指标，反映项目对改善该地医疗服务发挥的长久作用。日本国际协力机构卫生领域指标体系见表 4-12。

表 4-12 日本国际协力机构卫生领域指标体系

发展战略目标	中期目标	子目标	项目类型	产出指标	效果指标
改善医疗服务条件	改善医疗设施获得和服务质量	改善医疗服务	新建医院、提供医疗设备	(1) 基础指标：①医院病床数；②医疗化验数量；③年手术台数；④年门诊人次；⑤年住院人次。 (2) 补充指标：①到医疗机构所需时间；②每年从低一级医疗机构转至该医院病人人次；③减少病人等待治疗时间	基础指标：该地区死亡率
		改善基层医疗服务	改善基层卫生诊所	(1) 基础指标：①居民到卫生所所需时间；②卫生所辐射半径（公里）；③门诊数量、检查数量、疫苗数量。 (2) 补充指标：该地区年人均接受医疗检查次数	基础指标：该地区死亡率
	加强紧急救护	改善运输和急救系统	提供救护车、紧急救助设备	(1) 基础指标：该地区救护车搭载病人运力； (2) 补充指标：病人对救护车的需求数量	
改善母婴健康条件	改善母亲健康	安全分娩	捐助妇产科仪器设备	(1) 基础指标：①年剖腹产手术台数；②年妇科手术台数。 (2) 补充指标：①年接受病人产前/产后诊疗数量；②年难产手术数量；③接受高危转治病人数量	补充指标：该地区生育死亡率
	改善婴儿健康	新生儿和儿童健康	捐助儿科仪器设备	基础指标：①新生儿病人数量；②儿科手术数量；③儿科门诊数量	补充指标：①该地区每千人儿童死亡率；②该地区每千人 5 岁以下儿童死亡率
		预防儿童传染性疾病	捐助疫苗及冷链设备	(1) 基础指标：①中央冷库存储力；②地区冷库存储能力。 (2) 补充指标：①该地区百白破三联疫苗接种率；②年运送疫苗至各地方频率；③疫苗浪费率	(1) 基础指标：该地区 5 岁以下已接种疫苗儿童的发病率 (2) 补充指标：①该地区儿童死亡率；②该地区 5 岁以下儿童死亡率

发展战略目标	中期目标	子目标	项目类型	产出指标	效果指标
疟疾防治	疟疾传染预防	加强传染源控制	提供长效防蚊设备	基础指标：①每户拥有防蚊工具数量；②儿童和孕妇每年拥有防蚊工具数量	基础指标：该地区每年得疟疾人数和因疟疾死亡人数
	加强快速诊断能力	改善检测能力	提供快速诊断仪器和工具包	(1) 基础指标：①每年在基层卫生所门诊数量；②每年在基层卫生所通过快速工具包诊断疟疾数量；③每年在基层卫生所通过仪器诊断疟疾数量。(2) 补充指标：①每年得疟疾人数增长率；②每年复发病人数量	
		加强妥善治疗	提供抗疟药品或运输车辆	基础指标：①每年门诊数量；②救治病人数量	基础指标：该地区疟疾死亡率

教育领域主要项目类型是新建、改扩建学校，但同为建设学校项目，其目标不同，评估指标设计也有所不同。如项目目标是增加入学率和教育服务数量，那么评估重点是新增教室数量和新增注册学生数量；当项目目标是改善教育质量，那么评估重点则是每间教室对应学生数量、每名学生拥有教室面积、每名老师对应学生数量等更为质化的指标。当然，新建一所学校可能同时服务两个子目标，那么可同时使用对应的两套指标。日本国际协力机构基础教育领域指标体系见表4-13。

表4-13　日本国际协力机构基础教育领域指标体系

发展战略目标	中期目标	子目标	项目类型	产出和效果指标（基础指标）	产出和效果指标（补充指标）
发展基础教育	提高基础教育入学率	增加教育服务数量	新建、扩建学校	①该地区能够持续使用的教室数量；②学校的注册学生数量	①学生对学习环境的满意程度；②评估教学环境，校长、教师对学校和教室管理水平；③申请学生与学校接纳能力的比例；④通勤距离或时间被缩短的程度；⑤学生宿舍使用程度（如有学生宿舍）；⑥教师宿舍使用程度（如有教师宿舍）

续表

发展战略目标	中期目标	子目标	项目类型	产出和效果指标（基础指标）	产出和效果指标（补充指标）
发展基础教育	改善基础教育质量	改善教育设施	扩建、翻新、重建学校	①学校能够持续使用的教室数量；②在教室学习的学生数量；③每个教室对应学生数量	①学生对学习环境的满意程度；②评估教学环境，校长、老师对学校和教室管理的管理水平；③每个学生所拥有的教室面积；④申请学生与学校接纳能力的比例；⑤每名老师对应学生数量
		增加教师数量，提高老师技能	新建、扩建、重建教师培训学校	①能够使用岗前教师培训课程设施的学生数量；②每年在项目所在学校培训老师数量	①使用者对学习环境的满意程度；②评估教学环境，学校管理者对学校和教室的管理水平

交通和能源基础设施涉及道路、桥梁、港口、机场、电站等建设，产出指标主要为新增客运和货运量、提升道路荷载量、产电量、减少停电时长等，效果指标包括交通时间节省程度、时速提升幅度、交通运行节省花费、减少燃料消耗、辐射受益群体人数等。同时，日本注重基础设施项目的环境影响，对火电站等项目设置减少二氧化碳、二氧化硫排放率、年减少化石燃料消耗等指标，体现环境保护和资源节约的政策导向。日本国际协力机构交通和能源基础设施领域指标体系见表4-14。

表4-14 日本国际协力机构交通和能源基础设施领域指标体系

发展战略目标	中期目标	子目标	项目类型	产出指标	效果指标
国内交通平衡发展	改善道路交通	改善主干道路	国内主干道和桥梁	（1）基础指标：①年均每日交通量；（2）补充指标：②提高道路荷载量（吨）	补充指标：①最大荷载量增加幅度；②每日大车通行量增加幅度；③年客运、货运量；④时间节省程度（小时）；⑤车辆运行节省花费；⑥平均时速提升幅度；⑦减少无法通行路段量

发展战略目标	中期目标	子目标	项目类型	产出指标	效果指标
国内交通平衡发展	改善海运	发展港口及设施	港口设施	(1) 基础指标：①年货物吨数（集装箱、散货）；②年客运人次。 (2) 补充指标：①货轮平均停港时间；②货轮平均等待靠港时间；③装卸货效率提升幅度；④最大载重吨提升幅度	
	改善空运	发展航空设施	机场设施	(1) 基础指标：①旅客人次；②货物数量（吨）；③飞机起降次数；④航空飞行流量。 (2) 补充指标：停机数量增加幅度	
		改善航空导航系统	航空导航系统	基础指标：飞机起降次数 补充指标：①停机位数量增加；②导航灯覆盖面积；③国际航班覆盖安全雷达网络监测的比例；④所有航班覆盖安全雷达网络监测的比例	补充指标：跑道和停机坪事故降低率
低消耗、低碳能源供应	发展能源资源，实现低碳社会	生产高效热能	新建火电站	(1) 基础指标：①最大发电量（兆瓦）；②发电量（千瓦时）；③工厂产能系数；④总热效率；⑤减少燃料消耗；⑥每单位发电量二氧化碳减少率；⑦每单位发电量二氧化硫减少率。 (2) 补充指标：①能源可用率（%）；②项目发电量占该地区总发电量比例	(1) 基础指标：①年净发电量；②年停电时长；③降低燃料成本；④电价；⑤每单位发电量除尘率；⑥环境监测指标（二氧化硫、二氧化氮、悬浮粒子）。 (2) 补充指标：①用电量；②未售出电量；③个体、集体用户数；④用户数量增长率
		发展水能	新建水电站	(1) 基础指标：①工厂产能系数；综合循环效率；②最大发电量；③发电量。 (2) 补充指标：①运行时长；②水能利用率；③水库年总流量；④水库沉淀量（立方米/年）；⑤项目发电量占该地区总发电量比例；⑥设备预期寿命	(1) 基础指标：①年净发电量；②家庭电气化率；③计划外和计划内停电时长；④年二氧化碳减排量。 (2) 补充指标：⑤减少化石燃料消耗（吨/年）；⑥失败案例数（例）；⑦年发电总收入；⑧维护费用

续表

发展战略目标	中期目标	子目标	项目类型	产出指标	效果指标
低消耗、低碳能源供应	发展能源资源，实现低碳社会	发展新能源/可再生能源	太阳能、风能	（1）基础指标：①最大发电量；②计划外停电时长；③工厂产能系数。 （2）补充指标：年净电能产量	（1）基础指标：①二氧化碳减排量（吨/年）；②家庭电气化率；③减少电费。 （2）补充指标：减少化石燃料消耗（吨/年）

根据上述指标体系架构，如需确定一个评估项目的指标体系，可分为以下6个步骤：第一，根据项目选择援助方式；第二，选择项目所属援助领域；第三，根据项目设定目的，逐层递选，找到相应的子目标；第四，选择对应的项目类型；第五，在标准指标体系中选择能够客观、量化评估项目效果的指标；第六，在各指标后附有往年评估项目名称，可参考以往类似项目的评估指标。

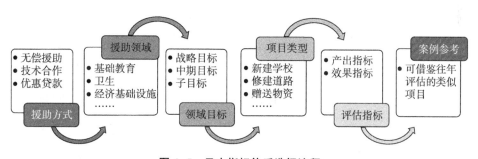

图4-5　日本指标体系选择流程

2014年，法国出台的《发展政策和国际团结指导和规划法》附件中规定了农业和食品安全等领域31个产出指标的评估体系，这构成了法国发展政策的框架，是法国各部门开展项目和评估的重要参考。指标中有17个双边援助评估指标和14个多边援助评估指标，它们涵盖了法国主要援助领域。2021年8月，法国出台新的《团结发展和抗击全球不平等规划法案》，新法案延续并扩充了2014年法案设定的成果框架指标，特别是结合联合国统计委员会确定指标，对受援国实现2030年可持续发展目标的情况进行量化衡量，为评估可持续发展议程落实情况提供抓手（见表4-15）。

表4-15 2021年法国出台的评估指标体系

优先领域	可持续发展目标	优先领域目标	合作伙伴衡量目标实现	结果指标	
				双边指标	多边指标
危机和脆弱地区	1、2、8、10、16	加强受脆弱性和危机影响的人口的复原力	16.1.1 优先国家的凶杀率	接受法国粮食援助的人数	接受欧盟援助的营养不良者人数
				生活在危机和/或脆弱地区的人受益于法国援助的数量	
		支持脆弱国家预防和应对危机		在法国援助下接受培训的警察人数	通过欧盟援助支持预防冲突的机构数量
教育	4、8、10	支持全民获得基础教育	4.6.1 重点国家 15～24 岁人口的识字率	在法国援助下进入小学（按性别分类）和初中的儿童人数	通过全球教育伙伴关系进入小学和中学（初中）的儿童人数
		提供适当的职业培训计划	4.4.1 优先国家的青年和成人在过去 12 个月内参与教育和培训的比率	因法国援助而接受职业培训的人数	受益于欧盟支持的职业培训能力（TVET）的人数
气候和环境	7、12、13、14、15	促进生态转型和应对气候变化	7.2.1 优先国家可再生能源在最终能源消费以及电力、热力和交通部门中的比例	由于法国援助，新安装的可再生能源能力	在欧盟支持下新安装的可再生能源能力
				通过法国援助避免或减少的温室气体排放	通过欧盟和全球环境基金的支持而避免的温室气体排放
		生物多样性	15.1.2 对陆地和淡水生物多样性有重要意义的地点在受援国保护区内的比例	受益于法国援助，生物多样性改善或可持续自然资源管理方案的地区面积	通过欧盟和世界环境基金的支持，受益于生物多样性增强或可持续管理方案的土地和海洋面积

续表

优先领域	可持续发展目标	优先领域目标	合作伙伴衡量目标实现	结果指标	
				双边指标	多边指标
性别平等	4、5	促进妇女经济赋权	5.5 优先国家劳动力中的妇女所占比例	法国资助的以性别平等和增强妇女经济能力为目标的项目比例	
		确保妇女有效参与经济、政治和社会决策	5.5.1 优先国家议会和地方政府中妇女所占席位的比例		
		采取健全的政策和可执行的立法，以促进性别平等、增强妇女和女童的能力			
		确保自由和平等地获得服务，包括性健康和生殖健康等基本社会服务	5.6.1 优先国家的现代避孕方法的普及率		
卫生	3	促进孕产妇、新生儿和儿童健康	3.1.1 优先国家的孕产妇死亡率	由于法国的支持，获得优质护理的人数	通过世界银行的援助，获得一揽子基本健康、营养和个人服务的人数
		促进普遍获得基本护理	3.8.1 优先国家的卫生和医疗中心（CSU）综合指数	法国支持实施世界卫生组织国际卫生条例的国家数量	由 GAVI 接种疫苗的儿童人数
		终止全球流行病	3.3 优先国家的艾滋病毒、结核病和疟疾导致的死亡率		由全球基金治疗艾滋病、结核病和疟疾的人数

优先领域	可持续发展目标	优先领域目标	合作伙伴衡量目标实现	结果指标	
				双边指标	多边指标
粮食安全、营养和可持续农业	1、2	提高人群复原力	1.4 优先国家农业在国内生产总值中的份额（WDI数据）	由法国支持的家庭农场的数量	在欧盟支持下引入可持续管理做法的农业和牧业生态系统（公顷）
		帮助受援国家以可持续的方式建立其农业生产能力			
		抗击营养不良	2.1.2 重点国家的营养不良率	由法国资助的主要或重要目标涉及营养的项目比例	复原力得到加强的人数（百万人）（农发基金）
水和卫生设施	1、6	减少缺水的人数	6.1.1 重点国家中使用安全饮用水服务的人口比例	拥有基本饮用水供应的人口数量	通过世界银行援助获得改善水源的人数
		以可持续的方式促进所有人获得环境卫生和个人卫生的机会	6.2.1 重点国家使用安全管理的环境卫生服务的人口比例	拥有基本卫生设施的人数	由于欧盟的支持，受益于改善的卫生设施和/或饮用水服务的人数
包容和可持续增长	8、17	促进区域一体化和融入世界贸易，促进遵守社会和环境规则	8.a / 8.4 区域内和区域外贸易率，降低贸易便利化成本和发展中国家对技术援助的需求	通过贸易能力建设计划和世界贸易组织的行动，支持其融入世界贸易的国家数量	

优先领域	可持续发展目标	优先领域目标	合作伙伴衡量目标实现	结果指标	
				双边指标	多边指标
治理	10、16、17	推动尊重人权	16.10.1 世界银行在优先国家"公民声音和责任制"得分	法国资助的以参与性发展、民主化、善治或尊重人权为目标的项目比例	
		加强机构有效性	16.6 优先国家在世界银行"政府效率"得分	在受益国、次区域和法国接受初始及在职培训的公务员人数	接受欧盟援助的侵犯人权行为的受害者人数
		促进有效和公平的内部资源调集	17.1.1 受援国家政府公共总收入占GDP的比例	税基上登记的纳税人数	

　　瑞士推出 25 个集合参考指标（Aggregated Reference Indicators，ARI），主要在政治交流层面，如多少人获得清洁饮用水、多少人获得医疗服务，是面向议会和公众的指标，在不同领域汇总对 SDGs 的贡献。驻外代表处可根据自己的逻辑框架和指标，可以选择 5~6 个指标（见表 4-16）。

表 4-16　瑞士发展合作署评估指标

目标	主题	类别	指标	对应SDG目标
目标 1：加强市场准入条件和创造经济机会	包容性经济发展	职业教育和培训系统改革	对更具包容性或更与劳动力市场相关的职业教育和培训系统的捐资总额	4.3/8.3

续表

目标	主题	类别	指标	对应 SDG 目标
目标 2：促进私营部门创新，创造就业	农业和粮食安全	农业生产收入	农业生产收入提高的小农户数量	2.3
		土地保有权/土地权	拥有土地保有权的小农户数量	1.4/5A
	教育	获得基本技能	获得初级、中等、继续教育和其他非正规基础教育与学习机会的人数	4.1
	包容性经济发展	获得职业技能	参加新的或更好职业技能发展的人数	4.3
		就业	获得新的或更好工作的人数	8.5
		获得和使用金融产品与服务	获得和使用正规金融产品与服务的人数	8.1
		净额外收入	年净收入变化值	1.2/10.1
		职业技能发展中的私营部门	为职业技能发展作出贡献的公司或专业组织的数量	4.4
		通过普惠保险提高韧性	通过保险更容易从冲击和不良事件中恢复的人数	8.1
		女性经济赋权	对商业和经济决策有影响力的妇女比例	5.5
	移民	获得安全和正式的工作机会	受益于安全和正式工作机会的移民人数	8.8
		改善生计和就业能力	从改善其生计和就业能力服务中受益的移民人数	8.5
		在来源国或目的地国新的或更好的就业机会	有新的或更好就业机会的移民人数	8.1
		低成本数字汇款服务和金融产品	享受低成本数字汇款服务和金融产品的移民人数	10.c

目标	主题	类别	指标	对应SDG目标
目标3：应对气候变化及其影响	气候变化和环境	气候变化适应措施的受益者	受益于具体气候变化适应措施的人数	13.2
		气候变化培训	接受气候变化培训的人数	13.3
		气候变化/环境领域有效国家政策和法律框架	气候变化/环境领域现有或新增国家政策和法律框架的有效性	13.2
		提高对气候变化的认识和能力	了解并能够更好地利用信息和工具应对气候变化的目标利益相关者比例	13.3
		增强应对气候变化影响的能力	认为自己更有能力应对气候变化负面影响的人数	13.3
		减少温室气体排放	温室气体排放的减少量	7.3/13.3
目标4：确保自然资源的可持续管理	农业和粮食安全	农业生态实践	采用农业生态实践的小农户数量	2.4
		农业和粮食安全领域的有效国家政策和法律框架	农业和粮食安全领域现存或新的国家政策和法律框架的有效性	2.4
		节水和可持续灌溉系统	采用节水和可持续灌溉系统的小农户数量	6.4
	水资源	水资源领域有效的国家政策和法律框架	水资源领域现有或新的国家政策和法律框架的有效性	6.1/6.2
		当地社区参与水和卫生管理	制定和实施当地社区参与水及卫生管理政策和程序的地方行政单位的比例	6b
		水资源综合管理	流域综合治理比例	6.5
		跨界水资源管理	跨界综合治理比例	6.5.2
		保护和恢复水生态系统	有利于水生态系统的行动数量	6.6

续表

目标	主题	类别	指标	对应SDG目标
目标5：提供紧急援助并确保保护平民	人道主义援助	紧急情况下受益人群	紧急情况下帮助的人员数量	1.5
		减少暴力和加强保护	瑞士支持的有助于减少暴力（包括强迫迁移）和促进对弱势群体保护方案所涉及的人数	16
	移民	为暴力、剥削和虐待受害者提供保护与康复服务	获得保护/康复服务的遭受暴力、剥削和虐待的移民人数	8.7/8.8
目标6：防灾与重建	农业和粮食安全	粮食不安全的普遍性	粮食不安全的覆盖率	2.1
	减灾	减灾措施的受益人群	减灾措施的受益人数	1.5
		重建和恢复	在灾后重建中受益的人数（分性别）	11.5
		灾害研究	基于全面灾害风险评估的活动、措施或方案的数量	1.5 11.5
		地方防灾与重建管理	根据国家战略和仙台框架通过及实施地方减灾战略的地方政府比例	11.b
		重建投资	灾害风险预防和减灾投资能够提高个人、社区、国家及其资产以及环境的恢复力的系统数量	1.5/11.5
		有准备的人群	预警系统覆盖的高危人口比例	1.5/11.5
		更好地重建	与"更好地重建"融合的恢复和重建计划所占比例	11.5
目标7：加强公平获得优质基本服务的机会	农业和粮食安全	健康饮食	饮食健康的人数	2.2
	教育	教育与教学质量	培训的教师或教育人员人数	4.C
		入学率	毛入学率（小学、中学或非正规教育）	4.1/4.6

续表

目标	主题	类别	指标	对应SDG目标
目标7：加强公平获得优质基本服务的机会	教育	教育完成率	完成率	4.1
		教育质量与学习	①二年级或三年级；②小学教育结束时；③在初中教育结束时至少达到阅读/数学最低水平的儿童和青少年的比例	4.1
		识字率	青年/成人识字率	4.1/4.6
		预防非传染性疾病	通过预防非传染性疾病有关的健康教育课程的人数	3.4
		孕产妇死亡率	孕产妇死亡率	3.1
	医疗卫生	自费支付医疗服务和护理费用	家庭自费医疗占卫生支出总额的比例	3.8
		病人健康	病人对卫生机构提供服务的满意度	3.8
		获得现代家庭计生方法	满足现代计划生育需要的育龄妇女比例	3.7
		5岁以下儿童营养不良	0~5岁儿童发育迟缓比例	2.2
	移民	获得当地卫生、教育和其他社会服务的机会	获得当地卫生、教育和其他社会服务的移民人数	10.2
		多方利益有关者关于移民问题的对话	涉及不同行为者（政府、城市、民间社会、私营部门）的移民问题目标、区域和国家对话的数量	10.7
		移民领域的有效国家政策和法律框架	现有或新建的移民领域国家政策和法律框架的有效性	10.7
	贫困	社会保护	至少一个社会保护区内受保护人口比例	1.3/10.4
	水资源	饮用水	使用安全饮用水服务的人数	6.1
		卫生与清洁	获得改善的卫生和个人卫生服务的人数	6.2

目标	主题	类别	指标	对应SDG目标
目标8：预防冲突、促进和平、尊重国际法	脆弱性、冲突与人权	预防和减少冲突	有助于预防或减少冲突的民间社会倡议的数目	16.1
		预防和减少各种暴力	提高社会应对和减轻一切形式暴力、加强国家与社会关系和社会凝聚力的进程或政策的数量	16.1
目标9：促进人权和两性平等	贫困	"不遗忘任何人（LNOB）"	从减少排斥、歧视和不平等项目中受益的留守群体人数	10.2
	教育	可持续发展与和平的基本技能	参加正规或非正规教育、对可持续发展（健康、气候变化）或全球公民意识（人权、和平）问题有充分了解的人口比例	4.7
	脆弱性、冲突与人权	公民社会空间	有助于预防或减少冲突的民间社会倡议的数目	16.1
	性别	性暴力	遭受不同形式的性暴力并已获得必要的（医疗和/或心理和/或法律）支持的人数	5.2
		女性政治参与	妇女比例至少为30%的政治机构的数量	5.5
		促进性别平等的改革	实施性别改革政策和立法改革的数量	5.1
		有利于性别平等的社会行为改变	对家庭和家庭成员支持她们从事自己的活动持积极看法的妇女比例	5.5
		妇女对政治决策的影响	对行使其政治职能的影响力持积极态度的妇女比例	5.5
		减少无薪家务和护理工作	妇女从事无薪家务和护理工作的时间	5.4
		促进性别平等的预算管理	有促进两性平等预算管理的受支助政府的比例	5.c

续表

目标	主题	类别	指标	对应SDG目标
目标10：促进良政和法治	脆弱性、冲突与人权	获得司法渠道	获得正式司法程序或替代司法程序的人数	16.3
		基于人权的公共服务	对受支持的国家根据关键人权标准和原则提供公共服务感到满意的人口比例	16.6
		安全部门的治理	对公共安全部门的治理（问责制、效率、民间社会的参与）感到满意的人口比例	16.6
		有效和独立的司法机关	对司法当局所支持的程序的效率、独立性和质量感到满意的人口比例	16.3
	治理	公民参与	参与和影响公共服务提供、决策及预算的人数	16.7
		地方政府预算资源	从增加的预算资源中受益的地方政府数量	16.6
		民主代表制	对议会满意的人口比例	16.6
		民主参与和信息获取	认为由于民间社会倡议或公共利益媒体的支持，他们更了解情况并拥有更多发言权的人口比例	16.7/16.10
		分权	受支持国家中对其他政府单位的对话和行动感到满意的各级政府的比例	16.6
		公共监督与责任	就受支持的公共监督机构关于政府当局的表现提交的报告数量所采取的纠正措施的比例	16.6
		反腐	过去12个月内至少与公职人员有过一次接触并向公职人员行贿或被这些公职人员索贿的人数比例	16.5
		民事登记	在民事当局登记出生的5岁以下儿童的比例	16.9

联合国世界粮食计划署（WFP）框架具有实操性，包括了与 SDGs 相关的方法论、指标等，指导 WFP 针对 SDG2 和 SDG17 进行评估。指标分为三层，分别是战略层面、实施层面、项目层面。一个项目可能会选择三项指标进行全过程的监测，来评估项目是否为战略作出贡献（见表 4-17）。

总体来看，西方国家和组织的指标具有以下几个特点。

一是全面性和动态更新。评估指标整体架构条块分明，由面到点，一般涉及不同援助领域和类型，能够为各类评估活动提供指导参考。如日本对无偿援助的评估指标涉及基础教育、灾害管理、水供应、卫生、交通、渔业、能源等 12 个领域。瑞士的指标涉及气候变化、农业粮食安全、人道主义、移民等十多个领域。同时，评估指标体系往往是动态调整的，在实践中能够不断丰富内容、革新完善。

二是定性和定量相结合。在具体指标设置上，注重量化考核，定量评估项目的影响，特别是产出指标，基本均为定量指标。效果指标方面，既有项目"提高用户覆盖数量、缩短路途时间、降低死亡率"等定量指标，也有"受益群体满意度、条件改善程度"等定性指标。

三是从实际出发考虑数据获取的难易程度。日本的指标分为基础指标和补充指标两种。基础指标是通用的，适用于大部分项目，数据搜集具有较大可及性；补充指标是在数据搜集具有可行性的情况下使用，如数据搜集有困难，则可不选取该指标。

四是部分国家和组织开始将评估指标与 17 个联合国可持续发展目标（SDGs）相关联。其中，世界粮食计划署评估指标中的两大战略目标就是"消除饥饿，实现粮食安全，改善营养状况和促进可持续农业"（SDG2）和"加强执行手段，重振可持续发展全球伙伴关系"（SDG17），并基于此开展各类援助活动（见表 4-17）。此外，在世界粮食计划署国别办公室"有效管理工具机制"（COMET）中，也将产出和活动与其他可持续发展目标连接，由国别办公室报送。如提供学校营养餐这一活动也贡献了 SDG4"确保包容和公平的优质教育，让全民终身享有学习机会"。

表4-17 联合国世界粮食计划署评估指标体系

战略任务	战略目标	战略结果	战略效果	效果指标	产出指标	活动类型
帮助广大国家达到"零机饿"状态	目标1. 通过护养以保食渠道以结束饥饿	人人都能获得食物 —相关SDG指标 • 营养不良症患病率 • 不安全食物指标	1.1 保持/加强个人和家庭获食渠道	1.1.1 以户主性别分类的食物消耗指标	A, B, C, D, E	①为支持获食渠道进行的无条件的资源转移； ②资产创造和生计支持的活动； ③学校用餐； ④个人能力增强的活动； ⑤机构能力加强的活动； ⑥应急准备的活动
				1.1.2 应对策略指数		
				1.1.3 食物占总份额		
				1.1.4 目标社区中受益于加强资产基础的人口比例（如以上效果是通过"营养关注"方法达成）		
				1.1.5 最低营养多样性—女性		
				1.1.6 食物消耗指标—营养		
				1.1.7 接受最低膳食的6~23月龄儿童比例		
			1.2 稳定/改善市场中食物的供应和价格	1.2.1 食物价格指数	C	
			1.3 为帮助面临严重、暂时或长期粮食不安全的人群而加强社会和公共部门的能力	1.3.1 "零饥饿"能力指标	C, I, J, K, L, M	
				1.3.2 应急准备能力指标		
	目标2. 改善营养	无人遭受营养不良 —相关SDG指标 • 五岁以下儿童发育迟缓患病率 • 5岁以下儿童营养不良患病率	2.1 提高目标人群对优质、营养食物的食用	2.1.1 参加计划的人口比例	A, B, C, E	①营养改善的活动； ②营养不良预防的活动； ③个人能力增强的活动
				2.1.2 参加无足分配的人口比例		
				2.1.3 接受最低膳食的6~23月龄儿童比例		
				2.1.4 中度急性营养不良：恢复率、死亡率、失败率和无反应率		
				2.1.5 最低营养多样性—女性		

续表

战略任务	战略目标	战略结果	战略效果	效果指标	产出指标	活动类型
帮助广大国家达到"零饥饿"状态	目标2. 改善营养	无人遭受营养不良 —相关SDG指标 • 五岁以下儿童发育迟缓患病率 • 5岁以下儿童营养不良患病率	2.2 改善优质、营养食品的价值链	2.2.1 优质、营养食品产量增长百分比	C	①机构能力加强的活动; ②应急准备的活动
			2.3 为鉴别、寻找和帮助营养不良人群及公共部门的能力	2.3.1 "零饥饿"能力指标	C, I, J, K, M	
	目标3. 实现食品安全	小农通过提高生产力和收入水平而改善了粮食安全和粮食营养 —相关SDG指标 • 按农业/牧业/林业企业规划分的单位劳动生产率 • 按性别相当地标准划分的小农平均收入	3.1 提高小农生产与销售	3.1.1 通过粮食计划署系统进行销售活动的男性/女性小农百分比	A, B, C, D, E, F	①为支持获得食渠道进行的无条件的资源转移; ②支持资产创造和生计的活动; ③学校用餐个人能力的活动; ④增强个人能力的活动; ⑤加强机构能力的活动; ⑥支持小农市场活动的活动
				3.1.2 收获后损失率		
				3.1.3 通过粮食计划署系统达成的销售价值和销售数额		
				3.1.4 按小农性别和方案类型划分的、粮食计划署推进的、有利于小农采购活动的粮食百分比(对于资产创造型活动)		
				3.1.5 以户主性别分类的食物消耗指标		
				3.1.6 应对策略指数		
				3.1.7 食物占比份额		
				3.1.8 目标社区中受益于加强资产基础的人口比例(如以上效果是通过"营养关注"方法达成)		
				3.1.9 按小农性别划分的营养食物增量百分比		

战略任务	战略目标	战略结果	战略效果	效果指标	产出指标	活动类型
		小农通过提高生产力和收入水平而改善了粮食安全和粮食营养——相关SDG指标 • 按农业/牧业/林业企业规模划分的单位劳动生产率 • 按性别划分的小农平均收入	3.1 提高小农生产与销售	3.1.10 最低营养多样性——女性		
				3.1.11 接受最低饮食的6~23月龄儿童比例		
				3.1.12 食物消耗指标——营养		
			3.2 提高粮食价值链中小农生产效率	3.2.1 按原因和系统类型划分的有利于小农采购活动的项目失败率	C, F	
			3.3 改善有利小农发展的公共产品与公共服务	3.3.1 "零饥饿"能力指标	C, I, J, K, M	
帮助广大国家达到"零饥饿"状态	目标3. 实现食品安全	可持续的食物系统——相关SDG指标 • 生产性和可持续性农业占总体农业的比例	3.4 改善家庭适应和抵御气候及其他冲击的能力	3.4.1 以户主性别分类的食物消耗指标		①为支持获取粮食渠道进行的无条件的资源转移; ②气候适应和风险管理的活动; ③增强个人能力的活动; ④加强机构能力的活动; ⑤支持资产创造和生计的活动
				3.4.2 应对策略指数		
				3.4.3 食物占比份额		
				3.4.4 目标社区中受益于加强资产基础的人口比例	A, B, C, D, E, G	
				3.4.5 目标社区中受益于环境的人口比例		
				3.4.6 目标社区中应对气候冲击和风险能力有所提高的人口比例(如以上效果是通过"营养关注"方法达成)		
				3.4.7 最低营养多样性——女性		
				3.4.8 食物消耗指标——营养		

续表

战略任务	战略目标	战略结果	战略效果	效果指标	产出指标	活动类型
帮助广大国家达到"零饥饿"状态	目标3. 实现食品安全	可持续的食物系统一相关SDG指标 •生产性和可持续性农业占总体农业的比例	3.5 支持包容性商业食品系统功能和服务	3.5.1 粮食计划署支持地区的供应链成本降低百分比	C, D	
			3.6 改善有利粮食系统的公共产品与公共服务	3.6.1 "零饥饿" 能力指标	C, I, J, K, M	①加强机构能力的活动；②提供服务和平台的活动；③分析、监测和评估的活动
				3.6.2 应急准备能力指标		
支持可持续发展目标实施的伙伴关系	目标4. 支持发展目标执行	发展中国家强化实施发展目标的能力一相关SDG指标 •承诺向发展中国家提供的财政和技术援助(包括通过南北、南南和三方合作)的美元价值	4.1 为鉴别、寻找和帮助的营养不良人群而加强社会和公共部门的能力	4.1.1 "零饥饿" 能力指标	C, I, J, K, M	
			4.2 满足合作伙伴对优质服务的需求	4.2.1 用户满意度	C, H, K, L, M	①加强机构能力的活动；②分析、监测和评估的活动
		支持可持续发展的政策连贯的一相关SDG指标 •有加强可持续发展政策连贯性机制的国家数目	4.3 支持包容的和可持续的粮食安全和营养政策改革	4.3.1 参加国家"零饥饿"战略审查的目标部门和政府实体的比例	I, J, K, M	
				4.3.2 执行国家"零饥饿"战略审查的目标部门和政府实体的比例	I, J, K, M	
			4.4 优先考虑并实施粮食安全和营养政策改革	4.4.1 加强粮食安全和营养的计划、政策、条例、立法的数目	I, J, K, M	①加强机构能力的活动；②分析、监测和评估的活动

战略任务	战略目标	战略结果	战略效果	效果指标	产出指标	活动类型
		发展中国家获得一系列用于发展投资的财政资额 —相关SDG指标 ●外国直接投资、官方发展援助和南南合作占国内总预算的比例 ●汇款额（美元）占国内生产总值的比例	5.1 增加政府获得财政资源的机会（通过公私合作）	5.1.1 风险抵御和风险管理的金融工具有效性（定性审查）	C, G, K	加强机构能力的活动
支持可持续发展目标5. 可持续发展目标实施的伙伴关系	持续发展目标合作的伙伴关系	共享知识、专门知识和技术，加强全球伙伴关系以支持各国实现可持续发展目标（可持续发展目标具体目标17.16）—相关SDG指标 ●在支持实现可持续发展目标的实效监测发展框架方面取得进展的国家数目	5.2 强化公共协调机制	5.2.1 用户满意度	C, H, K, L, M	①加强机构能力的活动；②提供服务和提供平台的活动；③分析、监测和评估的活动
			5.3 加强与公共部门、私营部门、罗马基础机构和其他业务伙伴的战略伙伴关系	5.3.1 伙伴关系的有效性、连贯性和成果（定性审查）	I, J, K, M	

注：A. 无条件资源转移、有条件资源转移；B. 提供的营养食物；C. 提供的能力发展和技术支持；D. 资产创造；E. 提供宣传与教育；F. 达成的小农采购；G. 同财政投资源和保险服务的相互联系；H. 共享服务和提供平台；I. 识别/倡导主导的政策参与平台；J. 制定/实施的政策参与战略；K. 支持的合作关系；L. 支持的基础设施和设备投资；M. 支持的全国性协调机制

瑞士的参考指标中每一个指标都对应到 SDGs 子目标。如减灾活动对应着 SDG1.5 "到 2030 年,增强穷人和弱势群体的抵御灾害能力,降低其遭受极端天气事件和其他经济、社会、环境冲击与灾害的概率及易受影响程度",灾后重建和恢复活动对应着 SDG11.5 "到 2030 年,大幅减少包括水灾在内的各种灾害造成的死亡人数和受灾人数,大幅减少上述灾害造成的与全球国内生产总值有关的直接经济损失,重点保护穷人和处境脆弱群体"。

第五章　评估流程和方法

发展援助评估是复杂且具有挑战性的工作，是在预算、数据、时间、政局等一系列实际限制背景下进行的应用社会科学研究，需要在分析的严谨性、深度与可行性之间取得平衡。同时，评估依赖于有效的管理系统来提供有用信息和数据。一些项目构思不周，目标不明确；风险没有得到适当的识别；变革理论过于笼统；指标没有明确的界定；基线数据缺失；没有代表性的抽样等，都会导致无法获得可靠、可信的评估结果。因此，项目前期设计是高质量、高效率评估的先决条件，而选择正确的评估方法是获取数据和证据的重要保障。

第一节　评估流程

世界银行于 2004 年出版了《实现基于结果的监测评估系统的十个步骤》[1]，提出评估的十大步骤：进行准备情况评估，就监测和评估的结果达成一致，选择监测结果的关键绩效指标，设定基线和收集指标数据，改进规划、选择结果目标，结果监测，监督评估中的"监督"——利用评估信息支持基于结果的管理制度，报告评估结果，使用结果，在组织内维持监督评估系统。步骤的明确表明评估朝着规范化发展，使具体评估工作也有据可依。就狭义

---

① Jody Zall Kusek, Ray C. Rist, Ten Steps to a Results-Based Monitoring and Evaluation System, 2004. https://www.oecd.org/derec/worldbankgroup/35281194.pdf.

的后评估而言，中央机构总部开展的综合评估一般可分为 4 个重点步骤。

一、确定评估主题

评估主管单位根据实际需要，选择评估主题或项目，确定评估目的、范围，列明要回答的评估问题。大部分评估部门在决定其评估方案时，会与主要利益相关者进行广泛协商，确保评估工作涵盖相关的兴趣主题。以瑞士发展合作署为例，评估主题由评估处提出，报董事会批准，董事会负责决定委托评估单位。联合国世界粮食计划署评估工作一般由评估办公室执行，并聘请第三方机构开展。世界粮食计划署董事会会挑选有特点的项目、主题等进行评估。评估工作方案应说明评估主题、为什么在当年评估、用何种方式评估等内容，以便董事会讨论并批准。为了保持评估的有用性，评估工作也需对时势的变化作出反应。例如，2008 年，在食品价格上涨和应对粮食不安全的辩论越来越多的情况下，法国启动了对其粮食援助的评估。

一些发展机构建立了系统化程序，在设计阶段对项目进行审查，以确保明确的目标和清晰的项目逻辑，使其具有"可评估性"。这是指能够以可靠和可信的方式、对一项活动或计划进行评估的程度，一般要求一项活动有明确的目标和可验证的结果。美洲开发银行评估办公室于 2005 年建议引入"可评估性"作为项目审批的标准。

二、选择评估者

根据"独立性"原则，总部委托的评估一般通过公开采购程序来选择评估团队，提出语言、专业、评估知识背景、年龄、性别平衡、聘请受援方当地专家等具体要求，根据方法论、项目团队能力、预算等因素来确定委托单位。主管部门成立评估指导委员会，负责划拨评估资源、指导评估工作、跟踪评估工作质量，并对评估报告提出意见建议。

非洲发展银行选择评估咨询服务的原则包括组织独立性、行为独立性、避免利益冲突、保护不受外部影响等。① 联合国世界粮食计划署评估办公室与人力资源管理和区域局合作，发布了一份全球合格评估顾问名册，供粮食计划署评估专员使用。瑞士发展合作署希望选择不同的评估机构，贡献新的角度和观点，但由于评估工作对语言要求比较高，市场上可选单位有限，主要有 20~30 家公司。选定委托单位后，发展合作署评估处会征求相关司局和驻外机构意见，分享专家队伍简历和选择理由，如出现反对意见，则不予聘请。法国通过招标或议标选择独立第三方评估者，通常为外部专业人士，如来自法国国际发展研究中心（CERDI）、巴黎大学等科研院所的研究学者或咨询公司的行业专家。国别援助评估也可能邀请当地非政府组织合作伙伴和其他出资方共同参与。日本国际协力机构评估事项由评估司确定，采购部进行招标，选择日本专业评估咨询公司，对于规模大、有深度和广度的项目也可能由多家机构参与或邀请研究人员、大学教授、当地专家参与。

三、设计评估方案

要实现高质量的评估，应基于清晰的推理和可靠的证据，那么评估设计就显得尤为重要。评估设计不存在于真空中，也无固定模板，委托或使用评估的利益相关者以及实际评估人都有自己的想法和偏好，这需要考虑设计的严谨性和适用性。评估者应努力确定适合的方法，并考虑多种方法之间的互补。

从方法论的角度看，评估方案的质量取决于 4 个方面。一是明确重点。一般而言，评估的重点越窄，财政和人力资源就越集中于某一特定方面，高质量推论的可能性就越大。二是一致性，指评估的不同分析步骤在逻辑上的联系程度。评估目的、评估问题和范围、方法使用、数据收集和分析以及评估结论等步骤之间应存在一以贯之的逻辑联系，那么评估的质量就会提高。三是可靠性，是指评估过程的透明度和可复制性。评估过程越系统，设计和实施的清晰度与透明度越高，对推断质量的信心就越高。四是有效性，这是

---

① Operations evaluation department of the African development bank, draft terms of reference for consultancy services, 2005. https://www.oecd.org/derec/afdb/37920353.pdf.

衡量评估结果的一种属性。其包括：一是内部有效性，例如产出和结果之间在多大程度上存在因果关系；二是外部有效性，研究结果在多大程度上能够推广到其他案例；三是结构有效性，所评估的要素在多大程度上能代表所关注的现象；四是数据分析有效性，在多大程度上方法应用正确，就可以通过分析中使用的数据得出结论。

在实践中，评估设计往往是复杂"嵌套"的。在方法选择上，应注意两点。一是决策者或其他评估利益相关者感兴趣的评估问题、评估对象或结果的类型具有多样性，并不适合采用单一的评估方法。因此，首先应对评估问题进行分类，如因果问题与非因果问题、描述性问题与分析性问题、规范性问题与非规范性问题等，有助于评估人员更系统地思考，进而选择评估方法。二是领域评估、国别方案评估和区域或全球专题评估等更高层次的评估，具有覆盖广、总结性高的特点，需要运用多样化的方式。例如，一捐助方计划支持某国卫生领域，可能会有政策对话、政策咨询支持、技术能力发展、支持特定卫生系统和卫生服务等多重活动，评估方法的选择应考虑到不同的项目类型。

在评估对象的选择上，评估设计可能包括不同的案例研究，需要明确抽样范围。因此，应确定分析对象的广度和深度。除了知情抽样之外，更应考虑研究结果的普遍性。

在数据搜集上，影响评估通常需要进行昂贵的抽样调查，或依靠已有数据来源，如国家调查、人口普查、登记系统等。影响数据通常每隔几年或在项目开始或事后收集。捐助方可与具有数据收集专长的受援国组织合作，补充拟开展的调查。由于在同一国别工作的几个捐助机构可能对影响数据有共同的需求，因此，可考虑协调或共同支持数据收集工作，避免重复工作和浪费费用。

在国别战略评估中，需要注意以下几点：一是评估时间选择。一般来说，它的时机是由下一轮国家战略制定时间所决定的。考虑到这一前提，国别评估的准备时间应使其结论能直接反映在下一轮国家战略中。二是国别选择。理想情况下，应该为所有提供发展援助的国家进行评估。但鉴于成本，在一定时间内选择国别时不可能贪大求全，决策的标准应包括：在国别战略周期下项目数量、项目的战略目标、战略风险及总结经验的潜力。三是合作伙伴选择。国别评估重视伙伴关系合作，因为实现一个战略性的长期发展目标往往取决于多利益方的活动，例如受援国政府机构、私营部门和民间社会组织，以及其他捐助方都是可以调动的资源和力量。国别评估的第一个潜在问题是，由于评估集中在国别层面高阶成果上，与项目活动的联系可能变得模糊或脱节，活动执行情况的监测也可能被忽视。第二个问题是归因问题。在评估影响时，通常很难对影响进行拆分，确定出哪些是单个捐助方的贡献，哪些是私营部门或受援国政府本身的贡献。第三个问题是量化问题，对于实物性质的项目，结果易被量化。但在能力建设项目中，结果更多的具有固定性和长期性，因此必须有一个健全的信息系统来评估援助的有效性。

四、评估质量保障

委托方评估主管官员一般负责提出参考条款（Terms of Reference），引导整个评估过程；在过程中监督评估团队的工作，对评估质量进行控制。评估报告要回答参考条款中设定的关键问题，并对使用方法和最终发现予以解释；讨论评估发现的挑战和不足，为未来的行动提出建议。最终评估报告需由专家组讨论通过，遵循"少数服从多数"原则。瑞典国际发展合作署（SIDA）制定评估检查清单表，内容包括评估目标合理性、方法选择适宜性、是否考虑合作伙伴关系等，用于跟踪评估参考条款设置情况。[①] 非洲发展银行业务评估部就评估报告组织内、外部同行审查，以检查质量；对于重大评估，也委托对评估过程和结果进行独立评估，以确定评估是否符合公认的质量标准。加拿大对定期参与研究的评估顾问采用绩效审查程序，以确保其工作符合标准。澳大利亚发展实效办公室将影响日志制度化，评估单位成员跟踪报告的引用情况，以更好地了解其总体影响。为了加强循证评估方法，DAC 成员支持成立了"国际影响评估倡议"（International Initiative for Impact Evaluation,

---

① https://cdn.sida.se/app/uploads/2021/06/15144445/Checklista－bedomning－terms－of－reference.pdf.

3iE），用于提升影响评估审查和相关能力建设。

一些捐助机构建立了绩效评级系统。具体做法是根据相关性、有效性、效率、可持续性等绩效标准，按照一定等级进行评级，如高度满意、满意、不满意或高度不满。这些绩效评级通常在特定的时间，如项目完成时或年度进展报告中，以标准报告格式向机构总部报告，使其能够对不同项目进行一致地比较和汇总。日本国际协力机构和世界银行都制定了评分系统，对评估项目进行评级。日本评分分为三档，每个标准分别为 1~3 分，最终评估结果为 A、B、C、D 四级，分别为非常满意、满意、部分满意、不满意（见图5-1）。世界银行对相关性、有效性和效率 3 个标准打分分为四档，分别是高、较高、低、可忽略；在此基础上得出总体效果，分为六级，分别是特别满意、满意、相对满意、相对不满意、不满意、特别不满意。

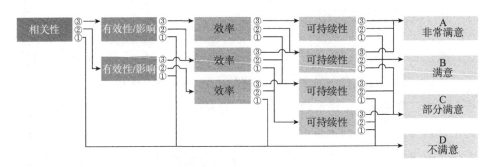

图 5-1　日本评估评分标准

第二节　评估方法应用

评估是基于循证的分析，因此评估方法需要寻找的是定性或定量数据。发展援助项目的实体性和贡献度要求评估将定量和定性技术相结合。定量分析方法主要考察援助项目的产出；定性评估方法通常使用理论分析和贡献分析，侧重立项过程和项目效果，尤其注重评估项目的可持续发展和经济、环境、社会的平衡。虽然必须承认评估过程的复杂性，但评估仍需努力尝试建立因果关系。

　　自 20 世纪 90 年代以来，发展机构陆续开发出实验方法、案例研究、定性分析、文献审查、访谈、社会调查等一系列方法，来满足发展评估不断变化的要求。例如，2006 年，欧盟发布了《欧盟对外援助评估方法》①。每种评估方法之间不是互相排斥的，评估过程中可以结合运用多种方法，相互借力，共同为评估服务。例如，案例研究可以利用定性和定量数据分析；准实验依赖于理论假设，可能需要文献回顾或定性数据。有些方法需要特定的数据分析策略，例如，反事实方式，即假定没有发展项目介入情况下推测受援国的发展；对比分析法，如援助前和援助后效果比较，或与其他既有和潜在资助方比较援助方式及效果的不同，或是推测如果通过多方协调行动是否更有效。

　　评估方法必须根据具体环境、评估问题和优先事项以及可用资源来及时调整、灵活使用。② 选择的考虑因素包括预算、时间和数据限制。预算限制影响到可进行的访谈数量、结合定量和定性数据收集与分析能力、研究团队的规模和专业经验。时间上的限制影响到评估开始和结束时间、研究人员可在现场待多长时间以及获得利益相关者反馈的时间。③ 数据限制会影响收集信息和获得项目基线信息的能力；或者难以采访到相关群体。但不管应用何种方式，当评估通过可靠的证据，说明什么是有效的、为什么是有效的，从而为政策和方案决策提供依据时，它就是有效的。本节介绍 10 种常用的评估方法，分析其优势和不足，供评估设计时选择使用。

一、效率分析法

　　效率分析法指的是比较方案相对成本和收益/结果的经济方法。④ 效率分

①　Evaluation methods for the European Union's external assistance, 2006. https://www.oecd.org/derec/ec/42089135.pdf.

②　Evaluating Development Activities——12 lessons from the OECD DAC, 2013. https://www.oecd.org/dac/peer—reviews/12%20Less%20eval%20web%20pdf.

③　Conducting quality impact evaluations under budget, time and data constraints, 2006. https://www.oecd.org/derec/worldbankgroup/37010607.pdf.

④　Cost-benefit analysis in World Bank projects, 2010. https://www.oecd.org/derec/worldbankgroup/46988474.pdf.

析主要是为了确定项目的收益是否超过了相关成本。要回答的评估问题包括3个：一是相对于项目成本，项目的累积效果是什么；二是项目的效益—成本比在多大程度上、在不同对象之间有多大差异；三是不同项目之间的成本—效益比如何。这类信息在未来项目规划和设计决策时尤其重要。例如，在预算或资源紧张的情况下，通过评估，可以扩大成本效果高的项目、调整成本效益低的项目。

效率分析可分为两种模式，分别是成本—效益（Benefit）和成本—效果（Effectiveness）分析。成本—效益分析是从严格的财务角度进行的，项目的成本和效果都以货币形式定义，可直接比较。相比之下，成本—效果分析是将以货币形式定义的项目成本与以非货币形式定义的项目效果进行比较。例如将援助疫苗资金与接种疫苗的儿童数量进行比较。

效率分析法通常包括7个核心步骤：一是界定项目成本和效果，效果通常在计划目标中预先设定；二是决定哪些成本和效益应被包括在内；三是预估项目成本；四是量化计划的净效益，以货币形式进行成本—效益分析；五是使用贴现率将成本和收益调整为净现值；六是计算估计的成本—效果比或成本—效益分析的净现值；七是进行稳健性检查和敏感性分析。

效率分析法的基础是准确识别和测量所有可能与被评估项目有关的成本要素。从概念上讲，成本被定义为项目资源的总和，包括人员、用品、设施等。尽管这些成本中有许多可用货币来衡量，但其他成本，如实物捐助或其他由合作伙伴产生的间接费用，则难以准确识别和量化。以货币形式量化项目的成本和效益以及负面影响，可能是困难的。设计和实施严格的效率分析需要团队经济和财务分析、统计和项目知识方面的能力。最后，当成本和效益的定义、确定和衡量缺乏透明度时，成本—效益分析的质量可能难以评估。

专栏 5-1

对撒哈拉以南非洲霍乱疫苗接种的效率分析

2009 年，世界银行基于在莫桑比克贝拉省收集的经济和流行病学数据，比较了 3 种免疫战略的净经济效益①：一是仅针对在校儿童的校内疫苗接种（5~14 岁）；二是针对所有儿童（1~14 岁）的校内疫苗接种；三是所有 1 岁以上人群的大规模疫苗接种活动。所有方案都假设使用低成本的新一代口服霍乱疫苗。

表 5-1　项目效益和成本比较

效益	成本
私人：接种者获得疫苗保护。 外部效益 1：公共卫生系统因霍乱病例减少而节省的疾病成本； 外部效益 2：由于群体效应对接种者的保护； 外部效益 3：群体效应对未接种者的保护	（1）疫苗生产的成本； （2）疫苗运送接种的成本（运输、冷链、损耗、接种点耗材和人员、推广宣传、疫苗管理等）； （3）获取疫苗的私人成本（路途花费的时间、排队时间等）

报告对 3 种方案的成本效益结果进行了分析。在不收取疫苗费用的情况下，如果忽略群体效应，两个基于学校的项目净收益大约为零。如果将群体效应纳入分析，则净效益分别上升到 45.4 万美元和 48.9 万美元。群体效应对以社区为基础的方案 3 影响要小得多，并没有产生正的净收益（在没有群体保护的情况下，净收益为-10.1 万美元，在有群体保护的情况下为-2.8 万美元）。因此在 3 个方案中，方案 1 的效益成本比为 3.3，方案 2 为 2.8，方案 3 为 1.0，这表明方案 1 每花 1 美元所获得的效益高于方案 2 和方案 3。分析证明，以学校为基础的小型项目，无论是否收取使用费，都很可能提供净收益。一个不收取用户费用的大规模疫苗接种活动将导致疾病负担的减少，但需要大量的公共部门投资，社会成本可能超过收益。

二、实验和准实验方法

随机控制实验法（Randomized Control Trial，RCT）是指在援助发生一段

---

① Jeuland, M., M. Lucas, J. Clemens, and D. Whittington. 2009. "A cost-benefit analysis of cholera vaccination programs in Beira, Mozambique." The World Bank Economic Review 23（2）：235-67. https://openknowledge.worldbank.org/handle/10986/4502.

时间后，通过随机比较受益群体和非受益群体的差别，确定某种援助活动是否产生影响，主要目的是提供对计划效果的准确衡量。实验设计是将群体随机分配到治疗组或对照组，治疗组接受项目服务，而对照组不接受任何服务。两组之间观察到的任何结果差异可合理地归因于被评估的项目。实验设计可帮助确定项目与结果之间是否存在因果关系，以及这种关系的程度。实验设计也可根据随机化的程度而有所不同，随机分配可以是个人层面，也可以是群组层面，例如社区、地区或学校。实验设计可回答的评估问题包括两个：一是项目的净效果是什么；二是项目的净效果在人口不同分组中是如何变化的。

在实践中，实验设计包括以下 6 个步骤：一是确定项目的目标人群；二是收集人群代表性样本的基线数据；三是将样本中的人随机分配到治疗组或对照组；四是实施计划；五是收集两组结果数据；六是比较治疗组和对照组的结果模式。

实验设计对回答项目有效性尤其重要。如果实施得好，实验设计可以准确地估计项目对选定结果的净影响。随机分配增强了实验设计产生的因果联系的权威性。如果治疗组和对照组在基线特征上有差异，那么在估计项目效果时，可采用多元回归分析等统计技术，对差异进行调整。最后，当与项目成本相结合时，实验设计的数据也可以支持回顾性的成本效益分析。

实验设计也伴随着一些挑战。首先，设计依赖于稳定的项目实施和一个同质目标群体，以提供准确的项目效果估计。然而，这些条件在实践中难以维持，甚至可能降低评估结果的普遍性。其次，估计值随着多个数据点的出现而明显变化。变化的途径可能是非线性的，两个数据点（例如之前和之后）对评估来说可能太有限了，无法可靠地估计净效应。再次，数据污染的可能性。污染可能来自项目本身，因为治疗组和对照组中的个人会相互影响，产生溢出影响。从次，分析的重点被限制在一个或多个可测量的预期效果上。因此，它不太适合用于评估非预期的效应。最后，只有在整个项目实施过程中，治疗组和对照组的演变或发展是同质的，这包括整个治疗组活动的同质性，实验设计才是准确的。否则，两组之间出现的系统性差异可能会导致在估计效果时出现偏差。

在考虑使用实验设计时，评估人员必须计划对治疗组和对照组进行随机分配，并收集基线数据，以便与后来收集的数据进行比较。因此，评估者应参与到评估的设计和实施阶段。评估者还需要考虑采集治疗组和对照组数据任务的预算、耗费时间和资源。许多类型的评估人员将参与评估的这些早期阶段，包括影响评估专家、机构内部评估人员以及外部评估人员。虽然影响评估通常不是由独立评估办公室管理的，但可靠的随机对照试验可以作为对类似项目的回顾性研究的投入，并成为结构化审查的证据来源。尽管其有一定的局限性，但多年来在发展评估中，实验设计的应用涵盖了广泛的项目和部门，如在坦桑尼亚，对一项针对女性青少年发展计划的影响评估采用了实验设计。①

同实验设计一样，准实验性设计的目的是提供一个对计划效果的准确估计，其主要区别在于随机分配。准实验设计并不依赖于随机分配的人群来建立治疗组或对照组。相反，准实验依靠一系列广泛的统计技术来构建治疗组和对照组。具体有 4 种常见类型：第一，倾向性评分匹配，治疗组与比较组的可比人员相匹配。该匹配基于人口特征，总结为一个参与倾向的总分。共同支持区间代表了倾向性分数的范围，对两组中观察到的结果进行比较，以估计项目效果。第二，在回归不连续设计中，通过一定资格标准（例如收入水平或考试分数）来构建可比较的群体。例如在某个项目中，高于特定收入水平的农民有资格参加拖拉机租赁计划。那些刚好在分界线以下的农民（对比组）虽然没有被录取，但可与治疗组农民进行比对。对这两个组平均结果的差异进行回归比较，可用来估计项目效果。第三，工具变量法，使用一个与项目参与相关的变量（但与项目结果无关）来调整影响计划参与的可能性因素，然后用包含工具变量和其他相关协变量的回归模型来估计项目效果。第四，差异法，通过比较非参与者和项目参与者之间的时间差异来估计项目效果。这种方法消除了结果的外部决定因素，在计划期间，治疗组和比较组

① Evaluation of an adolescent development program for girls in Tanzania, 2017. http://documents.world-bank.org/curated/en/245071486474542369/pdf/WPS7961.pdf.

的结果是不随时间变化的。

准实验设计的程序因构建治疗组和对照组的方式不同而有所区别。倾向性评分匹配一般包括以下 5 个步骤：一是对影响参与计划的因素作出假设；二是用逻辑回归模型对相关变量进行建模、解释参与或排斥；三是估计参与计划的倾向性（对于参与者和非参与者）；四是匹配具有相似倾向性的参与人和非参与人分数；五是比较二者在项目过程中的变化，从而估计项目效果。

回归不连续设计包括 4 个步骤：一是确定参与计划的分界线附近的边际，在这里，个人是可比较的；二是在这些人的临界分数和结果分数上拟合一条回归线；三是识别回归线在分界点上的任何变化（不连续）；四是将转变的大小解释为估计的项目效果。

准实验设计在评估项目有效性时特别重要。与非实验性设计相比，准实验性设计可以提供偏差最小的项目效果估计。例如，非实验性设计通常没有或有不太健全的比较安排。此外，一些准实验性设计（例如倾向性评分匹配）也可以回顾性地使用，也就是说，在项目实施之后使用。

准实验设计的一个弱点是缺乏随机分配，有可能会出现不公平，导致治疗组和对照组的不同，从而影响估计的项目效果。因为仅仅通过统计手段来构建可比较的群体，就会考虑到可观察的特征（或时间不变的不可观察的差异），所以对计划效果的估计受不可观察差异的影响。同样，这在很大程度上取决于数据的可用性以及治疗组和比较组在一段时间内数据点的数量。最后，即使设计是可靠的，而且比较组的结果是无偏差且准确的，并可与治疗组的结果相比较，数据也可能不够精确。因为要达到统计学意义，需要一定的统计能力。

准实验设计的应用案例主要有：在评估 2013—2017 年莫桑比克马普托促进"3R"（减少、重复使用、回收）可持续活动技术合作项目中，日本评估组使用了随机对比实验，将为企业提供日常设施、提供垃圾分类容器、家庭指导这 3 种方式进行量化对比，选择出最能够有效鼓励居民实施垃圾分类的方法。结果显示第二种是最有效的，避免了使用性价比低的方法。

三、案例研究法

案例研究法是对一个或多个具体案例进行重点深入研究，通常是为了探索和更好地了解一个项目是如何实施的，并确定产生项目结果的因果过程。许多类型的评估问题都可以通过案例研究来回答，包括：项目是如何实施的；项目是如何以及以何种方式产生观察到的效果；该项目是否会在其他环境、时间、对象下产生影响。原则上，案例研究可以用于任何类型评估。

案例研究可用不同的方式设计和实施。一些案例研究以单个案例为中心，另一些则包括多个案例，包括案例内分析和跨案例分析，用于识别不同案例之间的相似性和差异性。案例研究可在一个时间点上进行，也可在一段时间内重复进行（例如在项目实施之前、期间和之后）。案例研究在目的上可以进一步区分为说明性（描述一个典型或异常的案例）、理论产生（探索和产生假设）、理论检验（检验和修正假设）以及累积（比较和综合多个案例）。

案例研究通常包括以下 5 个步骤：一是识别和定义要研究的案例类型；二是确定将在这些案例中深入研究的条件或因素；三是制定案例选择策略；四是收集所选案例的数据；五是使用案例内或案例间的数据进行分析。

案例研究的核心步骤是选择样本案例。选取样本是一个统计学的概念。如果评估总量很大或者收集数据的成本很高，通常要从样本收集数据。样本选择可以是随机的，也可以是非随机的。一是随机抽样。随机样本是指总体中每个项目被抽中机会都相同的样本。随机抽样的优点是可以消除选择偏差，即由数据收集方法引起的数据失真。例如，一个评估小组想访谈住在某一区域的 200 名艾滋病患者。小组无法获得全部的患者名单，而且有可能会带来伦理或保密问题，因此采取随机整群抽样方法。该区域有 25 个诊所，每个诊所服务的艾滋病患者约 50 名。因此，可随机选择几个诊所，并研究这几个诊所的所有艾滋病患者。二是非随机抽样，即选择目的样本。在目的样本中，样本选择是为满足特定研究目的而进行的。评估人员根据判断，选择认为能够提供所需数据的样本。目的样本的选择包括 5 种：一是典型案例（中值）样本，即抽取总体中典型的或有最普遍特征的单元。二是最大变量（异质）样本，即抽取能够代表某一待研究特性全部变化范围的单元。三是极端情况样本，即样本从一个分布的极端情况抽取，考察最不寻常的单元。四是证实或否定案例样本，即从已知能证实或否定普遍信念或理论的案例（如精心准备后成功了的项目和精心准备但失败了的项目）中抽取样本。五是雪球样本，也称为链式推举样本。这种样本用于评估人员不知道样本中应该包含何人或何物的情况，即在不知道总体边界时使用。评估人员需要在访谈时询问符合研究条件的人，请其推举其他符合条件的访谈对象。尽管非随机样本在评估中有其适用的地方，但由于不满足推论统计学的假设，所以统计显著性试验和置信区间①的计算不能应用到非随机样本上，政策制定者有时会认为它们不如随机样本可信。当然，即便使用随机样本，也可能有误差。评估人员应尽量使用各种统计方法来减少抽样误差②，增加置信区间。

在挑选相关案例时，应考虑到案例研究的目的，以及所要产生的信息类型。举例来说，如果案例研究的目的是衡量当地项目实施过程的广度和差异性，那么案例选择应该集中在被认为在一系列相关特征上差异最大的项目实施过程上（例如城市与农村、小型与大型案例）。相反，如果案例研究是为了更好地了解高绩效的项目，选择策略可能是把重点放在这些项目上。最后，随机选择往往不适用于案例研究，部分原因是案例的数量太少，随机化无法平衡系统性差异。

案例研究有以下几个优点：一是强调深入分析，可识别和检查项目背后的因果过程以及这些过程所处的环境。通过这种方式，案例研究可以产生关于这些基本过程的假设，在单个或多个案例中对其进行更详细的研究，甚至确定这些过程所依赖的具体环境条件。二是有机会将研究结果推广到其他类似的项目。案例研究还可以补充不太关注背景条件的其他评估方法（例如实

---

① 总体的真实值以给定概率落在其上的区间范围。在选择样本大小时，评估人员必须确定希望样本结果准确反映整个总体的可信程度。

② 对只考察一个而不是全部样本带来的误差的估计值。

验性或准实验性设计）。

案例研究的普遍局限性包括：没有明确的程序准则，导致案例研究容易受到评估者主观因素的影响，单一案例研究缺乏普遍性，以及对时间和精力的实际挑战，尤其是对多个案例的混合数据收集方法。最后，案例研究也很容易被分析者"挑选"出特定案例，以便为关于项目的既定观点寻找支持，或提出最引人注目的案例，而不是展示更广泛的案例。

四、定性比较分析

定性比较分析是一种基于多案例研究的分析方法，主要目的是在一组案例中识别和描述产生特定结果的因果条件。这种类型的信息可以理解和解释项目如何产生或未能产生预期结果。这种方法与其他大多数跨案例比较方法的不同之处在于，它提供了一套特定的算法来分析数据集（通常以表格的形式），在这个意义上也可被认为是一种数据分析技术。

定性比较分析可回答的评估问题包括：一是在什么情况下，该项目产生或没有产生预期结果；二是哪些项目内容对项目结果是必要的或充分的；三是对预期结果是否有其他解释。

定性比较分析的应用包括 7 个步骤：一是识别和定义所关注的因果条件和结果；二是收集分析每个案例的相关数据；三是根据每个案例的存在或不存在（二分法或程度），对每个案例进行编码；四是使用相关软件来总结不同的因果配置；五是将确定的配置简化为引起积极或消极结果的基本因果配方集；六是检查配方集的一致性和经验覆盖面；七是重新审查每个已确定因果配方所代表的个别案例，以更好地理解后者的性质。

该方法的优点包括能够处理因果关系的复杂性（包括相互冲突的案例），识别与同一结果相关的不同必要条件和充分条件组合，并帮助解释结果是如何在一个小的、中等的或大的案例中产生的。从内部有效性角度来看，该方法逻辑比较的形式化提供了系统、透明、可复制的定性数据分析。尽管定性方法具有概括能力，但该方法很难用于大量的因果条件，特别是当可用的案例数量较少时。定性分析需要在一致性（每条途径的充分性）、覆盖率（途径所代表的案例数量）和解析力（研究结果的复杂程度）之间找到良好的平衡，通常需要有经验的分析员与评估小组合作，保持分析的高覆盖率和一致性。要避免确认性偏见导致的假设偏差，一是需要在所有案例中获得高度可比的数据才开始分析；二是需要大量的工作来实现案例透明化。

五、访谈和焦点小组

访谈是围绕特定话题或一组问题进行的对话，即有目的的对话，目的是更好地了解一个人对某种情况的体验，包括个人意见、感受、知识、信息和观点。在评估中，访谈可以阐明工作人员、利益相关者的项目期望和经验。访谈可一对一进行或小组访谈，可面对面进行或通过电话、网络平台等进行。

访谈的形式包括：一是非结构化访谈，即关于一般话题的开放式对话，具有一定的探索性；二是半结构化访谈，即围绕一系列话题和问题进行的对话，有不同程度的规定和灵活的顺序，这是使用最广的访谈类型；三是结构化访谈，即严格遵守一系列问题的对话，有预先规定的顺序和措辞，用于获得标准化的、可比较的访谈参与者数据。

设计和进行访谈的过程通常包括 6 个步骤：一是确定访谈的议题。二是确定可能的参与者，例如项目参与者、项目工作人员或利益相关者；访谈方法通常使用某种类型的目的性抽样策略；对于小组访谈，考虑哪些子群体可能与之相关，例如来自特定机构的利益相关者、城市与农村项目参与者。三是制定访谈指南，包括访谈中要涉及的问题或话题，并考虑哪种类型的访谈是合适的；指南还可以为访谈者提供如何进行访谈的指导。四是就访谈的目的、内容和程序对访谈者进行培训，最好是对访谈指南进行测试或试点，以进行调整。五是安排和进行访谈，考虑是否要对访谈进行录音。六是转录和分析数据。

访谈有助于获取一手信息、增加数据的深度和丰富性，还有助于揭示关于项目的重要见解。但其弱点是时间和资源限制，准备安排、实施和分析访谈需要时间。在某种程度上，使用计算机可以减轻访谈转录和分析的工作负担。此外，访谈的质量易受到受访者主观偏见和受访者的代表性影响。

　　焦点小组是小组访谈的形式之一，评估者对一个或多个特定主题进行结构化讨论，这使得多个受访者能够讨论和完善观点与经验。在评估中，焦点小组通常被用来收集项目工作人员或利益相关者在项目实施、结果方面具有相似性和差异性的信息，也可用于需求评估或项目理论框架搭建。焦点小组的优势在于互动性强，可以让不同观点得到分享和讨论，从而形成新的高质量见解和意见。因此，焦点小组也很适合于合作性评估方法。此外，一些弱势群体的成员在同类人面前表达自己的观点时，可能比与外部评估人员进行一对一访谈时更自在。

　　焦点小组也存在一定缺点：一是一个小组可能会受到不平衡的小组动态影响（例如一个自信的参与者主导了讨论），这反过来会影响调查结果。二是小组讨论可能会集中在理想的观点和经验上，因为参与者可能更愿意描述和强调积极的而非消极的项目经验。三是如果参与者是由当地组织挑选的，那么有某种政治倾向的人有可能在评估者不知情的情况下被纳入其中。四是一些受访者可能不愿意或根本无法参与，例如在机构中负有更高责任的参与者。另外，和访谈一样，焦点小组可能会受到受访者选择性和证据普遍性的影响。

专栏 5-2

2016 年联合国开发计划署政策评估半结构化访谈提纲

　　联合国开发计划署（UNDP）在 2016 年政策评估中，采用了访谈方法。[①] 首先进行案头审查，以确定潜在问题，制定访谈指南。受访者基于组织内级别、对 2014 年和 2016 年政策审查过程的了解程度、主要利益攸关方（包括开发署管理的基金和方案、工作人员、联合国工作人员以及区域

---

　　① https://www.undp.org/un/content/dam/undp/library/corporate/Executive%20Board/2019/Annual-session/Evaluation%20Policy%20Review_Final%20Report.docx，2016.

局人员）等进行选择。评估小组于2019年2月4日至28日期间进行了半结构化访谈。半结构化访谈以访谈模板为指导，时间限制在一小时之内，其间允许提出后续问题。访谈在评估小组中进行审查，以交叉核查内容的准确性。

——您是否看过开发署2016年的评估政策？

——关于开发署的独立评估，您认为自2016年以来，以下方面得到了改善还是削弱：

a. 可信度；b. 独立性；c. 结果应用。请解释。

——关于本地化评估，您认为开发署在国家、区域和总部各级是否有足够的机构能力来管理和/或进行这些评估，并保证其质量？

可以做些什么来进一步加强这种能力？

——您认为分配给评估工作的预算是否足够？评估计划是否有充分的资金支持？

——关于独立和本地化评估，在您看来，管理层和董事会是否对独立评估的建议进行了跟踪？

可以做些什么来加强评估的后续工作？

——根据2016年评估政策进行的独立评估，开发署的系统和做法是否有改进？

请参考证据和支持文件。

——2016年开发署的评估政策在何种程度上有助于指导决策和行动？

——您认为该评估政策的优势/劣势是什么？

——您对评估政策的总体评价是什么？

——您认为该政策有哪些地方需要改进？

六、德尔菲法

德尔菲法是一种参与式评估，用于在利益相关者中征求反馈意见，并就广泛的主题、问题或需求达成共识。参与式评估以成果利用为中心，动机是让利益相关者积极参与评估过程，使他们对评估的设计和实施有发言权，促进所有权和授权感，并提高潜在的相关性和评估成果使用。参与式评估适用于为项目改进或组织发展提供信息，而不一定要对项目结果做出明确的陈述。德尔菲法的研究结果对规划、解决问题、决策、项目开发和预测具有重要意义。

参与式方法可回答的评估问题包括：第一，从不同利益相关者的角度来看，项目的主要目标或成果是什么？第二，需要哪些项目服务？如何最好地提供这些服务？第三，计划是如何实施的？参与式方法的核心步骤是考虑和确定要包括的利益相关者（例如项目工作人员、项目受益人、影响计划实施的人、反对计划的人）、参与的范围和性质，以及在评估中的具体作用和责任。

德尔菲法的程序通常包括以下 5 个步骤：一是选择要包括的利益相关者；二是设计并实施问卷调查，征求利益相关者对一个或多个特定主题的意见；三是分析结果，并总结小组对主题的初步反应；四是制定和实施修改的调查问卷，征求利益相关者对小组答复的意见；五是分析和总结完善团体反应。第四和第五步可以重复进行，直到达成最终的小组共识。

参与式方法的好处包括：提高评估的响应性和相关性，增强当地利益相关者的能力建设，增强数据和结论的真实性及准确性。参与式方法在一般的发展评估中非常适用。多数独立评估办公室都鼓励创造性地应用参与式方法，以保障独立性，并有效地将利益相关者的意见纳入独立评估。

这种方法也有缺点。最终的共识受问卷中的问题和陈述的框架、受访回合的数量以及利益相关者的影响很大。因此，在设计德尔菲方法时，应仔细考虑这些方面及其潜在影响。德尔菲小组产生的证据质量很大程度上也取决于参与者的知识水平和参与者的选择。参与式方法的实施需要深入了解利益相关者的背景，同时需要关注利益相关者参与的潜在负担和成本，以及让利益相关者参与的困难程度。

七、社会调查

社会调查是指对项目相关利益群体进行的调查，可通过面对面、电话采访、邮寄、电子邮件或手机短信服务等方式进行。调查问卷是常见的数据收集工具之一，主要目的是以系统和一致的方式收集特定样本的信息，以定量信息为主。从调查时间上看，可分为横断面调查（在一个时间点上从样本中收集信息）和纵向调查（在不同时间点上从样本中收集信息），分析不同时期的变化。从调查内容上看，调查一般涉及封闭式客观问题和开放式主观问题。封闭式问题单一答案的简短回答，可以减轻数据处理和分析的负担，但有时可能无法穷尽受访者真正想选择的答案；开放式问题可以产生更深入、更细微，甚至出乎意料的答案和见解，但对受访者和评估者来说比较费时。

设计一项调查问卷通常包括以下 7 个步骤：一是明确调查目的，确定调查所要回答的问题；二是确定相应的调查对象样本；三是制定调查问卷；四是进行试点测试，并对问卷进行相应改进；五是对指定样本进行调查；六是输入数据并筛选数据；七是分析和报告调查结果。

调查方法的优点是受访者可以回答同一组预先确定的问题，从而可以在大量人群中收集可比的数据。这对于收集群体的趋势和模式化信息具有广泛适用性，有助于确定特征或结果在相关样本或人群中的分布情况，并记录不同样本或人群中特征和结果的差异及相似性。

调查问卷也存在一定的局限性。首先，调查适合于收集定量数据。虽然这种类型的信息支持广泛的统计分析，但可能无法捕捉到受访者的经验和观点等更深层次、更细微的差别。使用开放式问题可以解决这个问题，但产生的数据通常更耗时，而且较难分析。其次，对调查问题的回答易受到问题具体措辞、顺序和类型等因素的影响，使调查结果产生偏差。最后，问卷回收情况如不理想，可能会影响调查结果的普遍代表性。

八、数据收集的新兴技术手段

虽然评估界一直依赖经过试验和测试的评估方法，但越来越多的人感到需要超越"舒适区"，推动评估方法创新。这种需求是由几个因素造成的：首先，对发展成果的衡量和评估获得越来越多的关注，这意味着需要更多更有力的证据来确定项目的效果。其次，在评估中需要成本效益。因为评估机构内部的预算缩减，而同时被要求对日益复杂的项目进行评估，需要借用更加新型的技术和计算能力，使用数据科学和数据分析中的新兴工具扩大数据搜集的来源。最后，在发展项目的受益者中出现了一种范式变化，有时受益者不仅是计划的参与者，而且是利益相关者，促使人们在设计和实施计划时使用参与式方法，在衡量其结果时评估受益者的满意度。

随机控制实验法等半实验型影响评估方法需要大量的实地测量，较难适用于内容复杂且实施范围规模庞大的援助项目。此外，对于一些发展中国家，收集其环境或社会经济指标数据通常较为困难，易推高评估成本。为解决其局限性、加强评估结果的有效性，日本等一些国家开始创新运用信息技术手段，来解决评估大数据搜集困难等问题，创新援助评估方式，进一步推进评估工作开展，为项目决策和政策制定提供更多信息与参考依据。

数据科学是一个跨学科领域，融合了计算机科学、数学、统计学、信息可视化、图形设计和商业等方面的技能，还包括数据分析和机器学习。信息和通信技术的快速发展为评估数据的收集开辟了新途径。第一种是使用智能手机和平板电脑等移动设备，通过短信调查、数据收集应用程序或"众包"报告（参与者将答案上传到一个开源软件平台），促进实时数据收集。这种设备对评估中的数据收集有几个明显的优势：首先，它们比计算机便宜，因此更容易收集数据。其次，它们提供了更大的流动性，可以进入更偏远的地区。最后，移动设备的内置功能使从业者能够获得更广泛的元数据，例如位置感应监测，用于决策和资源管理。第二种是使用无人机在偏远、难以到达的地区进行数据收集、绘图和监测。无人机可以收集空中照片和视频，创建地图，绘制地形特征、土地覆盖、道路、建筑和其他基础设施。一方面，可用于调查发展项目的地理分布，协调发展援助工作，为决策和选址提供信息支撑，使资源投入更有针对性；另一方面，可检测随时间产生的变化，并为发展项目的影响评估提供背景，考察发展项目对当地产生的可见影响。例如，用于估计经济发展和活动以及区域增长，并与机器学习相结合，预测农村地区的平均家庭财富和支出、教育程度或健康状况。

使用新兴技术收集数据有 3 个好处：一是提高现有操作模式的效率，最大限度地减少数据输入和处理的延迟，降低数据收集的成本。二是提供新的数据来源，文本、图像，甚至音频和视频记录都可以通过移动设备收集，有可能扩大可用于评估的数据类型，为分析提供实时或更容易更新的数据，提高评估的质量和可信度。三是将相关信息的范围扩大到边远地区和发展中国家，提高数据收集的可行性和扩大覆盖面。

新技术可以为评估者提供数据宝库，但数据收集的设计也应注意确保所使用的样本既能代表分析对象，又能代表分析对象的平均值，不会由于"方便抽样"而带来数据结果的偏差，因为它排除了那些没有设备或使用技能的人，或者那些在互联网或手机连接有限地区的人。另一个相关的问题是，使用卫星图像、移动电话和金融交易数据作为贫困测量指标可以非常有效，但需要与其他类型的调查数据进行"地面实证"，以衡量一致性。过度依赖远程数据收集可能会限制评估人员对数据收集背景的理解，忽视"冰冷"数据背后反映的人文故事。

九、地理空间数据方法

2014 年，毕马威公司发布《发展领域监督和评估》报告，对超过 35 家评估机构进行了一项调查。调查显示，当被问及如何搜集、管理和分析评估数据时，有 18% 的机构在评估中使用了全球定位系统（GPS）。大多数受访者表示"从未"或"很少"使用过"通信技术"或"GPS 数据"的主要原因在于：一是评估人员过于依赖发展中国家政府提供的数据；二是普通数据获得的便利性和成本阻碍了更多技术应用。这侧面反映了当前发展监测和评估仍然是一项偏劳动密集型的工作，但信息技术在发展评估领域是具有应用价值和发展潜力的。

越来越多的人关注到利用地理空间数据开展的地理空间影响评估方法

（Geospatial Impact Evaluation，GIE）。地理数据包括 4 类：一是点数据，如地图上的城市位置；二是线状数据，如道路；三是多边形数据，可以表示行政边界，如村庄或国家公园的边界；四是栅格数据，由网格单元（像素）组成，它可以显示温度、降水或树木覆盖率。在评估具有明确空间维度的项目时，使用地理数据有很多好处。地理数据是环境变化的客观衡量标准，比调查数据更具成本效益，允许在偏远或危险地区进行评估，并允许追溯收集基线数据。地理方法包括从简单的空间特征图到建立因果关系的复杂地理空间影响评价。地理数据最初的评估对象多为环境保护等相关领域，随着数据库的不断扩充，其所涉及的领域拓展到高速公路、水电站、农业灌溉等项目的评估。在具有明确空间维度的评估主题（如气候变化、基础设施发展、冲突地区、贫困分布等）中，评估人员可以考虑将地理数据作为其工具箱中的一个补充，[1] 为发展与环境之间的关系提供独特见解。

　　地理数据有 4 个优势：一是执行客观性。地理数据是对环境变化的客观衡量。例如，虽然可以向村民询问前一年的森林砍伐量，但这些信息是主观的，而且往往不准确。相比之下，卫星数据可提供一个客观的森林砍伐信息。二是成本效益高。许多卫星图像产品是免费的，并且覆盖了广泛的地理区域。对于合适的主题，使用地理数据比使用调查工具收集同样的信息更具成本效益。三是时间维度。地理数据可以追溯到几十年前，因此收集项目实施之前的基线数据通常比较容易。这对于评估在自然灾害或政治危机后开始的项目特别有用。此外，地理数据为持续的方案和项目监测与评估提供了可能性，以评估项目的长期可持续性。四是可获得性。遥感可以为那些难以进入或位于政治不稳定和危险的地区提供环境状况的数据。评估专家仅需了解项目启动时间、项目地理编码等数据，便可将其与多时间序列、高光谱的空间遥感数据进行整合，形成地理空间"大数据"，构建地理空间影响评估所需的地理空间数据库，就能够得到产出和效果指标的数据。

---

① The Geodata decision tree：Using geodata for evaluations，2019. https://www.oecd.org/derec/germany/DEval-Geodata-Decision.pdf.

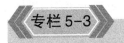

日本对柬埔寨小水电站项目影响评估

2019 年，日本利用卫星数据评估了援柬埔寨小水电站建设与修复项目的影响。项目地点位于柬埔寨东北部的腊塔纳基里省，内容为建设一座小水电站，并对现有设施进行更新，以提供稳定的电力供应。项目实施时间为 2013—2015 年。

评估结果显示，由于项目选址位于省会班隆市附近，项目得到了部分城市居民和用电大户的高度评价，但偏远地区的农村居民对其影响程度仍不清楚。因此，为了解项目对周边居民和经济的影响程度，评估组结合卫星观测到的夜间光照数据和地理信息系统数据，与人口及输配电网的地理分布进行对比分析，具体验证以下两个方面：一是与经济活动相关的夜光亮度在偏远地区以及省会是否增加；二是输配电网所辖范围多大程度上改善了电力供应。

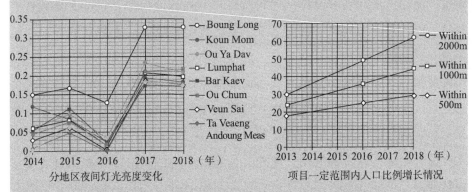

分地区夜间灯光亮度变化　　　　项目一定范围内人口比例增长情况

图 5-2　评估发现夜间灯光亮度变化和人口比例增长数据

评估发现：从项目实施以来，项目所在地区各县夜间灯光亮度有所提高，表明项目带动了沿线地区的经济活动；此外，居住在输配电网一定范围内的人口比例逐年增加，如居住在输配电网 1 公里以内的人口占比从 2013 年的 24% 增加到 2018 年的 44%，说明项目提高了周边地区使用电力的便利性，吸引了更多常住人口。

虽然地理数据提供了许多独特机会，但并非没有局限性。首先，对使用这种技术感兴趣的组织需要分配资源，对员工进行地理方法培训，或者聘请第三方专家。其次，虽然大量的地理数据是免费提供的，但具体的评估问题可能需要专门的地理数据产品，成本可能较高。再次，在评价复杂的发展项目和计划时，地理数据很少能成为一个独立的工具。地理数据较难衡量民众生活条件改善等定性方面，因此仍应将实地调查和定性分析相结合，多种评估方式相互借力、互为印证，并注重衡量效果和项目的直接关联性，提高评估的可靠性。此外，由于所收集的信息是不断变化和非结构化的，可能很难评估其质量。最后，需要考虑伦理问题和监管框架，包括征得受访者同意的协议、隐私权、元数据的适当匿名化和总人口统计、道德行为准则、海关和航空法规（对于无人机使用）以及电信或数据保护法规等。

十、联合评估

联合评估，即由多个捐助方联合开展评估。OECD-DAC《关键评估术语》将联合评估定义为"涉及不同捐助机构和/或其合作伙伴的评估，可以有不同程度的伙伴关系，这取决于合作伙伴在评估过程中合作的程度"。[1]1991年，DAC通过的《发展援助评估原则》指出，"捐助方应致力于进行联合评估，这具有双重优势，即促进对不同援助机构使用的程序和方法有更好的相互理解，并减少东道国的行政负担。"[2] 根据不同合作伙伴的参与程度，联合评估可分为传统联合评估、有限度参与的联合评估和混合联合评估（见表5-2）。

表5-2 不同联合评估类型的区别

类型	评估内容
传统联合评估	所有利益相关组织公开参与，并在平等的基础上作出贡献。典型的联合评估的例子包括卢旺达评估、世界粮食计划署三方评估和预算支持评估

[1] Glossaire des principaux termes relatifs a l'evaluation et la gestion axee sur les resultats, p. 26, 2002.

[2] Principes du CAD pour l'evaluation de l'aide au developpement, 1991.

类型	评估内容
有限度参与的联合评估	只对那些因加入某些团体（如 DAC、欧盟、北欧国家、联合国评估小组）或因参与评估中的活动（如全部门办法、集合供资机制、集体实施计划）而有资格的实体开放。这类评估的例子包括欧盟援助评估、加纳公路评估、基础教育评估、国际贸易中心评估和 DAC 关于捐助方支持权力下放与地方治理的经验教训研究
混合联合评估	（1）权力下放给一个或多个机构，其他机构作为"沉默的伙伴"； （2）评估的某些部分是联合进行的，而其他部分是单独进行的； （3）不同的评估之间存在各种形式的衔接，但仍是平行和相互独立的； （4）在一个共同的评估框架内开展联合活动，而开展个别评估的责任则下放给不同合作伙伴； （5）联合开展研究、采访和考察，但每个合作伙伴分别编写自己的报告

2006 年，DAC 发布《联合评估管理指南》，列明了联合评估的主要步骤。[①] DAC 的规范和标准也开创了先例，即在联合出资时，联合评估应是必然选择，以减少多重、未经协调的评估和实地考察的负担，降低交易成本，特别是受援国的负担。此外，在高政治风险或暴力冲突的情况下，联合评估可以使单个政府免受政治影响。在 DAC 成员机构的评估政策中，有一半明确规定了与其他机构联合评估的任务。根据 2010 年数据，联合评估占双边机构评估工作的约 36%，占多边机构的 15%。[②]

联合评估的一般步骤包括：第一，确定评估伙伴。在新项目或计划的设计阶段，就应考虑进行联合评估的可能性。让主要利益相关者作为合作伙伴参与评估，了解其他机构是否计划或考虑对同一项目、计划或主题进行评估。牵头机构需在广泛参与和保持评估程序的合理性与效率之间及早作出权衡，选择与具有类似发展理念、机构文化和评估程序的机构合作。例如，北欧国家经常合作进行联合评估。DAC 发展评估网络通过其成员之间的长期合作，促进了许多联合活动。2016 年，日本国际协力机构评估部与世界银行独立评

---

① Guide for managing joint evaluations, 2006. https://www.oecd.org/derec/dacnetwork/37656526.pdf.

② Evaluation in Development Agencies, Better Aid, 2010, http://dx.doi.org/10.1787/9789264094 857—en.

估小组、亚洲开发银行独立评估部共同对援助斯里兰卡 10 年来的水和卫生项目进行了联合评估。从 2007 年以来，3 家共投资 33 亿美元用于该领域发展，其中日本国际协力机构聚焦大城市水供应，亚洲开发银行重点为地方城市水供应，世界银行关注农村水供应。

第二，商定评估管理机构。一个有效的管理机构对于联合评估的成功至关重要。虽然每个联合评估都有所不同，但较大的联合评估通常有一个共同的管理机构，包括指导委员会和一个较小的管理小组。涉及大量参与者的联合评估也适合灵活或分散的方法。例如，几个机构可能会管理平行但独立的评估部分，或者一些合作伙伴会共同制定一个评估框架，根据具体情况，将其实施委托给一个特定机构、一个较小团体或不同合作伙伴。也有可能将各种方法结合起来，将评估的某些部分联合起来处理。例如，研究、采访和实地考察可以作为一种联合方式进行，这降低了受援国的交易成本，也没有剥夺捐助方为满足其问责要求而调整报告内容的机会。

第三，建立评估的共同规则。经验表明，评估过程中应注意到各合作伙伴的意图和动机，避免可能出现的问题。为了在合作伙伴之间就联合评估的目的、目标和主题以及所选择的方法达成必要的共识，可能要起草一份初步文件，具体说明要涉及的问题、可能的选择和设想的方法，为合作伙伴之间就评估总体方法进行知情讨论提供基础。

第四，实施和报告结果。一些 DAC 成员已经出版了联合评估的详细手册。在联合评估中，合作伙伴应就一些关键点达成共识，如评估小组的职权范围定义，选择评估小组，预算编制、成本计算和供资，数据收集、分析和报告。

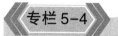

专栏 5-4

多捐助方对支持苏丹南部建设和平的联合评估①

2010 年底，比利时、加拿大、英国、德国、丹麦、挪威、瑞典、美国、

---

① Aiding the peace: A multi-donor evaluation of support to conflict prevention and peacebuilding activities in southern Sudan 2005—2010, 2010, www.oecd.org/countries/southsudan/46895095.pdf.

联合国儿童基金会、联合国开发计划署、世界粮食计划署等 15 个捐助方对苏丹南方 2005—2010 年预防冲突和建设和平的努力进行了一次重要的联合评估。发展伙伴与不久将独立的南苏丹政府共同成立了小组，小组由过渡时期财政和经济规划部主持，审查国际社会在 2005 年《全面和平协议》签署后为苏丹南部提供和平红利所做的努力。

评估结论是，对苏丹南部预防冲突与建设和平的支持取得了部分成功，但在很大程度上没有达到目的。捐助方的战略没有根治冲突驱动因素，过度强调社会基本服务，而相对忽视了安全、治安和法治。为苏丹南部地区分离作准备的援助是不够的。过度强调所有权和协调性，而忽略了对不断变化的冲突环境深入了解和分析。该评估有助于为 2011 年该地区公投独立后未来的捐助政策和战略提供参考，改变捐助者在独立后支持南苏丹的方式。

第六章　评估结果运用

与一般的学术研究不同，评估的最终目的是为了得到结果并反馈到实践中。尽管多年来发展评估取得了长足发展，但其应用仍然存在不足。非洲发展银行独立发展评估部负责人 Rakesh Nangia 曾毫不讳言："在浏览多年来开展的大量评估报告时，我惊讶地发现，某些建议在多次评估中一直存在，有些评估甚至跨越了十年之久。评估屡次强调同样的问题，提出类似的建议来解决。然而由于种种原因，这些问题仍然存在。"① 可以看出，评估结果运用是评估工作闭环中的重要环节。一方面，评估提出的政策建议需要反馈落实，用于改善项目、形成下一轮项目建议和合作战略；另一方面，对评估成果进行公开或分享，有助于分享经验或落实责任。

第一节　评估结果反馈落实

首先要认识到，有两个要素对评估经验教训和建议反馈特别重要。第一，评估质量，评估结果要能够回答服务部门的问题。为了实现评估的预期目标，需要预先对评估想达到的效果进行有效沟通。如果报告的建议没有很好的针对性和可行性，那就限制了评估建议的应用。建议的详细程度或具体性也很重要。从使用机构的角度来看，模糊的措辞往往不足以决定

---

① The problem with development evaluation and what to do about it, 2017. https://www.oecd.org/derec/afdb/afdb-idev-eval-matters-Q12017-EN.pdf.

具体的行动方案。例如，提出"提高过程的效率""提高产品的质量"或"更有战略性地选择优先事项"等政策建议，其优点是评估者和使用机构都能接受，因为它们为解释和操作留下了很大空间；缺点是对评估落实提出了挑战，很难针对一系列建议提出具体的行动回应。还有一种情况是，政策建议可能没有普适性，建议可能在技术上是合理的，可以解决此次评估遇到的单个问题，但可能无法适应其他环境，无法应用于其他项目或场景。第二，评估的及时性。评估结果产生的时间应与服务部门的需求紧密衔接，因此，评估部门需要在整个评估过程中密切监测，并加强自我评估和独立评估之间的合作与互补性。同时，评估委托者和评估者都应更加关注发展合作的阶段性与优先性问题。

专栏 6-1

评估结果用上了吗？——挪威的案例

2012 年，挪威发展合作署评估部委托兰德欧洲公司，对该署提供的发展援助评估报告的使用情况进行评估，[①] 对《1997—2009 年挪威在斯里兰卡的和平投入评估》进行了分析。分析报告中一位受访者评论，挪威在斯里兰卡的和平投入评估是应挪威外交部要求而进行的，从一开始就有很高的知名度，发展合作署评估部为此投入了大量的资源，重点是要从评估中学习，以便指导今后挪威参与和平努力的决策。几乎所有受访者都承认，评估使他们对这些问题进行了反思。评估虽然没有导致直接行动，但其引发的对话和思考受到广泛赞誉。

一些采访者对评估结果存在不同意见。一是少数采访者说，他们不认同

---

① Use of evaluations in Norwegian development cooperation system, 2012. https://www.oecd.org/derec/norway/NORWAY_ Use%20of%20Evaluation%20in%20the%20Norwegain%20Development%20Cooperation%20System.pdf.

报告的结论之一，即"当和平进程陷入僵局时，挪威本应更早地退出其在斯里兰卡的调解人角色"。他们认为，斯里兰卡是一个独特的情况，不能一概而论，挪威很难提前退出。二是评估的范围是挪威在1997—2009年作为各方和平谈判对话促进者所发挥的作用和表现。评估过多考察挪威如何促进这一进程，以及挪威如何能做得更好，而忽视了"挪威援助在多大程度上着眼于支持挪威作为对话调解人的作用"这一问题。三是一些人认为，该报告过于学术化，没有以实践经验为基础。

评估结束后，挪威外交部于2012年3月底提交了一份行动计划并指出，该报告的结果已被积极用于挪威参与的菲律宾项目中。此外，该计划还指出，每个和平进程会受到国家和国际环境的影响，很难预测。他们同意评估部的意见，即为和平努力制定一个总体战略框架。

评估报告提出结果后，需要发展政策制定者和管理人员后续落实。这就需要相应的机制，以确保相关人员了解评估结果，采取适当和及时的行动。一种方法是，后续落实工作从一开始就纳入发展合作活动的整体设计和管理中。另一种方法是，针对后续落实专门设立追踪机制，要求项目官员对每项评估结果作出回应，采取后续行动。欧盟委员会欧洲援助合作办公室就发布了《评估的传播和反馈指南》，其中指出："应提供适当的反馈机制，以便将所有类型的评估结果传递给所有负责决策的人。"①

根据统计，大约三分之二的DAC成员建立了相应机制，确保管理层对评估结果作出回应和采取后续行动。例如，芬兰于2008年建立了保障管理反馈和跟踪的机制。葡萄牙于2009年出台了《评估指南》，评估报告规定提出的70%建议必须执行。世界银行独立评估局设立管理行动记录（Management Action Record，MAR），对管理反馈进行追踪，并要求在新项目的评估报告中应考虑过去评估的经验教训。亚洲开发银行开发了管理行动记录系统（Management Action Record System），管理反馈隐去商业机密部分后向公众开放，

---

① Evaluating EU Activities. A Practical Guide for the Commission Services, 2003.

也向受援国抄送。非洲发展银行建立的管理行动记录系统统计了管理层承诺采取的约 430 项行动，以回应 2012 年以来开展的独立评估研究中提出的建议。

由于评估的外部性监督特点，评估结果往往与行动整改，甚至下一步预算安排相挂钩。英国、瑞士、澳大利亚等发布的独立评估报告中，会针对不同部门提出评估建议，接到建议的部门对建议做出"接受""部分接受"或"拒绝接受"的管理反馈（Management Response），陈述理由并落实具体行动方案，形成"发现问题—政策建议—结果使用"的链条。挪威在评估报告完成后的 6 周内，由外交部秘书长将向相关计划领域、总干事和挪威发展合作署评估部门提交正式答复，概述应采取的行动。一年后，项目负责人向秘书长作出回应，说明针对评估建议所做的工作，评估部负责监督这一报告过程，以确保采取商定的行动。在日本，外务省评估司与业务部门和国际协力组织协商，在 3 个月内决定对第三方评估的建议作出回应，在作出决定一年后跟踪这些回应措施的实施情况，并编写年度评估报告，综合过去一年评估工作的经验教训。瑞士每份评估报告一般包括十余条建议，评估结束后，由项目负责人员对每条建议形成管理反馈，表示是否同意并填写理由。总部评估部跟踪落实管理反馈，一般需要 2~3 年才能全部完成。

评估管理单位应每年定期跟踪落实情况。对国别援助方案的评估尤其重要，评估会对周期内相关业务开展、合作伙伴的有效性进行评估，这对于下一轮国别援助方案的编制具有很强的指导意义。基于评估结果对新周期的国别方案进行相应调整，如资金增加或缩减、添加或淘汰合作伙伴。评估报告也是开展国别协商对话的基础材料。世界银行的所有评估报告公开后，执行层面通过阅读评估报告，可以把握国别合作政策导向，也可以事先查阅所有的项目评估报告，了解之前开展项目遇到的主要问题，与受援国政府相关部门开会，用于国别协商对话，改善下一步执行计划。

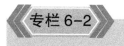

专栏 6-2

日本应用评估结果的案例

日本的评估结果：一是可对有问题的项目及时整改；二是整合项目评估经验，进行新一轮项目计划和实施，据此调整合作战略。JICA 根据所定计划和目标对项目实施过程进行检查与评估，并继续就项目的运转和维护进行监督；如项目需改进，JICA 可提供项目可持续特别援助或无偿援助用于项目修复。

一、基于评估结果解决有问题的项目

案例 1：巴勒斯坦杰里科污水收集、处理和再利用项目

项目内容为建设污水处理和再利用系统，改善杰里科地区污水处理服务，保障水资源安全。但评估发现，由于巴方负责的排污分支管道等关键性工作延迟，污水处理和再利用规模远低于预期。为达到 2020 年的既定目标，JICA 将继续要求受援方政府和杰里科市推进排污分支管道与连接工作，提高污水流入量。

案例 2：马里巴马科中央鱼市场项目

项目内容为建设巴马科中央鲜鱼分发市场，保障鲜鱼稳定供应。评估结果显示，项目建成后，鲜鱼批发商尚未进驻新市场，鲜鱼销售还未开始。鉴于 2012 年马里发生的政治动乱和安全形势，JICA 暂停了对鲜鱼分发的技术咨询。安全形势恢复后，2018 年 2 月，JICA 重新派遣咨询专家，进行鲜鱼分发调查，提供改善管理、组织培训的建议。专家提出将在该市场分发的产品从鲜鱼拓展到冻鱼、从批发拓展到零售。在该政策下，马里当地政府目前正在建设零售商的场地。

二、总结项目评估教训

案例 1：缅甸农业灌溉项目

在缅甸南部灌溉修复项目评估中，日本认为农业援助项目中，农民的农业技术、管理、物流知识应得到提高。为此，JICA 更加注重通过示范农场、能力培训等形式，提高农民的农业技术、管理和物流知识。

案例2：菲律宾台风修复项目

2013年，在菲律宾"海燕"台风修复项目评估中，日本认为对于人道主义援助一是应成立由受援方相关部门组成的项目进度管理委员会，并定期召开委员会会议，推动项目执行。二是由于重建项目带动当地物价飞涨，在确定项目预算时要充分考虑材料和劳动力价格上涨因素。三是灾后重建项目也应考虑非地震灾难风险。

第二节　评估成果公开和共享

评估的意义不仅在于"找错"，更在于传播经验，评估机构通过总结"成功案例""良好实践"来促进各国对评估成果的学习和使用。发展组织需要在沟通方面投入足够的关注和资源，否则，当最终报告没有被注意和使用时，评估的努力就会被浪费。同时，评估带有一定的对外宣传功能。基于证据的评估结果可以加强整个发展合作的可信度，提高公众对发展的认识。这一方面有助于国内公众监督和问责；另一方面也面向受援国和国际社会，强调与受援国、合作伙伴分享评估结果，体现公开透明形象。

在这一过程中，评估结果的透明化是不可或缺的。西方评估信息及结果基本是公开的，公开评估结果的渠道包括在官网发布评估报告、以出版刊物方式发布案例研究、召开研讨会等。DAC建立了评估资源网站，[①] 作为各捐助方评估学习和协调的平台，鼓励分享评估报告，目前网站已有超过3000份评估报告。澳大利亚、日本等国的评估报告按年份、地区、国别和项目类别公布在官方网站上，方便公众知晓和查询。美国国际发展合作署的评估报告在统一评估信息平台上发布，相关评估数据提交至"发展数据图书馆"（Development Experience Clearinghouse）留存。非洲发展银行建立了评估结果数据库，为工作人员和公众提供了从自我评估、独立评估中获得的经验及建

---

① https://www.oecd.org/derec/?hf=5&b=0&s=score.

议，报告在被纳入数据库之前必须经过验证，评估报告和简报通过网站和电子邮件列表传播。法国开发署从 2007 年开始与大众、媒体和公民社会分享评估结论，将评估报告发布在相关政府机构的网站上，供公众查询下载，进一步提高了发展援助的透明度。法国外交部同一家非政府组织"F3E"保持密切合作，向有关法国援助管理和实施机构公开评估报告中的建议，建立内部经验分享和交流沟通网络体系，构建更具结构性的知识利用文化，提升法国发展合作整体水平。

发展机构内部的人员可通过内部网流转相关评估报告。2003 年 10 月，欧盟委员会欧洲援助合作办公室发布的《评估的传播和反馈指南》① 指出，最终报告应先寄给董事会，并抄送给不同总局局长，报告附有封面说明和摘要；15 天后，报告将与"反面意见文件"一起发送给与评估直接相关的服务部门。如有要求，最终报告也应发送给议会和审计院。这些文件还将被送到 DAC 评估网络，以便在 DAC 评估数据库中登记。瑞士发展合作署成立"核心学习伙伴关系"，成员由各独立评估小组组成，该组织在职工间分享评估发现，以评估促机构能力提升，并为管理未来项目和战略决策提供客观指导。作为改善机构内外评价知识传播和使用的努力的一部分，加拿大国际发展署（CIDA）于 2013 年发布一份题为《CIDA 学习：评估的经验》的报告，介绍了从不同主题评估报告中提炼出的关键经验。②

此外，为了鼓励和支持各国、各地区及各部门交叉使用评估结果，发展机构应将评估结果传播给不易查阅到报告的利益相关者，驻外代表机构、受援国相关业主部门、非政府组织等。例如为国家办事处提供有针对性的新闻简报，介绍相关评估的结果，包括在此期间完成的所有评估报告，以及正在进行的评估信息。发展机构还可与发展援助的预期受益人以及发展中国家的媒体和公民社会系统地分享评估结果，这需要建立联系网络、提前规划，以有效地接触相关伙伴受众，并将评估结果翻译成当地语言。

---

① European Commission, Guidelines for dissemination and feedback of evaluations, 2003. https://www.oecd.org/derec/ec/35140956.pdf.

② https://vdocument.in/cida-lessons-from-evaluations.html.

公开报告很重要的一步是制定简短、非技术性的摘要和简报，避免过多地使用专业术语和缩略语，使结果更容易被理解。同时，提高报告的可视性，以清晰、易懂的方式展示证据、传递信息，让利益相关者能够立即捕捉信息。不同利益相关者有不同的信息需求，需要采取有针对性的方法，相应定制不同传播产品、渠道和活动的使用。例如，发展项目的管理层主要对如何改进自己工作的信息感兴趣，决策者可能对发展工作的总体成果和评估结果中发现的声誉风险更感兴趣，宣传型非政府组织、受益人和合作伙伴希望看到捐助方如何履行其承诺、取得了哪些成果。对此，评估管理者应提前计划，尽早考虑潜在受众的需求和兴趣，将结果传达给合适的人。

一些国家还定期组织研讨会和经验分享会，讨论评估发现情况，介绍评估主要结果。研讨会围绕评估及其主要结论和建议进行讨论。研讨会的目标群体取决于评估的主题。国别战略评估应与驻外代表团合作，在受援国组织研讨会。例如，日本外务省自 2001 年以来定期举办官方发展援助评估研讨会，邀请亚太国家政府官员和专家参加，促进对日本援助评估事项和方法的理解，提高受援方援助自主权、透明度和有效性。

利用社会媒体、播客等新媒体发布评估结果也是一种新尝试。挪威、比利时、荷兰的评估部门以及世界银行集团独立评估局利用推特，及时发布评估结果。荷兰、丹麦和法国尝试使用评估短片，来展示生动的评估故事。2012 年，在丹麦官方发展合作 50 周年纪念之际，丹麦在购物中心等不同地点设置信息体验亭，为广大丹麦民众提供体验不同国家和领域发展合作成果的机会。

第三节　评估学习与发展中国家评估能力建设

一、经合组织同行评议

OECD-DAC 作为发展援助机构的协调组织，提出了"同行评议"（Peer Review）的方法。同行评议是一种软工具，不具有强制约束力，但这是从捐助者的视角看待发展合作质量和效果的独特机制，也是经合组织成员开展经验交流、改善援助质量的重要工具之一。

DAC 成员有义务每 5~6 年接受一次同行评议，并担任其他成员的评审员。每一次同行评议由两个 DAC 成员担任评审员。DAC 秘书处一般会提前指定在特定年份接受评议和担任同行的成员。DAC 秘书处、评审员以及相关观察员共同组成审查小组。在可能的情况下，同行将与类似援助规模和复杂性的成员相匹配，并考虑语言和地理因素。为加强学习，同行评议原则上不连续审查另一个成员两次。非 DAC 成员的国家或其他利益相关者（如受援国或民间社会组织）可作为观察员（见表 6-1）。

同行评议分为以下几个步骤进行：第一，商定审查的重点领域。成员首先需提交一份自我评估，确定其优势和良好及创新实践的领域，以及面临的挑战及希望改进的领域。同时，邀请成员的主要合作伙伴，对成员的优势和需要改进的领域进行评估，提出意见。根据成员的自我评估及合作伙伴评估中确定的优势和需改进的领域，审查小组起草说明，提出重点领域。审查小组和被审查成员之间对此进行讨论并达成一致。第二，实地审查阶段，包括事实调查、研究和咨询等。一般对成员发展机构的总部进行为期一周左右的访问，对受援国家最多两次访问。第三，分析和撰写报告。审查小组整合分析收到的信息，并起草报告，与成员共享，以便进行事实核查。审查小组在制定建议之前，与该成员讨论审查结果。第四，DAC 同行评审会议。通过召开专门会议，委员会讨论同行评审的结果和建议，并在会后审查小组和成员的编辑会议上达成一致。会议也有助于成员分享良好做法，加强成员之间的学习。第五，报告的批准、出版和发布。在编辑会议之后，报告将分发给委员会批准，并在经合组织网站上公布。同行评审的后续工作包括成员在报告公布后 6 个月内准备一份自愿的管理反馈。秘书处将在 3 年内进行自愿中期审查。

表 6-1　OECD-DAC 成员同行评议时间表

序号	国家/地区	年份	最近一次	评议者	下次评议年份
1	澳大利亚	1999、2004、2008、2013	2018 年 3 月	比利时、日本	2024
2	奥地利	1999、2004、2009、2015	2020 年 2 月	爱尔兰、斯洛伐克	2026
3	比利时	1997、2001、2005、2010、2015	2020 年 11 月	卢森堡、瑞士	2026
4	加拿大	1998、2003、2007、2012	2018 年 9 月	德国、挪威	2024
5	捷克	2007（特别报告）、2013	2016 年 10 月	荷兰、瑞士	2023
6	丹麦	1999、2007、2011、2016	2021 年 9 月	奥地利、芬兰	2027
7	欧盟	1998、2002、2007、2012	2018 年 12 月	加拿大、日本	2024
8	芬兰	1999、2003、2007、2012	2017 年 12 月	意大利、西班牙	2024
9	法国	1997、2000、2004、2008、2013	2018 年 9 月	卢森堡、荷兰	2024
10	德国	1998、2001、2005、2010、2015	2021 年 6 月	比利时、荷兰	2027
11	希腊	2002、2006、2011	2019 年 2 月	奥地利、捷克	2025
12	匈牙利①	—	—	—	—
13	冰岛	2012（特别报告）、2013	2017 年 6 月	希腊、斯洛文尼亚	2023
14	爱尔兰	1999、2003、2009、2014	2020 年 5 月	澳大利亚、斯洛文尼亚	2026
15	意大利	1996、2000、2004、2009、2014	2019 年 11 月	新西兰、西班牙	2025
16	日本	1995、1999、2003、2010、2014	2020 年 10 月	欧盟、意大利	2026
17	韩国	2008（特别报告）、2012	2018 年 2 月	新西兰、美国	2024
18	卢森堡	1998、2003、2008、2012	2017 年 10 月	丹麦、斯洛伐克	2023
19	荷兰	1997、2001、2006、2011	2017 年 6 月	爱尔兰、瑞典	2023
20	新西兰	2000、2005、2010	2015 年	爱尔兰、挪威	2023
21	挪威	1999、2004、2008、2013	2019 年 5 月	波兰、英国	2025
22	波兰	2010（特别报告）、2013	2017 年 2 月	奥地利、葡萄牙	2023
23	葡萄牙	1997、2001、2006、2010、2016	2022 年	德国、匈牙利	2027
24	斯洛伐克	2011（特别报告）	2019 年 2 月	芬兰、冰岛	2025
25	斯洛文尼亚	2011（特别报告）	2017 年 7 月	澳大利亚、波兰	2023

---

① 2016 年加入，暂无评议。

续表

序号	国家/地区	年份	最近一次	评议者	下次评议年份
26	西班牙	1998、2002、2007、2011、2016	2022 年	捷克、日本	2027
27	瑞典	1996、2000、2005、2009、2013	2019 年 6 月	法国、韩国	2025
28	瑞士	1996、2000、2005、2009、2013	2019 年 4 月	丹麦、葡萄牙	2025
29	英国	1997、2001、2006、2010、2014	2020 年 11 月	瑞典、美国	2026
30	美国	1999、2003、2006、2011	2016 年 12 月	欧盟、韩国	2022

资料来源：根据 OECD 网站整理。

同行评议是在明确的分析框架基础上进行的，该框架围绕 3 个支柱，包括全球和当地努力、受援国参与、包容性发展伙伴关系；4 个基础，即政策、机构安排、资金和管理体系。分析框架关注援助的体制、管理、机构协调、合作伙伴关系等，分享发展合作最佳实践，并汲取经验教训，以争取达到更高的质量和更好的效果，而并不十分关注发展项目的具体结果。2021 年 2 月，DAC 出台新版《同行评议方法》，考察每个成员如何在国内、全球层面实现可持续发展合作目标。

专栏 6-3

2018 年对法国的同行评议

21 世纪以来，经合组织先后对法国进行了五次同行评议[①]，最近一次由卢森堡和荷兰于 2018 年开展。评议对法国援助政策、资金、管理、评估等方面进行了评述。

一、援助政策和规划

（1）法国确定了援助政策目标和优先领域。2014 年 7 月公布的《发展与国际团结政策指导与规划法》明确了法国发展政策目标，包括和平、稳定、人权和性别平等，公平、社会正义和人类发展，可持续、就业机会丰富

---

① 分别为 2000 年、2004 年、2008 年、2013 年和 2018 年。下一次同行评议为 2024 年。

的经济发展，保护环境和全球公共产品。同时，法国根据联合国 2030 年可持续发展目标，确定了卫生和社会保障、农业和粮食安全、教育和培训、私营行业、领土发展、环境和能源、水和清洁、治理和反腐败、移民和发展、贸易和区域一体化等 10 个优先行动领域。法国鼓励与受援国一道确定 3 个优先领域。

同行评议指出以下几个问题：一是私营行业、领土发展、水和清洁、环境和能源、移民和发展、贸易和区域一体化等 6 个领域缺乏专门战略规划，降低了法国领域目标的透明度，限制了行动的协调性和可预测性。二是为每个受援国选取 3 个优先领域，在实际过程中未完全遵守，在每个受援国往往涉及更多援助领域。三是领域规划未与预算挂钩，对项目立项和预算的指导性有待提高；法国开发署的项目立项也不完全与规划一致，更多是根据受援国的实际需求调整。

（2）受援国别总体规划缺位。法国有时与受援国签署框架合作协议，但通常不会列出具体资金数额；经济财政部等部门有一些重点国家战略，但并不对外公开；法国开发署制定的国别战略没有绩效框架来收集项目数据和结果，很难知道法国在一个受援国的行动是否与受援国预期成果相一致，也很难全面了解法国对每个受援国所作的实际贡献。为此，同行评议建议法国制定受援国伙伴关系框架，涵盖对受援国的各类发展合作活动，使驻外使领馆更易监督，并有助于评估实际成果，指导与受援国的对话。

二、援助资金

（1）法国对官方发展援助资金作出了承诺。2016 年，法国援助资金规模为 85 亿欧元，占国民总收入的 0.38%。其中，贷款占官方发展援助总额的 28%，占双边官方发展援助的 45%，远高于 DAC 平均水平的 12% 和 16%，且赠予成分低于 DAC 建议给最不发达国家的比例。贷款的高占比使得援助资金更多集中于中等收入国家和潜在盈利领域，欠发达国家和社会民生领域获得的资金不足。2017 年 7 月，马克龙总统承诺，到 2022 年将其国民总收入的 0.55% 作为官方发展援助，这将使援助资金规模从 2016 年的 85 亿欧元增加到 2022 年的约 145 亿欧元。其中，增长的三分之二将用于双边援助。

（2）双边援助资金的结构不够合理。一是对最不发达国家的双边援助不足。对最不发达国家的官方发展援助从 2012 年的 12.6 亿美元下降到 2016 年的 10.5 亿美元，仅占双边发展援助的 19%，低于 DAC 的平均水平 37%。大部分援助分配给了中等收入国家，如摩洛哥、科特迪瓦、喀麦隆、埃及和南非。二是用于基础教育、性别平等和非政府组织的双边援助较少。虽然教育领域援助份额相对较大，但 70% 的承诺额用于发展中国家高等教育奖学金，给基础教育的援助份额非常小，仅占 5%。只有 22% 的承诺涉及性别平等，低于 DAC 的平均水平 40%。对/通过非政府组织的援助占双边官方发展援助的 3%，也低于 DAC 的平均水平 15%。

为此，同行评议建议增加对优先国家的官方发展援助，特别是对最不发达国家、脆弱国家和萨赫勒地区，应确保地域分配与战略重点相匹配。建议双边援助集中在受援国的几个领域，并提高对/通过当地和国际非政府组织的双边援助比例。

（3）多边援助集中在卫生、气候变化等优先领域。2012—2016 年，多边援助占官方发展援助比例从 31% 上升至 37%，集中在卫生、气候变化和教育领域。法国是欧盟机构、世界银行、全球基金、非洲开发银行、国际药品采购机制（UNITAID）、全球疫苗免疫联盟（GAVI）、全球环境基金、全球教育合作伙伴关系等的主要捐款国之一。但法国较少利用多边渠道推动性别平等，对联合国下设基金的贡献也不大。同行评议建议法国加强与多边伙伴的战略对话，确保其政策的一致性和伙伴关系的有效性；改善内部协调，明确援助标准，公开多年期财政框架，提高多边援助的可预测性。

（4）法国加大发展筹资力度。法国开发署通过贷款、担保基金、股本投资等工具，支持发展中国家私营部门发展。法国开发署下属经济合作投资和促进公司（PROPARCO）致力于可持续发展领域的私营部门融资，计划将 2015 年 10.5 亿欧元的年度承诺翻一番，到 2020 年达到 20 亿欧元；将其股权资本投资比例从 10% 增至 25%，加大对就业、气候、创新、教育、卫生和能源基础设施领域及对非洲和脆弱地区的投入，帮助实现增加官方发展援助额的雄心。

三、援助协调和管理

（1）援助主体间设有协调机制。法国援助主体包括外交部、经济财政部、法国开发署和数十个部委以及驻外使领馆。其中，法国外交部共有1693名从事发展合作的员工，83%在国外。由于人员流动较大，知识积累和传承是一大挑战。经济财政部国库总司共有65名员工和639名驻外人员，并专门成立了官方发展援助办公室，加强战略监督。法国开发署共有2350人，40%为驻外人员，2016年新招聘400人，计划2020年再招聘400人。此外，法国开发署加强当地雇员管理，更多利用当地员工，通过赴巴黎培训和国家间流动保障其职业进步。

上述主体每年至少参加一次国际合作与发展部际委员会的会议，会议由总理主持，协调援助相关事项。此外，法国于2014年设立了国家发展和国际团结委员会，旨在加强与民间社会和议会的协商交流。

但是同行评议指出了三点问题：一是外交部和法国开发署在与非政府组织合作等方面分工不清，有时导致重复劳动。二是驻外机构归口管理力度不足，驻外大使协调各类合作活动，但有时法国开发署项目由总部立项，大使无法行使协调职责。三是法国开发署建立了"可持续发展意见机制""性别平等工具箱"等保障机制，确保项目立项时事先考虑到这些跨领域主题，但没有监督相应的落实情况。同行评议建议设置更明确的角色分工，使监督活动更加有效。

（2）法国正在扩展与民间社会、地方和学术界的合作关系。一是2014年起法国成为"开放政府伙伴关系"① 的成员，加强政府与社会之间的协商与合作。启动了"民间社会和其他利益相关者创新项目基金"（PISCCA），支持在受援国有效运作的组织。二是加强与地方政府的伙伴关系。法国开发署于2014年设立了"法国地方政府融资机制"，允许直接为地方发起并实施的项目提供资金。2018年，法国开发署承诺到2022年，把

---

① "开放政府合作伙伴"由巴西、印尼、墨西哥、挪威、南非、菲律宾、英国和美国于2011年成立。新加入的国家签署《开放政府宣言》，制定国家数据开放行动计划并征求公众意见。迄今为止，全球已有75个国家加入这一计划。

对地方海外行动的财政支持增加一倍。三是与科研机构合作。法国通过法国国家可持续发展研究所、法国国际发展农业研究中心、法国国家农业研究所、巴斯德研究所、法语联盟等在发展中国家的网络开展合作。

（3）援助预算编制缺乏灵活性。法国官方发展援助涉及24个预算科目，由14个部门管理。由外交部管理的"支持发展中国家"间隙科目和由经济财政部管理的"对发展的经济和财政援助"加起来不到法国官方发展援助总额的三分之一；另外三分之二包括"研究和高等教育"，主要由法国高等教育的学费和补助金组成；"预算外资金"，如地方政府对外合作资金。同行评议认为，预算结构过于复杂，使人难以理清官方发展援助的最终支出。

（4）援助透明度取得进一步进展。2016年，法国加入了"国际援助透明度倡议"（IATI）。法国开发署积极提高透明度，其资助的项目信息以地图的形式在线发布，并通过法国官方数据网站（http://www.data.gouv.fr）发布信息；此外，对非主权资金和法国全球环境基金等事项发布事后评估。

四、援助评估体系

（1）评估分布在3个机构。法国援助评估主体包括外交部、经济财政部和法国开发署。3个部门密切合作，每年至少召开4次会议，并开展部际联合评估。两个部委是法国开发署评估委员会的成员。外交部每年开展3~4次战略评估；法国开发署每年开展30~35个评估，其中25个是项目评估。2014年，法国设立"发展政策和国际团结观察站"，由11名成员组成，包括4名议员、7名国家发展和国际团结委员会代表，加大评估的参与度和透明度。

（2）法国提出了通用评估指标。法国评估体系遵循发展援助委员会的评估原则。每项评估都由招标选出的外部专家完成，并由政府官员、受援国项目监督机构代表、行业研究人员和专家、经营者和非政府组织组成的小组进行指导。《发展与国际团结政策指导与规划法》附件中列出了31项指标，涵盖了法国各领域和跨领域优先事项，并在每年2次提交议会的报告中使用。所有部委和机构都使用其中的一些指标，指标描述的均为产出指标，而非结果或影响。双边指标主要由法国开发署收集，多边指标主要由外交部和经济财政部收集。

但同行评议认为，一是在新项目立项时，并不要求查阅以往类型项目的评估报告。由于在逻辑框架和指标方面没有统一的深入工作，许多项目缺乏评估的准绳。二是31项通用指标还没有与可持续发展目标同步，也尚未同预算科目的绩效指标同步。三是项目评估没有与战略挂钩，而是根据需求选择，具有一定随机性。

二、发展中国家评估能力建设

发展中国家是援助的直接接受者，更需要通过评估来了解和改进结果，在评估发展合作的有效性和成果方面发挥主导作用。让受援国参与评估的重要性很早就得到了 DAC 的认可，《巴黎宣言》中正式呼吁相互问责时，与受援国合作的概念已经在发展评估界得到了确立。1985 年，瑞典率先在 DAC 和受援国之间建立合作关系，推动与合作伙伴组织研讨会的可能性。当时，一些成员国顾虑发展中国家与发展机构之间存在不同观点，对与受援国举办研讨会的想法犹豫不决。在多方努力下，1987 年召开的首次研讨会为对发展评估的作用达成共识打开了大门。尽管在评估能力方面存在差异，但发展中国家的与会者都对扩大这一领域活动的可能性表示了明确的兴趣。

这次研讨会的成功促使后续开展了一系列区域研讨会，其中第一次研讨会于1990 年在科特迪瓦阿比让举行，由非洲发展银行主办。该研讨会确定了捐助者支持非洲评估能力建设的一些方法，主要通过技术援助。1992 年 5 月，DAC 评估网络和亚洲开发银行在马来西亚吉隆坡联合举办了一次亚太区域研讨会。这次研讨会更注重评估的技术方面，但也触及了对评估和机构能力建设缺乏政治需求的问题，会议决议制定了一个加强该地区绩效评价的行动计划。一年后开展了后续调查，一半的受访者表示已开始建立网络和分享经验。1993 年 11 月，美洲开发银行和 DAC 评估网络在厄瓜多尔基多为拉丁美洲和加勒比地区也组织了一次类似的研讨会。

在这次会议之后，丹麦于 1994 年提议收集捐助方支持评估能力建设的经验，这个问题在 1996 年澳大利亚堪培拉研讨会上成为一次特别会议的主题。1996 年发布的《评估能力建设——捐助方的支持和经验》报告提出了一些改进建议，包括继续推动捐助国和受援国共享的方法及术语；鼓励和促进成员协调部门和国家的评估，并与东道国的评估机构分享这些评估；继续支持区域联网，以促进专业知识的交流，并在受援国和捐助国之间分享评估信息；支持区域和南南研讨会及培训；促进有关捐助方评估能力建设支持活动的信息交流，并促进对这些活动的评估。

能力发展是一个内生的过程，因此必须由受援国自己掌握和领导。2005年以后，《巴黎宣言》《阿克拉行动议程》和《釜山宣言》都反复重申①，捐助方应支持发展中国家伙伴加强其自身的成果管理和评估系统。做出这一承诺的原因之一是，评估发展目标的实现进展，不仅要看援助，还要看受援国的政策和计划。受援国需要有产生和使用评估证据的能力，创造开放和问责的环境，使政策制定和支出透明化，确保援助资金得到妥善使用，也使公共机构和政策在减贫及刺激经济增长方面更加有效。瑞典国际发展合作署于 2005年发布的《回顾过去，展望未来》和英国国际发展部于 2009 年制定的评估政策《建立证据，减少贫困》都强调需要支持受援国的评估能力，以及合作性评估方法的重要性。

捐助者支持发展中国家评估能力发展的措施包括培训和奖学金、研讨会、对项目/方案的技术援助、财政支持、联合评估、政策对话等。其中比较重要的是：一是根据受援国政策周期确定评估时间、评估重点和范围。对受援国利益相关者来说，评估的时机、重点及范围的选择将对评估的有用性以及能力发展的适应性产生重要影响。二是让合作伙伴参与评估，帮助培养他们对评估的兴趣和能力。要实现边做边学，需要将学习作为评估过程的明确目标，并为能力发展预留时间和资源。日本国际协力机构评估司与受援国规划部门

---

① 见《巴黎宣言》第 45、46 段以及《阿克拉行动议程》第 15 段。

合作，共同规划和监督能力发展进程；通过签署评估合作谅解备忘录来支持越南、菲律宾、印度尼西亚等国评估能力发展，帮助受援国建立有效管理项目的能力，并在未来发展项目中利用评估的经验教训和建议。澳大利亚和越南合作，将评估能力加强纳入越南政府规划和投资部规划中。2003—2008 年，加拿大发展署与加拿大国际发展研究中心合作，加强对马里、尼日尔、布基纳法索、塞内加尔和贝宁减贫战略监测和评估单位的管理，并一直支持中东北非区域评估协会（EvalMENA），提供评估方面能力建设。

2002 年 9 月，国际发展评估协会（IDEAS）成立[①]，它通过完善知识、加强能力和扩大发展评价的网络，特别是在发展中国家和转型国家，改善和扩大发展评价实践，以满足国际上活跃的发展评价人员对全球性专业协会的需求。此后，许多新的国家和地区协会及网络陆续涌现，形成全球伙伴关系和实践社区，允许评价专业协会和组织之间联合努力。如 2011 年，国际发展评估协会在非洲英语国家、东亚、非洲法语国家、拉丁美洲和南亚建立了"区域评估和成果学习中心"（CLEAR），通过发展中国家现有的研究中心，与当地合作伙伴，包括政府机构、学术机构和民间社会组织合作，进行能力建设，帮助其产生对监督评估的认识和需求。CLEAR 的 6 个区域中心和两个附属中心以南南合作为基础，并得到在评价领域公认的学术机构的支持，通过全球评价倡议（GEI）进行协调。[②] 荷兰、澳大利亚和其他合作伙伴资助"更好的评估"，基于网络平台，为发达国家和发展中国家的评估工作者提供帮助。评估合作伙伴（EvalPartners）倡议与民间社会和国际评估合作组织合作，形成评估网络。国际发展评估培训项目（International Program for Development Evaluation Training, IPDET）由瑞士伯尔尼大学继续教育中心、德国萨尔布吕肯评估中心和世界银行独立评估局合作成立，提供以需求为导向的评估硕士和继续教育课程，与全球合作伙伴建立联系，将教学和实践相结合，致力于评估

---

① IDEAS 是一个自愿组织，由十名通过选举产生的成员组成董事会管理，其中包括一个执行委员会，主席、副主席、秘书长和财务主管，以及来自世界各地的六名代表。它的基本文件包括宪法、选举细则和道德准则，这些文件由成员批准并由理事会执行，作为政策的文件约束和组织协会的其他活动。

② https://www.theclearinitiative.org.

能力发展、国际发展和评估实际执行。课程在发展中地区实施，并建立在线支持的混合式学习模式的技术和经验。许多 DAC 成员评估办公室的工作人员在 IPDET 任教，DAC 评估规范标准和指导工作在那里也得到了应用。

　　发展中国家也自发组织形成一些协会。1999 年以前，在非洲很少有机会分享评估经验，评估人员往往在孤立的情况下开展工作，较难接受评估方式、方法和标准方面的培训，一般是技术专家或管理顾问被招募来担任评估顾问。1999 年，非洲评估协会（African Evaluation Association，AfrEA）成立，以响应非洲在评估方面日益增长的信息共享和高级能力建设的呼吁。该组织的主要任务是通过为非洲评估者建立战略桥梁，使他们能够联系、联网和分享经验，来应对有限的评估机会。2009 年，非洲评估协会在加纳阿克拉注册非营利性伞式组织，该组织作为非洲发展的重要合作伙伴，与各国政府和其他国际伙伴一道做强非洲评估社区。其目标是通过分享非洲的评估观点，促进以非洲为根基、由非洲领导的评估工作，鼓励发展和记录高质量的评估实践与理论，支持国家评估协会和特殊评估兴趣小组的建立与发展，在评估者、决策者、研究人员和发展专家之间建立网络并分享评估理论、技术和工具。在洛克菲勒基金会和瑞士发展合作署的支持下，非洲评估协会起草了五年战略计划，确定潜在的合作伙伴，详细说明其愿景、使命和工作领域，以及价值观和管理结构。

第七章 评估案例分析

国际发展领域积累了丰富的评估案例。在 DAC 评估资源库（DEReC）中①，已收录 DAC 国家自 1991 年以来的 3000 余个评估案例。其中，公共管理领域评估报告 346 份、教育领域 263 份、卫生领域 262 份、和平与安全领域 212 份、农业与农村发展 190 份、环境和气候变化 176 份、私营部门发展 147 份（见图 7-1）。案例分析是直观了解国际发展领域评估理念和实践的最佳窗口。本章基于前述方法论分析，选取医疗卫生、教育、基础设施、公共管理、

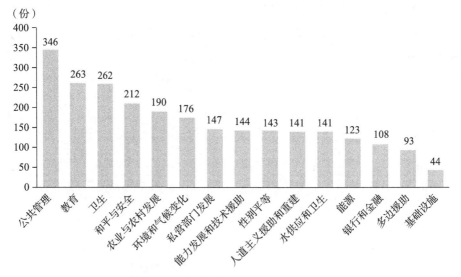

图 7-1　DAC 历年评估报告领域分布情况

---

① https://www.oecd.org/derec/home.

能力建设、紧急人道主义、财政援助、优惠贷款、国际组织实施等项目，以领域作为研究视角，多方位介绍具体评估实践。

第一节　医疗卫生领域

医疗卫生领域属于民生领域，关乎受援国民生福祉，是西方许多捐助方重要的援助领域。西方国家医疗卫生援助的主要方式包括加强医疗卫生系统，提供人员培训、设备支持，不仅关注特定疾病，分领域的纵向援助，也关注跨疾病的横向援助，如加强卫生系统、全民医疗保险体系建设等。本节分别选取法国埃博拉危机后对西非国家开展的援助项目评估，以及日本贡献千年发展目标的卫生领域评估，介绍医疗卫生领域的评估关注重点。

【案例分析一】 法国埃博拉危机后对西非国家援助项目评估

埃博拉疫情于 2013 年底在非洲几内亚森林地区暴发。2014 年 8 月，世界卫生组织宣布埃博拉为"国际关注的公共卫生紧急情况"。2015 年初，法国组建"埃博拉部际工作小组"，实施了五个"后埃博拉"发展项目，旨在加强当地卫生系统，提升预防、发现和应对卫生危机的中长期能力。[①] 项目于2015—2019 年由法国专家协会（Expertise Francaise）实施。五个项目资金规模共 1500 万欧元，均在几内亚实施，并惠及邻国利比里亚。五个项目分别是：（1）流动诊断实验室项目（K-Plan）。在埃博拉治疗中心建立、运行一个诊断流动实验室。除设备和耗材外，对当地人员进行培训，使其更好地服务治疗中心。（2）流行病（PREPARE）项目。由欧洲联盟和法国共同资助，建立八个区域流行病警报和反应小组，培训监测、调查和反应人员，并提供相关设备。（3）UPC-TFE 项目。补充当地民防培训和技能，提供人员培训、设备和基础设施。（4）实验室网络计划（Lab-Net）项目。训练人员、提供设

---

① Evaluation des projets post-Ebola vises par le protocole d'accord entre le Ministere de l'Europe et des Affaires etrangeres et Expertise France, 2020. https://www.oecd.org/derec/france.

备，为几内亚巴斯德研究所建立专门的实验室技术和研究培训中心。(5) 医院对口合作（Twin-2H）项目。同几内亚、利比里亚的当地医院合作，加强医院卫生治理，提供现场培训，补充康复设备，提升医疗机构传染病风险管理能力。

2019 年 7 月至 2020 年 7 月，法国外交部全球化、文化、教育和国际发展总局评估委员会对该项目开展了评估，主要评估项目执行情况和结果，汲取有益经验和教训，为公共卫生危机后国际卫生服务合作领域、落实《法国全球卫生战略》(2017—2021 年) 提供参考。

评估设置了六个评估问题，分别对应 DAC 的六大评估原则，包括对受援国和法国的目标适当性、与其他捐助方的协调性、项目的产出成果、效率和影响（见表 7-1）。评估专家对项目进行文献调查和分析，与项目相关人员开展了 95 次访谈。2020 年新冠疫情暴发后，对几内亚和利比里亚的实地访问被迫取消，主要通过与利益相关者的远程访谈和文献审查，完成数据收集工作，回答评估问题。

表 7-1　法国埃博拉危机后项目评估使用的六大评估问题

序号	评估问题	对应 DAC 原则
问题 1	这些项目在多大程度上对受援国的期望做出了回应？	相关性
问题 2	项目之间是否相互补充，并与法国的战略重点相一致？	相关性
问题 3	实施机构在多大程度上能够与其他捐助方保持一致？	协调性
问题 4	项目的主要成果和效果是什么？	有效性
问题 5	资源和手段的使用在多大程度上是有效的？	效率
问题 6	项目在多大程度上对几内亚卫生系统产生了结构性影响？	影响

问题 1：这些项目在多大程度上对受援国的期望做出了回应？

评估认为，项目较好地对接了受援国的需求，包括几内亚国家经济委员会、卫生部、安全和公民保护部，这些需求主要体现在几内亚国家 3 年恢复计划和国家卫生政策中。

评估发现，在项目立项时，存在一定时间和资金限制。埃博拉危机发展具有跨领域性，这些项目较好地适应了各地区不断变化的需求。5 个项目中，K-Plan 流动实验室被迅速应用到流行病学需要的区域，改进了诊断质量；Twin-2H 项目适应利比里亚医疗机构合作的要求。但 PREPARE 项目设计时只针对地区一级，而当地政府要求在下一级行政区划上实施，受到资源限制，该项目没有回应这一需求。

问题 2：项目之间是否相互补充，并与法国的战略重点相一致？

K-Plan 和 Lab-Net 项目存在互补，前者对紧急情况作出反应，而后者用于加强当地卫生系统。UPC-TFE 项目与 PREPARE 项目也具有互补性。除五个项目本身之间的一致性外，项目还与其他项目保持一致性，如 Lab-Net 项目与法国梅里埃基金合作会资助的实验室项目（RESAOLAB）配合，这种连贯性反映了法国不同主体间形成合力，共同作用于当地医疗卫生发展。

项目契合了法国卫生部门改革的优先事项。例如，Twin-2H 项目符合法国《全球卫生战略》的优先事项 1 "加强防治疾病的同时加强卫生系统"和优先事项 2 "加强国际一级卫生安全"。Lab-Net 项目旨在提升传染病诊断过程，这是《法国全球卫生战略》的重点之一，即关注当地卫生系统的失灵。

问题 3：实施机构在多大程度上能够与其他捐助方保持一致？

K-Plan 移动实验室项目和 PREPARE 项目由法国和欧洲联盟共同资助。双方召开了多轮讨论会，表明这两个项目与欧洲倡议具有一致性。

法国与当地世界卫生组织办公室合作，将 Twin-2H 项目纳入几内亚国家规范性行动框架，并与当地医院合作伙伴联合开展活动。Lab-Net 项目设计的一些活动由国际医疗队、乔治敦大学、梅里埃基金会等合作伙伴共同开展，以避免重复工作。

问题 4：项目的主要成果和效果是什么？

项目实现了设计时制定的具体产出目标，主要包括：PREPARE 项目培训 8 个多功能区域流行病警报和反应小组的人员，以促进该项目运作，进行疫情调查和应对。Twin-2H 项目在几内亚和利比里亚的卫生设施中加强了感染预防、控制以及医院卫生管理。Lab-Net 项目为社区和国家实验室网络提供培训，并建造了培训中心。5 个项目不仅为应对疫情作出了贡献（K-Plan、PREPARE 和 Twin-2H），也促进了预防、预警、监测和应对机制的可持续性（Lab-Net、PREPARE 和 Twin-2H）。但在评估完成时，宣传（特别是通过新闻文章）或推广专业知识（参加会议、成立科学委员会等）的目的在国家或国际层面上都尚未实现。

问题 5：资源和手段的使用在多大程度上是有效的？

对项目的效率分析表明，法国实施方设置了一个项目地方办事处，通过在当地建立伙伴关系，提高了效率。但是，一方面，资源的使用没有达到最大化，需在项目的紧急程序和寻找可用的优质合作伙伴之间寻找平衡。Twin-2H 项目是基于以合作伙伴为基础的指导模式，但不同合作伙伴的成本有很大不同。PREPARE 项目的效率也受到了质疑，8 个区域小组接受培训和支持的平均成本超过 1.5 万欧元。另一方面，除 K-Plan 外，其他 4 个项目的完成有所推迟，增加了施工时间，降低了效率，产生了额外的费用。

问题 6：项目在多大程度上对几内亚卫生系统产生了结构性影响？

评估发现，PREPARE 和 Twin-2H 项目对几内亚有关部门的管理产生了积极影响。Lab-Net 项目在多个捐助方的争取下，使几内亚政府在 2018 年成立了实验室。在人力资源方面，这些项目基本上对人员开展持续培训。但 K-Plan 项目并没有对卫生系统产生结构性影响，因为大部分受训人员来自国外，项目结束后，由于工作人员较少，而且运营成本高，流动实验室也没有被有效利用。UPC-TFE 项目的贡献仅限于基础设施修复。对项目的分析表明，3 个主要项目对完成"提高国际人力资源"产生了影响。在几内亚，PREPARE 项目已成为几内亚卫生部国家实验室的直属部门进行流行病预防、检测和管理方面的主要资产之一。Lab-Net 项目对几内亚"生物安全和生物安保"和"国家实验室系统"指标结果作出了贡献。UPC-TFE 项目对实现基本能力的结构性影响不大，需要对卫生危机管理行动进行更好的实地协调。

【案例分析二】 日本贡献千年发展目标——卫生领域评估

为实现 2000 年通过的千年发展目标，日本在卫生领域制定了一系列发展政策，并向发展中国家提供了双边和多边援助。2015 年，在实现千年发展目标的时限临近之际，日本外务省委托瑞穗信息研究所（Mizuho Information & Research Institute, Inc.），全面评价日本为实现卫生领域的千年发展目标提供的援助[1]，同时结合受援国和国际社会新的援助趋势提出政策建议。

日本的评估是从发展和外交两个视角来进行评估。

第一，发展的视角。分为 3 个部分，即政策相关性、结果有效性和过程适当性。

（1）政策相关性。评估认为，日本在卫生领域的官方发展援助政策与千年发展目标、八国集团首脑会议和其他国际机构显示的国际社会援助趋势基本一致。日本在选择卫生领域援助的地区时，考虑了 3 个因素，包括卫生问题的重要性（需求因素）、缺乏卫生的现状（需求因素）和其他捐助者介入（供应因素），即 DAC 关注的目标相关性和协调性问题。

（2）结果有效性。评估组采用了 OECD 债权人报告系统（CRS）上的官方发展援助交付数据和联合国千年发展目标指标数据。结果发现，日本在卫生领域的官方发展援助与千年发展目标 4（降低儿童死亡率）和千年发展目标 5（改善产妇健康）的改善程度之间存在统计学上的关联。然而，由于日

---

① Evaluation of Japan's contribution to the achievement of the MDGs in the Health sector, 2015. https://www.oecd.org/derec/japan/Japan-MDG-health.pdf.

本卫生援助是分配给那些千年发展目标指标相对改善的国家，而不是分配给那些有更大潜力改善千年发展目标指标的非洲国家，所以援助影响可能比其他捐助国官方发展援助更小。

评估组进行案头数据分析后，又赴非洲塞内加尔和加纳进行了实地考察。评估组在选择卫生援助的目标地区时，考虑了这两个国家政府的要求和其他捐助国卫生援助的情况。在这两个国家的日本援助地区中，千年发展目标4主要指标的"儿童死亡率"以及千年发展目标5和6的指标，比邻近的可比地区和受援国全国平均水平有更大的改善。从这个意义上说，日本官方发展援助在卫生领域有一定程度的效果。

（3）过程适当性。日本的援助主要包括行政能力建设、加强卫生系统和基础设施建设等内容。评估组未在实施过程中发现很大问题。

第二，外交视角。

评估组认为，日本通过官方发展援助，对双边关系产生了一些积极影响，如提高了日本的知名度，增强了当地民众对日本的亲和力。在国际社会层面，向国际社会表达对卫生领域问题的关注，为2002年抗艾滋病、结核和疟疾全球基金的建立作出了贡献。

评估也提出了以下建议：一是区域的选择和集中。在官方发展援助财政资源有限的情况下，需要证实援助区域选择的合理性。然而，日本的卫生援助主要针对周边国家，而许多存在严重卫生问题的国家都在撒哈拉以南非洲，国别投向上有待优化。二是加强区域协调方法。捐助者的协调对卫生援助需求大的地区特别重要，可以更有效地扩大卫生服务援助效果。例如，给每个捐助者分配一个地区，集中援助力量。三是提高日本在撒哈拉以南非洲的存在感。千年发展目标计划在2015年9月被可持续发展目标（SDGs）所取代。就卫生领域的拟议目标和指标而言，特别是在撒哈拉以南非洲国家，有必要大幅提高卫生发展水平。日本应在这些高度需要卫生援助的地区发挥更加重要的作用。同时，应发挥日本在人力资源开发和卫生系统改进方面的有益经验，帮助提高这些国家和地区的卫生标准。

第二节 公共管理领域

公共管理领域是西方捐助方的重要援助领域之一，主要包括技术援助、专家咨询、能力培训等方式，其特点在于"软性援助"，其产出、特别是效果是较难通过量化衡量的：一是许多公共管理项目不像修建道路或诊所、分发教科书或物资等有实际产出；二是在公共管理领域取得的积极结果可能有赖于多种因素交织，援助项目的单独贡献比较难区分开。本节分别选取日本对加纳公务员培训中心技术合作项目和澳大利亚治理绩效评价体系，介绍其国家对定性和定量评估指标的设置情况，以及公共管理领域评估的关注重点和切入点。

【案例分析一】 日本对加纳公务员培训中心技术合作项目的评估

加纳公务员培训中心是为加纳政府公务员提供培训的场所，但长期以来培训人员缺乏，培训能力不足。2007—2010 年，日本国际协力机构（JICA）为该公务员培训中心实施了一期"政府行政管理能力发展技术合作项目"，项目具体内容是：（1）提高中心工作人员培训需求评估的能力，并为加纳和相关区域制作培训课程与材料；（2）加强中心培训人员为加纳和次区域提供培训的能力；（3）提高中心为加纳和次区域定期培训的能力；（4）建立和实施监测与评估系统，确保中心的培训质量。① 项目目的：一是加强培训中心的机构能力，使其成为加纳和次区域公务员培训的示范项目；二是使加纳和次区域的公务员及机构受益于培训中心的服务。

2018 年 2 月，JICA 驻加纳代表处对该项目进行了评估。项目评估遵循逻辑框架，主要方式是对比设定的目标和实际结果。评估"加强机构能力"使用的指标包括增加培训资源的数量、培训教师人数、培训课程后培训员业绩

① https://www2.jica.go.jp/en/evaluation/pdf/2016_1000584_4.pdf.

满意度、加强双边机构的合作等；"使公务员受益于培训中心的服务"主要评估培训课程数量、提供咨询数量（见表7-2）。

表7-2　日本对加纳公务员培训中心技术合作的评估指标

项目目标	预定指标	项目实际结果
加强培训中心的机构能力，使其成为加纳和次区域公务员培训的示范项目	至少增加50%的培训资源，包括培训员人数和教室等教学设施	长期培训师人数从4人增加到11人，兼职培训师人数从22人增加到29人。培训师总人数增加54%
	培训结束时学员对培训员的满意度至少为60%	培训结束时对培训员业绩的满意度为61%
	为加纳及次区域参与者制定培训周期管理计划	在项目第三年，项目组建立了简化的标准周期，总结工作说明和检查要点，重点是获得目标技能的必知内容
	东道机构表示有兴趣在能力发展方面与中心进一步合作	日本客户向主办单位提出了增加培训服务的要求，时间安排正在协商中（通过事后评估发现）
加纳和次区域的公务员和机构受益于培训中心的服务	中心应加纳和次区域相应机构的要求，向其提供培训和/或咨询	（1）向国家对口机构工作人员和受训人员提供的培训课程数量增加；（2）对次区域对应机构的培训数量增加；（3）向加纳和次区域对应机构提供咨询数量增加
	在塞拉利昂和利比里亚推广相关模式	在塞拉利昂和利比里亚相关培训的数量增加

评估发现，加纳培训中心的长期和兼职培训师人数较项目伊始增加了54%；培训员培训后业绩满意度达到61%，符合预期目标；项目为培训中心制定了周期管理计划，中心正在与日本相关客户开展能力发展方面的合作，带动了后续联络及合作。同时，培训为加纳和西非次区域国家提供了培训与咨询，在塞拉利昂和利比里亚等邻国推广了相关模式，使更多公务员和机构受益，项目基本达到了设计目标。

【案例分析二】　澳大利亚《治理绩效评价体系》

2009 年，澳大利亚外交和贸易部出台了《治理绩效评价体系》(*Governance Performance Assessment Note*)①，用于评估公共治理领域的援助项目，包括公共改革、司法、经济管理、反腐败等领域，设置了定性和定量评估指标（见表 7-3）。例如，对"提高政府机构规划能力"的评估指标，包括规划及时性、规划内容完整性、规划执行可靠性、得到预算拨款支持等。对"提高公务员绩效管理"的评估指标，包括培训人数、公务员自身报告和公务员单位认为培训提高了他们有效履行职责的能力、提高基于绩效和晋升率等。对于司法领域的援助，其评估指标包括培训天数、警察对所举办培训班的有用性作出积极反馈，特别是评估培训之后向警方报案增多、警察出勤率增多、公众对保安人员可信度增加、受援方犯罪率减少等效果指标。

表 7-3　澳大利亚治理绩效评价体系（部分）

领域	长期效果	中短期效果	定性指标	定量指标
公共改革	改善公共部门和财政管理	提高政府机构规划能力	提高规划及时性，规划具有明确目标，短期、中期和长期成果，风险和风险缓释战略，过程和系统改进，以及应对变化管理	通过年度报告和财务报告中战略及业务计划部分汇报进展情况的政府机构的百分比
			机构规划执行的责任与可靠性	
			机构规划的执行得到预算拨款的支持	
	使公务员更加独立、专业	提高公务员在计划、预算管理方面的技能	公务员报告认为培训提高了他们有效履行职责的能力	培训公务员人数
			公务员单位认为培训提高了员工有效履行职责的能力	
			提高基于绩效和晋升率	

---

① https://www.dfat.gov.au/sites/default/files/governance-performance-assessment-note.pdf.

续表

领域	长期效果	中短期效果	定性指标	定量指标
司法	建设更安全的社区	警察得到更好的训练和资源来维持法律秩序	警方对所举办培训班的有用性作出积极反馈	接受培训的警察、法律和司法官员人数（分男女）
			公众认为与警察的互动会产生公平公正的结果	员工平均相关培训天数
				检察官办公室起诉的警察简报数量
				警方成功起诉（定罪或认罪）的百分比
		警察在当地是合法的，在社区中是可见的、被信任的	警察和武装部队代表的多样性	向警方报案增多
			公众对保安人员的信任	警察出勤率
			公众认为社区更安全	妇女和其他特殊利益群体在警察和武装部队中的比例
				受援方当地犯罪率下降

第三节 教育和能力建设类项目

能力建设是发展援助中的重要方式之一，包括人员培训、奖学金项目等。但普遍的观点认为，很难设置全面的概念框架衡量援助结果。2002 年，为了促进对能力建设类项目及其结果的评估，丹麦国际发展署评估部门在这一领域开展了一项实地实践，为制定一套能力建设的指导评估方针提供基础。[①] 丹麦国际发展署委托英国伯明翰大学 4 名顾问组成专家小组，对 18 个丹麦支持的项目进行案头研究，制定出评估能力建设成果的方法草案，并于 2004 年 7 月至 9 月利用丹麦在加纳支持的两个项目进行试点测试。报告提出了 15 个步骤的评估清单，考虑了组织内部和项目的各种因素，总体包括组织评估过程、发现项目产生变化、分析变化原因、得出结论四大步骤。具体包括确定目标对

[①] Capacity development outcome evaluation, field-testing of the methodology, DANIDA, 2005. https://www.oecd.org/countries/ghana/36477550.pdf.

象、对机构的产出改变、对受益者的成果改变、外在因素改变、组织能力改变、组织资源改变、改变的有效性、技术可持续性等（见表7-4）。

表7-4　丹麦评估能力建设项目的15个步骤

步骤	具体内容
一、组织评估过程	（1）考虑并明确评价的过程和参与方面； （2）确定丹麦支持的目标组织（对每个组织单独分析）；
二、发现项目产生变化的事实	（3）确定获得支持的组织在产出层面上的数量和质量的变化； （4）确定受益群体的成果变化； （5）找出可能影响能力、产出和结果变化的外部因素； （6）识别目标组织的能力变化； （7）识别目标组织的投入/资源的变化； （8）计算并评估目标组织的效率和效益变化（成本/产出比率，产出与预期结果的相关性）；
三、分析变化发生原因	（9）在上述因素中确定重要因素，解释产出的变化； （10）找出国内或国际的、影响步骤9中所确定因素的所有项目； （11）描述丹麦提供的能力支持，并分析其效率和直接效果； （12）确定丹麦提供能力建设支持的分析和战略基础；
四、得出结论	（13）评估目标组织的能力变化和产出变化在多大程度上可以归因于丹麦的项目支持，多大程度上可以归因于其他因素； （14）评估能力和产出变化在技术、制度和财政方面的可持续性； （15）为合作伙伴、组织、捐助方和主要利益相关者总结经验教训

该方法通过归因法、分析法等评估方法来确定能力建设项目的效果和影响力，为评估此类项目提供了基本路径。但也存在一定不足：一是对产出给予了很大的关注，对结果则不太重视。该方法将组织中的能力产出视为既定的，并不质疑这些产出的适当性。二是将能力和产出的变化归因于特定的捐助方支持，事实上，要将其对产出变化的影响与其他影响区分开来并不容易。在一个多捐助方预算支持的背景下，这将更加困难。三是对时间和信息搜集的要求很高。其主要障碍是要求收集详细的信息，并在15个步骤中进行分阶段分析，且在收集信息时，很难保持步骤的逻辑性。

【案例分析一】 世界银行对越南高等教育项目的评估

援越南高等教育项目由世界银行国际开发协会（IDA）、越南政府、越南相关大学、日本政府联合出资。IDA 出资 5940 万美元，日本政府出资 480 万美元，越南政府出资 550 万美元，越南相关大学出资 550 万美元。项目于 2007 年 6 月开始，2012 年 6 月结束，项目周期 5 年。项目目的一是提高越南大学的教学质量，改善毕业生就业；二是提高研究水平。项目包含 3 个部分，分别是大学教师和科研人员能力建设，学科开发，项目管理、监测和评估。

2015 年，世界银行独立评估局（IEG）对该项目开展了评估。在项目立项时制定的结果框架中（详见下表），一是对大学教师中硕博士学历比例、新课程开发、师生比、教师接受教学培训比例进行了目标值设定，主要反映项目实施后学校教师的水平是否提升。二是对就业等指标进行了设定，如学生在标准考试中平均分、毕业 6 个月后学生找到工作比例、毕业平均时间（年）、到海外继续学习的学生数量，来考察毕业生就业情况的改善情况（见表 7-5）。

表 7-5 世界银行对越南高等教育项目评估指标

指标	基准值	目标值	最终值
目标 1：改善越南大学教学质量，改善毕业生就业			
大学教师中硕士学历比例	44.4%	45%	50%
大学教师中博士学历比例	22.7%	25%	24.6%
新课程开发	—	18	38
修订课程	—	220	224
师生比	22.6	20	18.2
教师接受教学培训比例	44.4%	—	75.9%
在标准考试中平均分	4.4	—	6.3
6 个月后学生找到工作比例	68.4%	—	74.2%
毕业平均时间（年）	4.6	—	3.6
到海外继续学习的学生占总学生比例	1.7%	—	2.4%
目标 2：提高研究水平			
在国内期刊发表文章数	—	709	1162

续表

指标	基准值	目标值	最终值
在国际期刊发表文章数	—	305	645
年发表国际文章数	207	—	508①
科研占总收入比例	5.2%	—	11.8%
研究项目数量	—	252	249
新建实验室数量	—	66	65
改建实验室数量	—	20	20

评估发现，在项目执行期间，学生平均分有所提高，完成研究生学习的平均时间缩短，毕业 6 个月内去海外留学的学生数量从 1.7% 提高至 2.4%，6 个月内获得工作的学生数量从 68.4% 提高至 74.2%。研究方面，项目支持了 249 项研究，发表了 1162 篇国家文章和 645 篇国际文章，超过既定目标。科技收入占总收入比例从 5.2% 提高至 11.8%。总体而言，项目提高了教学质量，改善了毕业生就业现状，提高了研究水平。

该案例是很典型的世界银行评估案例，其机构优势在于在项目设计时就开始设置基准值，然后在过程中不断监测。该案例说明，软性的援助方式也可以有定量的标准，如反映项目实施后学校教师的水平是否提升，可以使用大学教师中硕士、博士学历比例，新课程开发数量，师生比，教师接受教学培训的比例等指标；考察毕业生就业的改善情况可使用学生在标准考试中的平均分、毕业 6 个月后学生找到工作的比例、毕业的平均时间、到海外继续学习的学生数量占总人数的比例等指标；提高研究水平，可使用发表文章的数量、科研占收入投入情况、新建实验室的数量等指标。评估人员需要根据项目特点去挖掘可定量的评估点，以此来佐证项目的效果。

【案例分析二】 澳大利亚对柬埔寨奖学金项目的中期审查

澳大利亚对柬埔寨奖学金项目从 1994 年开始，每年提供约 50 个奖学金名额，目的有 3 个：一是提高柬埔寨学生的技能和能力，支持柬埔寨发展；二是加强柬埔寨与澳大利亚人民、组织和机构的联系；三是分享澳大利亚经

---

① 受益大学发表，也包括不直接受益于项目的文章。

验，使柬埔寨政府和其他伙伴认可澳大利亚对柬埔寨经济社会发展的贡献。奖学金项目由澳大利亚 Coffey 公司受托管理，包括招生、遴选学生、临行前准备、校友联络等，并向澳大利亚政府报告项目管理和评估情况。

2015 年 9 月，澳大利亚对柬埔寨奖学金项目进行了一次中期审查。澳大利亚外交和贸易部组织评估专家，联合地区管理人员，审查项目执行情况。评估设定评估指标，其中产出指标包括奖学金数量，奖学金多元性，奖学金选拔、行前动员、受援方运行等执行过程效率，以及校友数据库维护程度等后续落实。效果指标包括 3 个维度，分别是个人维度、机构维度和系统维护。对奖学金获得者个人而言，评估其对奖学金的满意度、个人领导力和专业竞争力提升程度等；对奖学金获得者工作机构而言，评估机构能力提升、双边组织机构联系和伙伴关系加强等；对整个政策层面，评估奖学金获得者技能贡献、改善机构人力资源情况以及机构经验分享情况，佐证项目是否实现其总体目标，即提升柬埔寨人民的技能与能力，支持柬埔寨达成其自身发展目标，促进柬澳关系发展，分享澳大利亚相关经验（见表 7-6）。

表 7-6　澳大利亚柬埔寨奖学金项目的评估指标[①]

总体目标	提升柬埔寨人民的技能与能力，支持柬埔寨达成其自身发展目标，促进柬（埔寨）澳（大利亚）关系发展，分享澳大利亚相关经验				
效果指标	个人维度		机构维度		政策维度	
	奖学金获得者满意度	奖学金获得者领导力提升	奖学金获得者在其服务机构更好地贡献力量	拥有一定奖学金获得者的机构能力明显提升	奖学金获得者的技能用于提升系统的服务	参与机构共享人力资源发展和奖学金使用最佳实践
	奖学金获得者专业竞争力提升	奖学金获得者在澳期间提升专业联系	提高柬（埔寨）澳（大利亚）之间的组织机构联系	机构之间更加具有创造力的伙伴关系	改善机构人力资源管理	政府与非政府组织英语水平提升

①　Australia awards scholarships in Cambodia Review 2015. https：//www.dfat.gov.au/sites/default/files/cambodia-aus-awards-scholarships-mtr-2015.pdf.

续表

产出 指标	(1) 澳大利亚奖学金数量； (2) 与各方的持续沟通； (3) 奖学金多元性得到保障； (4) 奖学金选拔系统效率； (5) 行前介绍与动员效率； (6) 受援方运行效率； (7) 项目风险识别程度； (8) 校友数据库维护程度； (9) 校友支持落实程度					
投入	澳大利亚奖 学金	领导力项目	语言项目	短期培训	人力资源发展	校友支持

【案例分析三】 日本对东南亚信息与通信技术培训的评估

2005 年，日本国际协力机构（JICA）在菲律宾为来自柬埔寨、老挝、缅甸和越南的技术人员举办了一期培训项目，以提升他们在创业时获取信息和通信技术领域的知识和技能。

2005 年，JICA 对该项目进行了后评估，评估的主要方式是对参训学员进行采访。采访得出的主要结论是参训人员认识到了信息和通信技术在其职业中的重要性，受访者表示从培训课程中获益巨大，84%的受访者指出已将学到的知识和技能运用到工作之中，涉及网站开发、通信、纺织服装、工艺品进出口、建筑、咖啡生产、政府公关事务等方面。

可以看出，人力资源培训类项目不同于实体性的工程建设项目，着重关注的是知识的应用和人与人之间的联系。因此在评估中，应重点关注三方面问题：一是支持参训机构数量，受援方学员和机构能力水平提升程度；二是后续学员数据库建设和保持联络情况，特别是参训学员职位提升、为双边合作发挥作用的情况；三是带动两国相关机构之间的双边联系和合作。同时，需要意识到，评估工作某种程度上也成为加强与参训人员后续联系的一种方式，使参训人员保持"无时差、不降温"，并为下阶段培训项目开展提供重要的指导。

第四节 紧急人道主义项目

紧急人道主义项目是指应对自然灾害、公共卫生事件、地缘冲突时提供的紧急响应，如飓风、地震、洪涝灾害等。其特点是"快"字当头、突出效率，双边捐助国也常通过具有国际救援经验的多边组织进行人道主义活动。本节选取海地地震时爱尔兰通过双边渠道开展紧急人道主义救援、英国通过联合国世界粮食计划署支持孟加拉国洪涝灾害援助的两个评估案例进行分析。

【案例分析一】 2010 年爱尔兰对海地地震紧急援助的评估

2010 年 1 月，海地发生地震后，爱尔兰提供了快速的援助，包括提供物资、灾后修复、支持当地合作伙伴开展项目和通过多边国际组织捐赠，涉及供水和清洁、医疗卫生、灾民住所、灾后早期修复和保护等领域。2010—2012 年，爱尔兰援助署对海地地震紧急援助进行了评估。[①] 评估报告显示，在联合国发出国际支援呼吁后，爱尔兰首先派出技术小组赴海地调查，提出了符合实际需求的援助建议。爱尔兰援助署对海地的反应效率很高，具体体现在：一是通过预先部署紧急救援物资、应急人员，建立快速反应机制；二是有针对性地向具有应对人道主义危机经验的国际专门组织提供多边资金；三是谨慎决策，合理部署资金，资金使用效益较高。根据形势发展，确保资金与海地人道主义需求相匹配。如爱尔兰在海地地震发生后，首先承诺提供200 万欧元的资金用于应对紧急情况；在后续人道主义和灾后重建需求愈加明显后，又承诺 3 年内总承付额达到 1300 万欧元。

但评估报告也指出了几个发现的问题。一是在资金渠道分配上，多边援助资金多于双边援助资金，应根据当地需求合理分配，使援助活动最大限度符合当地变化。二是未来应注意应对突发紧急情况的效率，缩短援助可行性

---

① Review of Irish aid's emergency response to the Haiti Earthquake in 2010, 2010. https://www.irishaid.ie/media/dfa/publications/Review-of-Irish-Aids-Emergency-Response-to-the-Haiti-Earthquake-in-2010.pdf.

研究和立项程序。这一点在紧急人道主义方面尤为重要。三是应定期对爱尔兰援助署的做法进行战略审查，确保对当地出现的新变化作出及时反应。四是加强伙伴关系问责机制。强调对合作伙伴方案的外部评估，或在监测框架中加入更多影响方面的定性指标（见表7-7）。

表7-7　爱尔兰紧急项目评估报告中的问题及建议

序号	评估发现的问题	建议
1	爱尔兰援助署多边比双边援助资金规模更大。虽然基于人道主义需要，但没有充分考虑到当地要求	多边组织虽然具有经验，但在回应类似要求时，重要的是爱尔兰援助署定期审查危机响应战略，使援助活动最大限度符合当地变化
2	对首轮合作伙伴方案的评估花费大量时间	为节省评估时间，紧急情况下，爱尔兰援助署应加强部门协调，提供适当的技术能力，协助人道主义事务部门评估紧急人道主义援助方案
3	爱尔兰援助署侧重少数领域，应增加整体人道主义对策的一致性	建议爱尔兰援助署继续为具有战略意义的领域和项目提供资金，特别是合作伙伴具有较强能力的领域
4	合作伙伴逻辑框架中定量指标比定性指标更多，缺乏对影响的更好衡量	爱尔兰援助署应鼓励合作伙伴扩大逻辑框架内的指标，除了跟踪数量指标外，还能跟踪定性指标

【案例分析二】　英国通过联合国世界粮食计划署对孟加拉国救灾粮援的评估

2000年9月，孟加拉国西南部6个地区爆发水灾，受灾人数超过270万。当时英国援助主管部门国际发展部（DFID）通过联合国世界粮食计划署（WFP）提供大米、豆类和食用油等共3批次食品，使近80万人得到了食品援助。

项目实施后，英国国际发展部组织对该项目进行了评估。评估从配给规模、食品种类和分配效率等3个方面入手。在项目覆盖的所有村庄中，随机选取2644户家庭，收集了灾民满意度的定量数据，包括食物分配是否及时、食品类别是否符合需要等；并选取 6 个具有代表性的受洪灾影响严重的村庄，对灾民生计、生活现状和生活前景等状况进行调查，评估粮食援助对灾民可持续发展的影响，获取了相关定性数据。最终评估报告对一些要素进行了分析，包括立项目标、受益人选择标准、执行机制和分配流程、当地参与程度、目标群体的准确性、配给规模和食品种类，提供特定规模和种类的原因、受益人群满意度等。

可以看出，紧急项目的核心是快速响应，迅速实施。因此，其评估的要点应包括：一是项目是否回应受援国的紧迫需要和关切；二是紧急项目内容确定、管理制度和组织形式能否有效保障项目实施；三是项目实施是否迅速/物资是否及时运抵受援国，满足受援国急需。同时，人们逐渐意识到，由于人道主义援助范围通常较窄，很难解决根本的发展问题；特别是旷日持久的人道主义危机局势具有复杂性和多面性，不能简单地通过紧急反应来解决，需要以一致和互补的方式混合使用各种渠道与工具，因此，国际上开始关注紧急人道主义与长期发展联系的一致性，并不断思考如何加强这种联系。2019 年，作为紧急人道主义项目的活跃捐助方，瑞士发展合作署曾进行过一项评估，即人道主义援助和发展项目之间的关联。① 涉及两个层面：一是机构层面，分析援助体制结构、资金程序和协作方式是否足以在实践中落实这种联系。由于紧急人道主义和发展项目分属不同的管理部门、不同的资金框架和审批程序，平行系统导致了沉重的处理工作量，减少了工作人员从战略角度参与、监测项目和与合作伙伴协调的时间。二是业务层面，评估人道主义援助和发展合作在战略、计划和伙伴关系联系起来的表现。报告指出，受联合国可持续发展目标的激励，需要采取协调一致的方法，将更多的注意力集中在"人道主义—发展—和平建设"的三方关系上，在满足受援人群的紧急需求和建立复原力方面发挥互补作用。

---

① Independent evaluation of the linkage of humanitarian aid and development cooperation at the Swiss Development Cooperation（SDC），2019. https://www.oecd.org/derec/switzerland.

第五节　财政预算援助

财政预算援助是西方国家普遍使用的一种援助方式，它以"所有权"（Ownership）为基础，由受援国政府决定使用，通常伴随着双方政策对话，被认为具有低交易成本、增加发展资源、加强政府对话、改善治理的工具作用。财政预算援助兴起于 2000 年，是实施 2005 年《巴黎宣言》中制定的援助有效性原则的重要方式之一，其核心目标是支持一个国家减贫战略的实施，并通过支持共同商定的改革进程促进"良政善治"。财政援助一般分为两种：一般预算支持，是支持政府整体开支的非专用捐款；另一种是部门预算支持，通常被指定用于某个特定部门。

2001—2003 年，DFID 曾开展过《财政预算支持的可评估性研究》[①]，对乌干达、莫桑比克、印度进行案例分析，探讨财政预算评估的可评估性，为财政预算援助制定一个国家层面评估框架。2004 年 2 月，英国海外发展研究所发布了《财政预算支持评估框架》（*Evaluation Framework for General Budget Support*）[②]。经过各援助方的不断完善，2010 年，OECD 正式发布了《财政援助评估方法》，[③] 提出了财政援助对发展目标和影响贡献的评估方法。该方法的目的是评估财政援助在多大程度上及何种情况下促进了受援方政策和战略，以帮助实现可持续的国家级和/或部门级发展成果，并助力当地减贫和经济增长。评估使用综合评估框架，规定了财政援助在投入、直接产出、间接产出、结果和影响 5 个层面的评估内容（见图 7-2）。

具体而言，评估采用三步走的方法：第一，评估财政援助的投入、直接产出和间接产出（框架中的 1、2 和 3 级），包括分析这 3 个层次之间的因果关系。第二，评估结果（框架中第 4 和第 5 级），捐助者在财政援助下支持和

---

① DFID, 2003. https://www.oecd.org/countries/mozambique/35079625.pdf.

② Overseas development institute, 2004. https://www.oecd.org/countries/mozambique/35079174.pdf.

③ http://www.oecd.org/dac/evaluation/dcdndep/Methodological%20approach%20BS%20evaluations%20Sept%202012%20_with%20cover%20Thi.pdf.

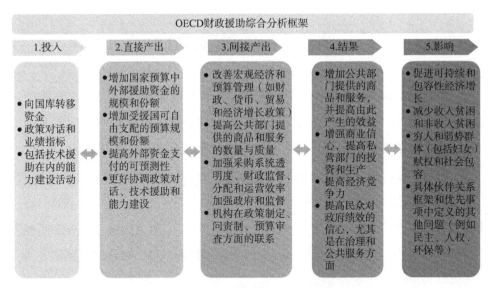

图 7-2　OECD 财政援助综合评估框架

推动的项目所产生的结果。第三，探索预算援助对政府政策、战略和支出的贡献与长远影响。同时，评估还需反映：执行财政援助方案的具体国家背景，财政援助方案的具体特点和范围，数据的可用性。从以上可以看出，国际上的财政援助不只关心直接产出，更应评估资金所支持项目和战略所发挥的作用，如援助支持的项目数量和内容；增加受援国财政可支配资源的程度；支持项目产生的政治、经济和社会效益。

预算支持作为一种援助手段，可以支持受援国政府扩大公共服务范围或提高其质量，进行政策改革或创新。但这样也存在一定风险，特别是易产生资金的挪用，如腐败，以及资金在非贫困相关领域的不合理分配。预算支持的非财政投入，特别是政策对话，对协调有积极作用，但可能由于行政部门的片面支持而对国内问责制产生负面影响，并减少调动国内收入的动力。2012 年以后，财政预算支持受到越来越多批评，许多双边捐助者已经部分或完全停止使用这种模式。① 同时，在实现 2030 年可持续发展目标存在巨大资

---

① How effective is budget support as an aid modality, 2018. https://www.oecd.org/derec/germany/DEval-Policy-Brief-Budget-support-aid.pdf.

金缺口的背景下，关于合适融资方式的讨论大多集中在新的融资模式上。①

【案例分析】 欧盟对非洲国家的财政援助评估

2014 年，欧盟援助机构评估部门委托英国 Fiscus 公司评估了 2010—2014 年欧盟在突尼斯、马里、赞比亚、坦桑尼亚、南非、莫桑比克和摩洛哥进行的七项预算支持。评估的主要目标是总结预算支持方面的经验教训，并提出相应的建议。一项核心问题是，预算支持在多大程度上有助于实现目标发展成果，以及在多大程度上产生了积极或消极的影响。评估对一般预算支持和部门预算支持业务进行了比较，并对预算支持不同组成部分的相对贡献和作用进行了分析。②

评估认为，预算援助的交付机制符合《巴黎宣言》《阿克拉行动议程》和《釜山宣言》中的承诺。特别是事实证明，预算支持过程比其他援助方式更能与政府政策和进程保持一致。在整个评估过程中，国内收入的产生仍然很有活力，没有迹象表明预算支持的流动会产生抑制作用。七个国家的经验表明，预算支持可以在多样化且往往具有挑战性的背景下取得重大成果，特别是帮助提升受援国政府管理公共财政、提供服务和监管经济活动的能力，惠及当地公民。在四个低收入国家中，预算援助在公共支出中占比很高，这些额外的资源主要用于提高优先部门的支出，特别是在教育、卫生和交通方面。在评估期间，透明度和问责制度有所改善，尤其是在低收入国家。根据全球治理指标报告，这些国家在控制腐败方面也有小幅改善。

在低收入国家，预算支持主要的贡献是资金流动的增加，大幅提高了服务覆盖面和资金利用率，特别是在教育和卫生方面。宏观经济表现也得到了改善，在透明度和监督以及反腐败法律与制度框架方面也取得了一些进展。在中等收入国家，预算支持的主要贡献是通过政策对话和技术援助/能力发展

---

① What we know about the effectiveness of budget support, 2017. https://www.oecd.org/derec/germany/Effectiveness-budget-support.pdf.

② Synthesis of budget support evaluations: analysis of the findings, conclusions and recommendations of seven country evaluations of budget support, 2014. https://www.oecd.org/derec/ec/BGD_Budget-Support-Synthesis-Report-final.pdf.

来支持改革。资金支持了由政府推动的政策和服务创新，这些创新被纳入关于水和卫生设施、基层卫生保健、司法、促进就业等国家政策中，旨在使公共服务民主化，并改善其对贫困、不平等和公共治理的影响。例如在摩洛哥和突尼斯，财政援助为税收改革、监管和体制改革提供了支持，卫生服务以及中等和高等教育的覆盖面得到了改善，摩洛哥的成人扫盲服务也得到了推进。但在评估期间，马里、摩洛哥、南非和突尼斯的贫困显著减少，很难将其直接归功于欧盟提供的预算支持。

政策对话虽然在引入外部想法、观点和经验方面很有用，然而，从整体上看，政策对话没有产生系统性的机构改变，在帮助受援国战略前瞻性思考方面没有发挥应有作用。技术援助/能力建设部分的潜力也没有得到充分利用，无法对需求做出敏捷的反应。

评估认为，一般财政援助可以支持部门间的工作，而部门财政援助更适合支持单一部门内的详细政策制定。如果在部门层面存在有效的政策，并在中央层面关注战略性的交叉问题，国家发展战略似乎会更加成功。在大多数情况下，将两种财政援助结合可能更有效，但必须根据情势的分析和受援国政府的意愿。

通过对这 7 个案例的分析，评估得出了 3 个关键的经验教训。第一，捐助方与受援政府关系中的信任和信心对于政策对话至关重要。政府和捐助方在其优先事项上存在分歧，但在伙伴关系中，主要的一致和分歧问题都可以摆在桌面上，这只有在坚实的信任和信心基础上才能实现，对话可以建设性地进行。由于这些原因，预算支持在政策对话集中于受益国政府及其发展伙伴的共同利益领域时效果最好。

第二，有效的政策对话需要采取明确的措施，为解决战略问题的讨论开拓空间。在摩洛哥，对最终结果和影响的关注有限，真正的战略讨论的空间有限。在莫桑比克、坦桑尼亚和赞比亚，对基本原则的分歧改变了政策对话的性质，以至于解决战略问题的对话空间基本丧失。因此，本应摆在桌面上的政策问题没有得到充分的讨论。

第三，预算支持资金与政策杠杆缺乏关联。尽管对低收入国家提供了大量资金，但有些领域政策改革没有进行。相反，在中等收入国家，尽管预算支持的资金水平不到公共支出的2%，但通过政策对话和技术援助，能够影响改革设计的各个方面。在利益趋同的地方，预算支持影响了政策；在利益不趋同的地方，受援国内政治利益很难受到外部影响。

未来预算援助应加强设计，完善执行机制，以使其效益最大化。建议采取一系列措施：一是分享预算援助的评估结果，就学习和政策调整的必要性达成共识，提高对预算援助益处和局限性的认识，最大限度地发挥其价值和潜力。二是对受援国当地环境进行更有条理的分析，对不同援助模式的适当性进行更客观的评估，包括合理选择一般预算支持和部门预算支持，改进预算支持的管理程序以及识别和减少风险的相关程序。三是注重把减少贫困和不平等作为预算支持的首要目标，加强预算支持的设计和管理，更好贡献于这一目标。四是加强捐助方与受援方之间的协调和伙伴关系建设，深化捐助方与当地政府的相互信任。五是通过制定全面的政策对话程序，促成有效的战略对话。对话应从中长期角度出发，尊重国家所有权，并关注当地执行能力。六是利用预算支持促进当地更广泛的社会问责制。确保民间社会和媒体能够系统地接触到政策对话过程中产生的政策文件、进展报告和结论，提高其参与度，并发挥监督作用。七是提高预算支持中技术援助/能力发展投入的附加值，精准把握能力发展需求，规划技术援助/能力发展投入的使用，并制定更灵活的安排，避免低效率现象。

第六节 优惠贷款和混合融资

发展援助使用的资金类型是多样的，除了政府提供的无偿援助，还包括优惠贷款，以及官方资金和私营资金联合的混合融资项目。由于优惠贷款和私营部门参与的资金来源不同，与无偿援助的评估要点也有所区别。日本是国际上提供优惠贷款规模最大的双边国家，形成了系统的《优惠贷款项目评估手册》，芬兰和德国都对其信贷工具进行了评估实践。本节选取部分项目案例，介绍其评估方法。

【案例分析一】 日本《优惠贷款项目评估手册》

2006年8月，日本国际协力银行（JBIC）[①] 发布《优惠贷款项目评估手册》。除了同无偿援助项目一样关注影响指标外，优惠贷款项目特别关注成本效益分析，其主要指标是净现值（NPV）和内部收益率（IRR）。

净现值（NPV）是所有现金流入（收益）的现值减去项目所有现金流出量（成本）的现值。现值是使用特定的贴现率（预期收益率），将未来现金流的价值折现为现在的价值。净现值大于零，说明该项目具有投资价值。

内部收益率（IRR）反映正在实现的效益，以及效益的未来可持续性。内部收益率有两种：一是财务内部收益率（FIRR），为项目自身收入的现金流入量；二是经济内部收益率（EIRR），为项目对国民经济贡献的现金流入量。在事前评估中，JIBC 计算的是 FIRR 或 EIRR，或两者兼而有之。

净现值（NPV）按以下方法计算：

$$PV_n = CF_n / (1+r)n$$

其中，r 为折现率，n 为期限数（年），CF_n 为第 n 期的现金流，PV_n 为第 n 期的现金流净值。

$$NPV = PV_0 + PV_1 + \cdots\cdots + PV_n$$

$$IRR = r, \ NPV = 0$$

例如，一个5年期的项目当年创造资金流为-100元，第一年为+20元，第二年+20元，第三年+30元，第四年+40元，第五年+50元。那么净现值（NPV）和内部收益率（IRR）分别为：

[①] 2008年之前，日本国际协力银行负责优惠贷款。2008年之后，优惠贷款业务并入日本国际协力机构（JICA）。

投资年份	现金流	现金流净值
第 0 年	$CF_0 = -100$	$PV_0 = -100$
第 1 年	$CF_1 = 20$	$PV_1 = 20/(1+r)^1$
第 2 年	$CF_2 = 20$	$PV_2 = 20/(1+r)^2$
第 3 年	$CF_3 = 30$	$PV_3 = 30/(1+r)^3$
第 4 年	$CF_4 = 40$	$PV_4 = 40/(1+r)^4$
第 5 年	$CF_5 = 50$	$PV_5 = 50/(1+r)^5$

$$NPV = -100 + 20/(1+r)^1 + 20/(1+r)^2 + 30/(1+r)^3 + 40/(1+r)^4 + 50/(1+r)^5$$

当 $r \approx 0.15$，

$$NPV \approx -100 + 17.4 + 15.1 + 19.7 + 22.9 + 24.9 = 0$$

因此，$IRR \approx 15\%$。

在事后评估时，采用与事前评估相同的计算基础，计算出 FIRR 和 EIRR 的实际值，即评估项目目的实现情况。如果与事前评估时的计算值相差较大，要对原因进行分析。

以 2003 年日本对印度尼西亚巴厘岛国际机场二期项目的事后评估为例。在立项时，FIRR 确定为 14.2%。实际为 14.2%，基本持平。该项目在事前评估时没有计算 EIRR，而是将国际游客外币支出和印度尼西亚乘客节省时间作为项目效益，得出 19.3% 的估计值。其中 EIRR 效益包括外国游客的消费额和印度尼西亚乘客节省的时间，FIRR 效益主要指机场收入。由于无法获得单项设施的投资数据，因此根据面积百分比计算。为计算第二阶段项目的贡献，以主要设施建筑面积的 39% 计算二期投资比例。

可以看出，与无偿援助不同，其资金需要受援方偿还，注重项目创造现金流和可持续能力。因此对优惠贷款项目的评估：一方面作为政府援助项目，应注重项目的发展属性；另一方面，应注重项目的可持续性和经济收益，反映项目的投入成本比和效益可持续性情况。对于有直接经济效益的项目，要评估项目财务内部年收益情况；对于无直接经济效益的项目，要评估其产生的社会发展效益，如节省路程时间、提升项目所在地旅游水平等；同时，还需评估借贷项目是否符合受援国偿债能力，避免给受援国造成过重债务负担。

再以日本援武汉天河机场的评估为例。湖北省武汉市天河机场建设项目由日本优惠贷款支持建设，项目于 1991 年签定，1996 年贷款结束。贷款额约 62 亿日元。内容包括新建机场，提供起降设施、航站楼设施、航空导航等设备。项目目标是满足武汉日益增长的航运需求，为该地区的经济发展作出贡献。

日本对该项目进行了后评估。首先，评估项目的政策需求性。评估项目是否与中国"八五计划"建设目标及中国航空发展计划、中国发展需求、湖北省发展计划、日本官方发展援助政策相一致。其次，评估项目的投入和产出。根据项目产出、投入进行评估。产出指标包含建成机场面积、机场设备、航空保安设施等情况。投入指标包含了项目资金成本投入和时间成本投入。以上评估均基于事前评估所假设的产出、投入为基准再进行事后评估。再次，评估项目效果。包括定量效果和定性效果。定量效果指标包括旅客吞吐量及增长率、货运量及增长率、客运需求量、飞机起降架次、安全性提升情况、便利性及效率提升情况、居民搬迁情况、是否对环境有影响、内部收益率等。最后，评估项目可持续性。从运营与维护管理体制、技术、财务 3 个方面来衡量。运营及维护管理包括实施单位的收入情况、实施单位组织体制、运营及维护管理费、运营与维护管理技术（见表 7-8）。

表 7-8　日本对武汉天河机场建设项目的评估指标

中期目标	子目标	项目类型	投入和产出指标	效果指标
改善空运	发展航空设施	机场建设	（1）投入资金规模； （2）投入时间成本； （3）征地面积； （4）跑道面积； （5）滑行道面积； （6）停机坪面积； （7）客运大楼面积； （8）客运大楼特殊设备数量；	（1）旅客吞吐量及增长率； （2）货运量及增长率； （3）客运需求量； （4）飞机起降架次； （5）停机数量增加幅度；

续表

中期目标	子目标	项目类型	投入和产出指标	效果指标
改善空运	发展航空设施	机场建设	(9) 货运大楼面积； (10) 公路及停车场面积； (11) 无线设备； (12) 航空管制设备； (13) 气象设备； (14) 机场照明设备； (15) 各种公用设施（包括供电设施、燃料供应设施、飞机维保设施、污水处理设施等、冷气和暖气设施、市内售票中心、入口通道、机场特殊车辆等）； (16) 航空保安设施； (17) 其他（消防车库、餐饮设施、车库管理、新建海关设施、管理大楼、员工宿舍、机场周边公路、环保调查等情况）	(6) 安全性提升情况； (7) 便利性及效率提升情况； (8) 居民搬迁情况； (9) 对环境影响情况； (10) 内部收益率

　　在这个案例中，我国作为受援国，能够帮助读者更好地以换位思考的同理心，站在受援国的视角来看待援助。该评估使用了几个指标，一是政策需求性。日本除了研究中国的发展规划和航空领域的发展规划，还将湖北省的发展规划纳入评估视野。也就是说，评估需要深入了解受援国发展规划，特别是对受援国地区一级的发展规划需要更多研究和挖掘。二是产出数据的前后对比，其前提是需要有一个基线数据，这也需要加强可行性研究的预测性和精准性，这有助于做好后续的评估工作。三是效果指标中，除了航空运输方面，也关注安全性提升情况、便利性及效率提升情况等更加偏人文的指标，体现以人为本的援助理念。四是可持续性，其关注的是后续运营是比较具体的。有时候评估仅看建成项目的运转情况是不能完全判断可持续性，需要关注更深一层，看外方业主的组织机制、技术、财务收入情况，是否能够支撑项目的长续发展。因此，一个好的评估要求评估者首先要花精力了解当地的发展状况，其次必须是合格的行业专家，了解行业相关的技术指标，又需对后续运营数据进行跟踪，作出合理的趋势判

断和解释。

【案例分析二】 芬兰优惠信贷计划评估

优惠信贷计划是芬兰发展合作政策的工具之一，由芬兰外交部负责政策，芬兰官方出口信贷机构（Finnvera）负责项目管理。该计划由芬兰或欧洲的金融机构提供资金支持，芬兰官方发展援助提供贴息。为提高赠予成分，使其成为约束性援助，要求芬兰成分达到30%～50%。该信贷是官方支持出口信贷，受经合组织出口信贷特别安排的约束。利息补贴作为官方发展援助向 OECD-DAC 报告。

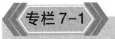

专栏 7-1

约束性援助相关规则

约束性援助（Tied Aid）要求受援国指定采购援助国的货物和/或服务。约束性援助包括 ODA 贷款、无偿援助、其他官方资金流、混合贷款等形式，可由政府援助机构提供，或与国家出口信贷机构联合提供一揽子融资，或由其出口信贷机构单独提供。

1978 年，OECD 通过的君子协定对约束性援助进行了规定，目的是为了限制优惠贷款用于可通过商业融资获得的项目。规定指出，对于没有渠道或少有渠道获得市场融资的国家、经济部门或项目，可以提供约束性援助。但并不是所有项目都可以提供约束性援助，需要考察项目是否无法依据市场原则合理定价，以产生足够的现金流来弥补项目运行成本及服务使用的资本；或基于与其他加入国的协商结果，是否能做出合理的结论，认为该项目不可能按市场条件或君子协定的条件进行融资。人均国民总收入高于中低收入水平国家上限的国家，不应得到约束性援助。

表7-9 可用约束性援助的国别（2021年8月版本）

最低优惠度	国家/地区
50%（46个国家和地区）	阿富汗、安哥拉、孟加拉国、贝宁、不丹、布基纳法索、布隆迪、柬埔寨、中非、乍得、科摩罗、刚果（金）、吉布提、厄立特里亚、埃塞俄比亚、冈比亚、几内亚、几内亚比绍、海地、基里巴斯、老挝、莱索托、利比里亚、马达加斯加、马拉维、马里、毛里塔尼亚、莫桑比克、缅甸、尼泊尔、尼日尔、卢旺达、圣多美和普林西比、塞内加尔、塞拉利昂、所罗门群岛、索马里、南苏丹、苏丹、坦桑尼亚、东帝汶、多哥、图瓦卢、乌干达、也门、赞比亚
35%（36个国家和地区）	阿尔及利亚、玻利维亚、佛得角、喀麦隆、刚果（布）、科特迪瓦、朝鲜、埃及、萨尔瓦多、斯威士兰、格鲁吉亚、加纳、洪都拉斯、印度、印度尼西亚、肯尼亚、科索沃、吉尔吉斯斯坦、密克罗尼西亚、摩尔多瓦、蒙古、摩洛哥、尼加拉瓜、尼日利亚、巴基斯坦、巴布亚新几内亚、菲律宾、斯里兰卡、叙利亚、塔吉克斯坦、突尼斯、乌克兰、乌兹别克斯坦、瓦努阿图、越南、津巴布韦

资料来源：OECD①。

为确保提供资金价值的最大化、贸易扭曲的最小化，君子协定规定约束性援助的优惠度不得低于35%；如果受益国是最不发达国家，则为50%。通常总偿还期限超过20年。因此，约束性援助条件比一般出口信贷条件更为优惠，利率相当于计价货币市场利率的1/2~2/3。②

2012年，芬兰对2002—2009年优惠信贷计划贡献国际减贫开展了一项评估。③ 评估对项目文件、公开文件、内部审查等进行了查阅，与部分利益相关者进行访谈，并赴越南实地考察。

评估使用了相关性、有效性、影响和可持续性、效率、互补性以及芬兰的附加价值等6个评估标准。第一，相关性。评估发现，项目的发展维度不如商业维度突出，对当地经济社会发展的促进作用不够明显。大多数项目的

---

① http://www.oecd.org/trade/topics/export-credits/documents/oecd-export-credits-prevailing-list-of-countries-repayment-terms-and-aid-eligibility.pdf.

② http://www.oecd.org/trade/topics/export-credits/aid-and-export-credits.

③ Evaluation Finnish Concessional aid instrument, 2012. https://www.oecd.org/dcrec/finland/49930180.pdf.

逻辑并不注重对减贫的直接影响，甚至连间接的联系也很难建立。评估发现，这些项目通常在财务上显示通过商业途径是不可行的，因此似乎符合 OECD-DAC 关于约束性援助的要求。然而，不同项目的可行性不同，约束性援助的资格可能会受到质疑。总的来说，项目似乎并不是首先以减少贫困为目标而设计的。其中，气候变化、清洁能源、信息通信技术或林业等领域项目没有发挥其作为创新工具的潜力，没有利用和推广芬兰的优秀技术。

第二，有效性。评估发现，大多数项目都可能实现产出结果，但芬兰出口商对运营维护的支持并不像用户希望的那样全面。气候变化项目经常面临经济可持续性问题，特别是使用昂贵和复杂的设备时，因当地财政和人员资源有限，无法进行操作和维护。因为投资计划通常只包括设备和维修的预算，不包括不可预见的预防性维修，财政限制可能导致设备维护不足，缩短其经济寿命。

第三，影响和可持续性。评估认为，项目文件不够注重制定逻辑框架，许多项目对减少贫困的预期影响较弱。尽管项目文件对环境可持续性给予了一些关注，但环境因素没有得到仔细分析。在越南的许多项目是在芬兰出口商的主导下启动的，其重点是提供设备，而不是促进该计划的发展目标，因此影响有限。

第四，效率。由于采购方面的竞争有限，一些项目不太可能以具有成本效益的方式产生预期效果。少数项目的处理效率不高，造成了过程的冗长，从准备到实施需要 5 年或更长时间。芬兰政府在很大程度上依赖第三方顾问对项目进行预评估，但可行性研究的质量不够充分，特别是对贫穷或社会可持续性、性别问题、艾滋病和弱势群体部分，缺乏深入的必要性分析。一些评估报告提供的信息表明，商业项目的投资可能过度，从而降低了成本效益。事前或事后控制、监测和外部审计薄弱，阻碍了对效率进行更详细的评估。

第五，互补性、一致性和协调性。项目通常由芬兰国内供应驱动，气候变化项目与芬兰的其他项目没有或只有有限的联系，无法证明气候变化的附加值和相互补充性。但项目在公共部门内运作，没有考虑引入私营部门作为运营商或投资者的机会。没有证据表明芬兰与其他捐助者的活动之间存在协调。对其他捐助者的经验学习也有限，也没有联合技术援助、联合监督评估等整合资源的可能性。

第六，芬兰实现的附加价值。在实践中，大多数项目没有为芬兰私营部门提供创新方式，为发展作出实质性的贡献。此外，许多项目都是标准性质的，从芬兰采购的投资产品没有任何特殊的附加值。芬兰的技术在环境方面可能是有用的，但选择芬兰的技术对贫困以及经济社会可持续性的影响有限，而且没有证据证明其优于其他技术。

评估认为，芬兰优惠信贷计划在设计和实施方面存在缺陷，在大多数标准中的得分都很低，削弱了其有效性。评估建议作为促进发展有效性和取消援助附加条件的领导者，芬兰应考虑转向一个更有效的政策工具，并响应发展中国家呼吁，摆脱附带条件的援助。报告建议了 3 种方案：一是结束该计划；二是解除援助约束，全面改革该计划；三是通过改善监测和评估以及程序，维持该计划。报告认为，第一种方案是最好的。无论选择哪种方案，上述结论以及中短期内管理的责任问题都需要得到解决。应考虑将日常管理转移到一个现有的机构或芬兰官方发展援助的核心管理层，允许公开竞争性采购，向欧盟国家和全球供应商开放。

【案例分析三】 德国对结构性基金的评估

疫情后经济复苏、推动 2030 年联合国可持续发展议程面临巨大融资缺口，每年需要约 4.5 万亿美元的全球投资。官方发展援助资金在其中发挥着不可或缺的作用，但由于规模有限，需要更加有效地利用、动员更多资源共同作用于发展中国家的发展。经合组织因此提出混合融资（Blended Finance）概念，其定义为"战略性地利用发展融资，为发展中国家的可持续发展筹集额外资金"，旨在吸引商业资本投向社会效益高的项目。官方捐助者承担最高的风险类别，以减少私人投资者的风险。不同多边、双边发展机构进行了尝试，形成了共同融资、担保增信等创新路径和工具，由于其复杂性和创新性，对这种方法的评估也在探索之中。

私营机构参与发展融资的创新方法之一是结构性基金。结构性基金是一种以市场为导向的融资方式，作为风险分散战略的一部分，官方资源被用作私人投资的风险缓冲。在许多非洲国家，中小微企业存在着非常大的融资缺口，在中、短期内无法通过纯粹的私营部门投资来弥补。自 2005 年以来，德国经济合作与发展部（BMZ）加大了对结构性基金的投资，结构性基金的数量急剧上升。结构性基金旨在支持 3 个主要发展目标：一是通过向受援国当地金融机构提供资金和技术援助，促进建立稳定和包容的金融体系；二是减少受援国中小微企业的资本不足，从而创造融资机会；三是塑造和扩大金融中介机构的投资组合，以支持具有高融资需求的次级借款者。截至 2018 年，德国结构性基金共动员了 7 亿多美元私营资本。

2020 年，德国发展评估研究所（DEval）对 2009—2012 年建立的结构性基金融资方式进行了评估。[①] 评估从发展目标、融资方式及其结构、金融机构和次级借款人等层面，研究了这种融资方式与德国发展合作目标的一致性、调动私人资本的潜力、财务可持续性、对金融机构的影响以及次级借款人的接触程度，并特别关注结构性基金对现有发展合作融资方式的补充（见表 7-10）。

评估的基础是专门为结构性基金开发的变革理论。基于变革理论，评估组结合了 OECD-DAC 评估标准，确定了重点领域，提出了评估问题：一是结构性基金何时适合于实现发展目标；二是该方法在多大程度上可调动私人资本；三是资金对金融机构的影响，在多大程度上能惠及次级借款人。

表 7-10　德国发展评估研究所对结构性基金使用的评估问题

评估原则	评估问题
与德国发展政策目标和发展原则的一致性	（1）结构性基金的目标在多大程度上与 BMZ 的战略目标一致？ （2）结构性基金在多大程度上是适合实现这些目标的融资方式？
	（3）结构性基金在多大程度上促进了分工、捐助方的协调和地方行为者的加强？
调动额外的资本/财务可持续性（调动）	（4）结构性基金在多大程度上能有效地利用私人资本和发展机构的资本？ （5）结构性基金在多大程度上创造了可持续的融资结构？

---

① A balancing act between financial sustainability and development impact，2020. https://www.oecd.org/derec/germany/DEval_Report_2020_Structured_Funds_web.pdf.

评估原则	评估问题
对金融机构和中小微企业/就业的影响（影响）	（6）用于技术援助的资金在多大程度上有助于实现结构性基金的目标？ （7）结构性基金在多大程度上影响了金融机构的投资组合以及在接触新目标群体方面的成功？ （8）结构性基金在多大程度上影响中小微企业的发展、就业、收入保障？

评估过程包括半结构化访谈、查阅政府部门、金融中介机构的数据和文献；与 BMZ、德国复兴信贷银行（KFW）、基金机构、金融中介机构等机构和投资者、基金经理、次级借款人等人员进行了 122 次访谈，并对突尼斯、柬埔寨、尼日利亚和塞尔维亚的案例进行了研究。首先，评估组对访谈纪要等约 500 份文件进行了定性分析，检查私人投资基金的影响因素，以回答评估问题 4。其次，在变革理论的基础上进行贡献分析，回答评估问题 6~8。为了测试贡献分析的基本假设和风险，评估将半结构化访谈的定性分析与金融机构二级数据的定量分析相结合。最后，评估采用准实验设计（差异法）分析了基金对受资助金融机构投资组合和贷款条件的影响。

评估结论包括四点。第一，发展目标的适宜性。结构性基金的发展方向与德国经济合作部的战略目标高度一致，在领域或地域上联系密切。基金的结构和区域投向使其能够满足受援国的融资需求，这些需求是双边金融合作所不能涵盖的。通过这种方式，基金为发展中国家建立稳定和包容的金融体系作出了发展贡献，并为融资渠道有限的群体创造了融资机会，因此显示出对其他融资方式的高度互补性。但结构性基金的目标和项目与双边援助互动相对较少，没有产生潜在协同作用。

在结构性基金的运作决策中，官方机构的成员发挥了重要作用，特别是基金董事会和投资委员会，例如决定选择哪些金融机构进行支持，确保基金遵守战略和发展目标。BMZ 能够行使政策管理的时间点主要有 3 个：基金成立时、部委决定追加资金时、部委对报告进行评估时。这意味着在基金成立时确定其战略方向至关重要，因为此后 BMZ 在管理方面的空间变得有限。一旦基金成立，战略调整通常需要复杂的协调过程，并需要修改发行文件以确保所有投资者的同意。总的来说，结构性基金是一种财政上可持续、基本有效的融资方式，它可以促进当地金融市场和金融机构稳定，但对其他发展目标还没有做到充分的监督。因此，评估建议德国联邦经济合作部和德国复兴信贷银行应更有效地利用和监测对金融机构的选择，将其作为确保基金发展影响的关键杠杆点。在确定接受资助机构的资格或选择标准时，应评估风险状况在多大程度上允许将投资用于风险较高、较年轻的金融机构，以及需要解决的具有高发展潜力的部门，特别是在资金有助于建立市场的情况下，例如为教育、环境和气候变化领域发行金融产品的金融机构。报告中应包括适当的指标，将结构性资金与德国发展合作的目标联系起来，分析对调动额外资本的贡献，以衡量并确保目标群体得到帮助。

第二，财政的可持续性。评估中使用了评级表，通过基金支付成本的能力、对官方资本的循环使用以及风险—回报结构的效率，来衡量基金的财政可持续性。当一个基金能够支付其成本，并在循环的基础上使用官方资本时，且风险—回报结构势好，评估认为它实现了财务可持续性。大多数被评估的基金在成立后的几年内就实现了收支平衡，并实现了官方资本的循环，因此被认为是财务可持续的。为实现整体可持续，结构性基金需要足够大的规模和多样化的投资机会。一些基金使用"国家窗口"，进行国别限制，规定在某些国家进行投资。"国家窗口"的设计意味着投资的收入和损失是按投资国、而不是按基金分配的。这造成了额外成本，降低了基金效率，也增加了结构的复杂性，限制了基金的多样化选择，从而影响基金的财务可持续性。此外，除了少数例外，官方资本没有确定退出时间和退出战略，也没有固定机制来审查是否需要继续使用基金中的官方资本。因此评估建议：德国经济合作部和德国复兴信贷银行应确保基金的额外性和有效运作，一旦基金成立，应确保其财务可持续性。在适当数量的国家进行投资，以达到多样化的目的；为提高效率，在初级阶段的负债方面不设"国家窗口"；根据金融中介机构的需求和风险，以当地货币发放贷款。政府应确定官方捐助者退出基金的长期选择，作为退出战略的一部分。退出战略应确定官方捐助方退出的时间和性质，或确定定期审查官方资本与基金的相关程序。

第三，调动私营资金的潜力。截至 2018 年，被评估的结构性基金调动了超 7 亿美元的额外私人资本，政府用大约等额预算资源为这些基金提供资金，即官方资金发挥了约 1∶1 的杠杆作用。因此评估认为，结构性基金达到了调动私人资本的目标，具有不同风险收益特征的投资者参与进来。但评估认为，基金还没有完全发挥其调动私人资本的潜力。一是在一些情况下，由于缺乏吸引私人投资者的收购战略和结构，很难调动私人资本。不同类型的私人投资者有不同的投资动机、投资战略和风险状况，调动私人投资的工作很难遵循一个明确的战略。二是一些基金复杂的结构增加了融资方式的复杂性，使其对机构投资者的吸引力降低。三是一旦风险缓冲用尽，基金调动私人投资的能力就会达到自然极限。如果官方捐助者和发展金融机构不增加融资量，就不可能增加私人投资的份额。四是在少数基金中，没有必要调动私人资本，因为官方捐助者和发展金融机构提供的资金就已足够充沛。结构性基金所调动的私营资金，使金融能力弱、没有纯粹私营小额信贷基金的地区能够投资。然而，在调动私人资本的过程中，也需要对金融可持续性和发展目标进行权衡。在投资风险较高的部门和地区，私营资本的动员率较低，而中小微企业的融资需求往往没有得到满足。例如，在撒哈拉以南非洲地区，基金调动的私营资本较少，促进发展目的的力度不够。为确保基金的财务可持续性，风险较低的中等收入国家和部门获得了较多的私人资源，这限制了基金的额外性。

因此，评估建议德国复兴信贷银行应努力确保在基金的官方机构和受资助的金融机构董事会中都有负责人，为了确保更有效地追求发展目标，利益冲突管理应向董事会通报；在投票可能涉及利益冲突的情况下，应通知董事会弃权。德国复兴信贷银行应确保结构化基金制定机制，使其在未来更好地利用其潜力，来调动私人资本。这些机制应包括由董事会对私人投资者的风险缓冲和风险偏好进行定期审查。如果风险缓冲金几乎用尽，应考虑减少风险缓冲金份额的可能性，同时考虑私人投资者的风险偏好。如果官方捐助者和发展金融机构有足够的资金，应考虑减少夹层资金。如果私人投资者的风险偏好较强，应考虑让私人投资于风险较高的档次。此外，德国复兴信贷银行应致力于为私人投资者，特别是机构投资者制定并定期更新每项基金的明确收购战略。为促进私人资本的调动，应根据以下两点制定收购战略：确定选定的目标投资者类型，确定这些选定的投资者类型的要求。基金经理应负责设计各自的收购战略。

第四，基金的影响。评估对金融中介机构和次级借款人的影响分析，基金为金融机构提供了可靠的融资渠道，使被资助的金融机构能够增加其投资量，并扩大其投资组合规模，从而使更多的次级借款人能够得到帮助，促进了受援国金融体系的稳定。但基金发展目标的实现在很大程度上受到被支持的金融机构的影响。虽然基金资助的金融机构能接触到目标次级借款人，但它们优先考虑低风险的机构。这些基金将重点放在金融可持续性上，这种关注影响了发展目标的实现。例如，没有为所设想的目标群体修改贷款条件（当地货币融资除外），也没有提供贷款资金，而只是增加了与目标群体有关的业务部门的份额，如小微企业、女性次级借款人或无抵押品的次级借款人。总的来说，基金在财务可持续性的要求下，在其能力范围内追求发展目标，但具有一定局限性。对于基金所提供的技术援助，评估认为这些活动以需求为导向，成本较低，而且非常有用。相较于其他投资者提供的技术援助，覆盖程度更高，但可持续性有待提高。评估建议德国联邦经济合作部应确保对基金的发展影响进行更有效的管理，包括 BMZ 内部的长期能力建设，加强与各部门的活动和双边金融市场发展计划（尤其是规模较大的基金）的交流。

第七节　通过国际组织实施的多双边援助项目

多双边援助是指多边组织为实施者的双边援助，例如一个双边捐助国出资，委托联合国机构在发展中国家开展援助活动。随着 21 世纪初多边机制的日益完善，该模式得到越来越多的应用，但其效率和相关性也受到了广泛关注。有的捐助方可能要求多边组织提供详细报告，分享多边发展组织的业绩和发展成效的信息。一些捐助方也寻求评估他们自身的贡献和多边援助的适宜性，以便将自身优先事项与不同多边组织的比较优势相匹配。

1988 年，美国曾对多边机构的有效性进行了评估，英国则对多边机构的评估系统进行了测试，来了解多边组织的表现，以便为决策提供参考。挪威于 1990 年编写了一份方法文件，讨论了多双边援助问题。此后，为了回应成员国的关切，DAC 成员国和七个多边组织的评估部门在 DAC 发展评价网络平台上，协商形成了一种联合评估方法。这种方法结合了同行审查和元评价/综合方法，来审查多边组织的发展有效性。

联合评估的想法得到了普遍支持。20 世纪 90 年代，DAC 组织对联合国机构开展了联合评估，分别包括联合国儿童基金会（1992）、人口基金（1993）、全球环境基金会（1994）、世界粮食计划署（1994、2005）、联合国社会发展研究所（1997）、联合国资本发展基金（1999）、国际农业发展基金（2003）、人口基金和国际计划生育联合会（2004），以及国际贸易中心（2006）。虽然这些评估很有价值，但由于评估属时间和资源密集型的工作，导致捐助者和多边机构均产生了一定程度的疲劳。

2002 年，美国、英国、日本、加拿大、沙特等 19 个国家组织成立了"多边组织绩效评价网络"（MOPAN），专门负责监测、评估多边发展组织效率和业绩。资金来源为成员国每年支付的自愿捐款。通过对多边组织的联合评估、信息交流以及长期监测，判定多边组织运营绩效，找到多边组织的优势和需改进的方面，进一步提升多边组织能力。多边组织绩效评价网络成员分享信息并相互借鉴监测和评估方面的经验。

多边机构还开展了专业同行评审。2004 年，丹麦提出了评估多边机构自身评价能力的想法，希望能找到可供所有利益相关者使用的可靠评价系统，使多边组织的外部评估合理化，通过提高多边机构自身的评估能力和绩效，以最终提升其发展绩效。评估的核心是"机构评估能力问题"，即多边机构自己的中央评估办公室所做的评估，经国际公认的评估同行检验，是否可信、有效，并可用于学习和问责目的。此外，使用规范性框架在评估的 3 个关键方面进行评判：一是评估和评估系统的独立性。评估过程是否公正，并在其功能上独立于发展援助的政策制定、交付和管理的过程。二是评估的可信度。取决于评估者的专业知识和独立性、评估过程的透明程度。可信度要求评估工作既要报告成功，也要报告失败。受援国应充分参与评估，以提高可信度，确保承诺实现。三是评估的实用性。为了对决策产生影响，评估结果必须被认为是相关的和有用的，并以清晰和简明的方式提出，充分反映参与发展合作的许多方面的不同利益和需求。在这种方法中，评估结果被采纳为广泛的标准。

2005 年，DAC 评估小组一致认为，为避免造成混乱，没有必要产生另一个框架，因此，DAC 发展评估网络使用联合国评估小组的规范作为指导框架，并辅以小组认为相关的其他问题作为补充。联合国评估小组和 DAC 联合成立的同行评审工作小组制定了指导文件《专业同行评审框架》，阐明了目的为"增加管理层、理事机构和其他方面对评估系统的了解、信任和使用；提供一种合适的'评估者'方式；分享良好做法、经验和相互学习。"① 对一个组织的同行评审本身并不是对该组织的有效性评估。然而，它可以通过测试该组织自身的评估能力和质量，筑牢评估该组织有效性的基础，从而可以对其产生信心。这种方法为管理层和其他人提供了更多的知识、信心，便于更好地使用评价系统，分享良好的实践经验，相互学习。

2005 年 12 月，联合国开发计划署（UNDP）率先自愿接受了此类评估测试。② 参与评估人员包括独立评估专家，有南部非洲发展银行业务评估部主任、丹麦外交部 Danida 评估部主任、英国国际发展部评估部顾问、荷兰外交部政策和业务评估司代理副司长、国际农业发展基金（IFAD）评估办公室主任等。UNDP 的特定优先事项和工作方式，在评估过程以及小组的调查结论中得到了突出反映。评估结束后，专家组向 UNDP 提交了同行评估报告，然后向DAC 评估网络和联合国评估小组提交其在该活动中吸取的经验教训的报告。UNDP 利用这次试点审查，制定了新的评价政策。2006 年，由非洲发展银行、加拿大、国际发展评价协会、爱尔兰、挪威和联合国工业发展组织的评价人员组成小组，对儿童基金会进行了同行审查，仍作为方法的试点测试，并进

---

① https://www.oecd.org/dac/evaluation/evaluatingmultilateraleffectiveness.htm.

② Peer assessment of evaluation in multilateral organisations, United Nations Development Programme, 2005. https://www.oecd.org/derec/undp/36062837.pdf.

一步完善了方法。

同时，2005 年，联合国评估小组启动了为成员组织评估职能建立"质量印章"的工作，希望自身高质量的评估职能，减少单个捐助方评估的需求。2006 年，DAC 发展评估网络和联合国评估小组正式成立了联合工作组，"为联合国机构的评价职能建立一种国际公认的同行评审形式"，旨在促进对有关联合国组织的同行评审。同行评审关注组织内的评价职能；以其中央评价单位为起点，了解评价在各个层面的运作，以便根据组织的目标和国际标准审查职能的质量。审查着眼于现有能力和加强能力的需要，使用相关和适当的评价方法，以及在准备、实施和报告方面所进行的评价的质量。另一个重点是考察与当地伙伴和利益相关者在评价方面的合作，以及与其他外部伙伴的协调和配合。随后，几个机构接受了同行评审，包括世界粮食计划署（2007）、监督厅和全球环境基金会（2009）、联合国工业发展组织（2010）、联合国环境规划署、联合国人类居住区规划署和联合国粮农组织（2012）（见表 7-11）。

表 7-11 联合国机构接受同行评审表

年份	组织	年份	组织
2005	UNDP	2013	UNDP 评估办公室
2006	UNICEF	2014	联合国妇女署
2007	WFP	2014	WFP（2008—2013）
2009	全球环境基金会	2016	UNRWA
2009	联合国内部监督事务厅	2017	联合国毒品和犯罪办公室
2010	联合国工业发展组织	2017	联合国国际贸易中心
2012	联合国环境规划署	2017	UNICEF
2012	联合国人类居住区规划署	2020	UNESCO
2012	联合国粮农组织		

同行评审本身并不是一项正式的评估，它明确指出，"最后的结论显然是有关小组的一种判断"。例如，在 2005 年对 UNDP 的试点测试中，对其评估系统提出了以下建议：一是明确规定评估主任向执行局的直接报告关系，以确保评估主任直接对执行局负责并由其任命，而不是由署长任命。澄清关系

将提供有益的保护，防止可能的侵权行为，并应反映在新的评估政策中。二是董事会对确保评估独立性至关重要，对新评估政策的讨论和批准可为未来提供重要机会。特别是，董事会有可能更多地利用评估，对组织的自我评估结果进行"现实检查"。三是评估政策草案和报告安排也需要修正，以澄清评估规划和预算编制之间的联系，如果执行局要履行评估政策草案中概述的作用，应批准开发署的评估议程，并确保有足够的资源进行评估。四是建议对评估政策草案进行修正，评估办公室主任对评估办公室发布的所有报告，包括年度评估报告的内容始终有最终决定权，而且署长应始终做出平行的管理回应。五是从 2006 年初开始引入一套评估质量标准和支持，并利用这些标准的机构机制。建议在评估政策和每项评估的指导性文件中，为所有利益相关者明确规则。

专业同行评审也面临挑战。例如，2008 年，欧盟委员会对通过联合国机构实施的项目进行了一次评估，① 其中提到面临的两大挑战：一是欧盟内部对所评价的资金流详细构成的现有知识有限。评估小组花了很大力气为委员会提供向联合国系统输送资金的清单和类型。这使得评价的第一步是要对这些活动进行清晰、全面和足够详细的概述。二是评估援助模式的困难。这不仅对审查委员会在援助交付方面的目标实现程度提出要求，而且还需要审查通过联合国系统管理援助资金的过程。

专栏 7-2

欧盟对联合国机构开展的专业同行评审

为开展专业同行评审，欧盟建立了一个二维分析逻辑，一是为了界定和构建评价问题；二是为了建立对这些问题的答案并制定结论和建议。在整个评价过程中，欧盟密切参与了与联合国代表进行的反复协商。

---

① Evaluation of Commission's external cooperation with partner countries through the organisations of the UN family, methodological approach, 2008. https://www.oecd.org/derec/ec/40893119.pdf.

这九个评估问题是：(1) 关于引导援助的决定：在多大程度上有明确动机？又在多大程度上依赖于正式的指南、政策等指导标准？正式的指导标准是否为观察到的援助演变提供了理由？(2) 关于特定专长：在何种程度上，资金的输送使委员会能够利用联合国机构的具体专长，对合作伙伴的需求作出更广泛的回应？(3) 关于结果和影响：在何种程度上，资金的输送有助于可持续地实现委员会在输送资金时确定的干预目标？(4) 关于加强多边主义：资金输送在多大程度上加强了联合国系统并促进了欧盟在其中的影响？(5) 关于扩大规模：提供资金是否有助于扩大发展援助的规模？(6) 关于可见性：资金交付在多大程度上有助于提高其对受援国和成员国支持的可见度？(7) 关于执行和成本：资金在多大程度上有助于加快实施和降低交易成本？(8) 关于法律框架：法律合作框架在多大程度上为资金的输送提供了有利的环境？(9) 关于协调和互补性：援助渠道在多大程度上促进或改善了委员会和欧盟成员国之间的协调？

为补充专业同行评审并填补信息空白，2010—2011 年，在加拿大的领导下，DAC 发展评估网络指导制定了《评估多边组织的发展成效》的新方法，以回应 DAC 成员对多边机构的发展成果提供更多系统信息的要求。该方法旨在补充 MOPAN 所做的定期评估，并试图减少个别捐助者对临时审查的需求。该方法首先在亚洲开发银行和世界卫生组织的审查中进行了试点。在 2011 年 6 月的 DAC 会议上，发展评估网络同意《评估多边组织的发展成效》作为评估多边组织发展效力的可行方法，并于 2011/2012 年完成了对联合国开发署和粮食署的首次审查，随后于 2013 年完成了对非洲发展银行和联合国儿童基金会的审查。该方法基于 DAC 评价标准，制定了共同评估标准，应用多边组织编制的已公布评估报告内容，并辅以对文件的审查、与总部工作人员的定期磋商和实地检验。审查对多边组织人道主义和发展规划的发展成效进行了独立和基于证据的评估，供经合组织 DAC 成员和其他感兴趣的利益相关者使用。

【案例分析一】 多边组织绩效评价网络对联合国工业发展组织的评估

多边组织绩效评价网络（MOPAN）评估框架主要包括多边机构可信度、决策透明度、行动有效性等评估指标，并引入了与多边组织相关的指标，包括联合国 2030 年可持续发展目标，防止和应对性剥削、性虐待和性骚扰以及联合国发展系统改革等。通过文件梳理、人员访谈、案例回顾、专家评审等方式对多边机构的有效性进行综合考量。

以 2019 年 6 月 MOPAN 对联合国工业发展组织（UNIDO）的评估为例。评估主要从四大维度进行，包括战略管理（政策）、运营管理（过程）、关系管理（合作伙伴）和绩效管理（结果）。其中，"战略管理"评估组织架构、对跨领域问题的关注程度，"运营管理"评估运营模式和资源相关性、成本意识、财务透明度、预决算控制等，"关系管理"评估机构的规划与项目设计相关性和灵敏性、伙伴关系一致性，"绩效管理"则评估组织规划能力和机构执行力（见表 7-12）。

表 7-12 多边组织绩效评价网络评估指标

评估内容	一级指标	二级指标	解释	三级指标
机构表现	战略管理	1. 组织架构与财务框架	组织结构和财务框架使任务得以执行，能够落实和实现预期成果	长期规划
				组织架构
				行政框架
				财务框架
		2. 跨领域议题	具有支持执行全球战略的结构和机制	性别问题
				环境问题
				良政问题
				人权问题
	运营管理	3. 运营模式与资源相关性、灵敏度	运营模式和人力、财力资源相关性和灵活性	组织资源
				资源动员能力
				地方决策
				以绩效为基础的人员管理

续表

评估内容	一级指标	二级指标	解释	三级指标
机构表现	运营管理	4. 成本与价值意识、财务透明度	组织系统具有成本和价值意识，并能实现财务透明度和问责制	决策
				打款
				结果导向的预算系统
				国际审计标准
				控制机制
				反腐流程
	关系管理	5. 实施规划与项目设计相关性和灵敏性	规划和项目设计工具支持相关性及伙伴关系的灵活性	一致性
				背景分析
				能力分析
				风险管理
				跨部门协调
				可持续性
				实施速度
		6. 伙伴关系一致性	合作伙伴关系是一致的，确保资源的实用性和催化性	灵敏性
				比较优势
				使用国别系统
				协同效应
				伙伴协调
				信息共享
				对受益人的责任
				联合评估
				知识共享
	绩效管理	7. 有效和透明结果导向	对结果的重视是强有力的、透明的和明确的	应用结果导向管理
				战略中的结果导向管理
				循证目标
				有效的监测系统
				应用绩效数据
		8. 应用循证规划和管理	组织采用循证编制规划和方案	评估功能
				评估覆盖范围

评估内容	一级指标	二级指标	解释	三级指标
机构表现	绩效管理	8. 应用循证规划和管理	组织采用循证编制规划和方案	评估质量
				循证设计
				对不完善治理的跟踪
				跟踪系统
				学习能力
评估结果	—	9. 达成结果	实现发展和人道主义目标,并实现立项目标和跨领域目标	取得的结果
				受益目标群体
				影响
				性别问题
				环境问题
				治理问题
				人权问题
		10. 伙伴关系	项目符合受援方和受益群体的需求及优先事项,多边组织努力在职责领域内取得成果	目标群体
				国家目标
				一致性
		11. 有效的分配	高效交付成果	成本收益比
				及时性
		12. 可持续性	结果是可持续的	收益可持续
				可持续能力
				有利的环境

可以看出,相较于双边评估,对多边机构的评估一方面更关注其运营管理、合作伙伴关系等执行能力的考量。如就近调配资源、仓储、分发、转运等执行能力,是否有利于保障项目完成。特别是国际组织的伙伴关系网络是否覆盖受援方,为受援方带来直接援助效益或可持续发展效果,是否注重绩效管理和成本经济性。另一方面,要考察其对促进联合国可持续发展目标的贡献程度,以及对塑造捐助国积极参与多边主义形象的影响。例如,是否促进联合国可持续发展目标落地,对捐助方的双边援助构成有益补充,帮助在

国际社会树立负责任大国形象，有利于加强多边主义合作。

【案例分析二】 英国通过联合国救济和工程处对巴勒斯坦难民的支持评估

联合国近东巴勒斯坦难民救济和工程处（UNRWA）是为应对 1948 年中东地区阿以冲突造成的难民危机而成立的，任务是为巴勒斯坦难民提供人道主义救济和就业。救济和工程处向加沙、约旦、黎巴嫩、叙利亚和西岸的约 490 万难民提供支持。

英国国际发展部是救济和工程处的第四大捐助方，在 2008—2012 年累计捐款 1.73 亿英镑。国际发展部对近东救济和工程处的支持具有双重目标，一是改善巴勒斯坦难民的人类发展成果；二是促进区域稳定。近东救济和工程处工作环境充满危机和挑战，为确保巴勒斯坦难民能够获得基本服务至关重要。2013 年，英国开展了一项评估，了解国际发展部的支持对巴勒斯坦难民的影响以及与近东救济和工程处合作的有效性，审查的重点是救济和工程处向难民提供的卫生、教育和社会支持。① 评估分为目标、实施、影响、学习四个方面。

第一，目标方面评估。评估认为英国国际发展部与 UNRWA 有共同的目标，即改善人类发展和提高区域稳定。国际发展部对近东救济和工程处的战略有着强大而积极的影响，并在确保协调对近东救济和工程处的支持方面发挥着主导作用。然而，评估认为，UNRWA 的目标需要在操作层面上更加明确；英国对 UNRWA 改革计划中的技术援助和人力资源支持水平较低，可能会限制其作为主要捐助方在促进改革方面的作用。

第二，实施方面评估。英国国际发展部的工作人员在战略层面上与近东救济和工程处进行了良好的合作，以共同提高效率和成果，促进规划的实施。与其他地区的服务主体相比，近东救济和工程处以高效的方式提供基本服务，但无法完全满足难民的需求。

---

① DFID's support for Palestine refugees through UNRWA, 2013. https://www.oecd.org/derec/unitedkingdom/UK_DFID_ICAI%20UNRWA_Palestine_Refugees.pdf.

第三，影响方面评估。国际发展部通过近东救济和工程处带来了切实的发展成果，特别是在卫生和教育领域。近东救济和工程处工作人员的奉献精神有助于实现这些积极成果。总的来说，近东救济和工程处提供的服务有助于维持和改善巴勒斯坦难民的状况，促进区域稳定。然而，通过现金和粮食转移提供的减贫方案，对当地民众的发展影响较小。

第四，学习方面评估。国际发展部在近东救济和工程处建立和使用监测评估功能方面发挥了重要作用。近东救济和工程处在设计服务改革时一直采用国际最佳做法。国际发展部还积极鼓励利用从其巴勒斯坦项目中获得的经验，但在近东救济和工程处外地办事处之间分享知识方面做得还不够，在将学习成果付诸实践时遇到了障碍。

评估因此提出了以下建议：一是英国国际发展部应进行紧急评估，以确定近东救济和工程处所需的支持水平和性质，使其能够有效应对改革的挑战和供需之间日益扩大的差距。评估应在与近东救济和工程处、其他捐助方和当地的密切协商下进行，并为即将到来的《2016—2021年中期战略进程》提供参考。二是国际发展部应利用其有影响力的地位，敦促捐助者和东道国提供统一的政策、技术和业务支持，以推动近东救济和工程处的改革活动，在扶贫、健康和教育等优先领域为改革的实施提供实质性支持。

第八节　多边援助和信托基金

多边援助可分为核心捐款和非核心的指定用途捐款。核心捐款是指对多边组织的会员费，这些资金被注入一个共同的资金池中，由多边组织统一安排使用。非核心捐款是由出资方自行决定用途的额外资金，其条件是用于特定目的，通常与特定的地理或领域相联系。核心供资政策对国际组织来说极为重要，因为它提供了筹资的可预测性和灵活性，使伙伴组织能够将财政资源分配给与其核心任务相关的、资金不足的领域支持长期的发展方案。除了核心和非核心捐款外，还出现了"垂直基金"、信托基金等新的多边工具。对这些基金的评估面临的主题更加多样，需要更系统性的评估方案。

【案例分析一】　比利时对多边组织核心捐款的评估

2009 年，比利时通过了一项为多边合作国际伙伴组织提供核心资金的政策，其目的是提供足够的财政资源，支持多边机构资金的稳定性，使国际伙伴组织能够执行核心任务，产生有效的结果，并使比利时在多边发展系统方面具有更大的影响力。核心供资政策在 2011 年的政策说明中得到了进一步扩展，并在 2013 年的《发展合作法》中得到了体现。2013 年的《发展合作法》还指出，最多应该选择 20 个国际伙伴组织接受比利时的自愿捐款。2015 年，根据皇家法令，15 个国际伙伴组织被选为核心资金政策的资助对象。2019 年，比利时用于发展援助的自愿核心资金为 1.47 亿欧元，与 2009 年的 7700 万欧元和 2010 年的 9700 万欧元相比，有了很大的增长。

2020 年，比利时发展合作署特别评估办公室委托 ADE 公司（Analysis for economic decisions S. A.）对 2008—2019 年比利时对国际伙伴组织的核心资助进行了独立评估。[①] 评估范围包括世界银行集团、国际货币基金组织、联合国粮食及农业组织、国际劳工组织、世界卫生组织、国际移民组织、联合国开发计划署、联合国妇女署、联合国人权事务高级专员办事处、全球抗击艾滋病基金、联合国艾滋病规划署、联合国人口基金、联合国儿童基金会、联合国环境规划署、国际农业研究磋商小组和世界知识产权组织。评价的目的是评估该政策的相关性、有效性和效率，特别是对实现预期政策结果的贡献，以及为实施该政策而部署的机制和工具。在此基础上，为设计和实施新的国际伙伴组织多年期供资（2021—2024 年）提供政策与业务建议。

评估遵循了 OECD-DAC 方法框架，使用了多种工具来收集、核对和分析信息，包括文件审查、数据分析、在布鲁塞尔总部与 94 个利益相关者（比利时行动者、联合国机构、比利时政府代表、非政府组织和其他行动者）的远程访谈。同时，评估方选取了四个联合国组织进行重点审查，包括联合国人

---

① An evaluation of the Belgian core funding policy of multilateral organizations, 2021. https://www.oecd.org/derec/belgium/Core%20funding%20report%20ENG.pdf.

口基金、联合国开发计划署、世界卫生组织和联合国人权事务高级专员办事处（简称"人权高专"）。此外，还在布隆迪、刚果（金）、摩洛哥、尼日尔、巴勒斯坦、卢旺达和乌干达等地进行了深入审查。评估结论包括：

第一，相关性。比利时核心资助政策反映了其对支持多边主义的承诺，在比利时发展合作框架中具有高度的相关性。2013年《发展合作法》确定的优先部门和主题包括人权、体面工作、社会保护、生殖健康、粮食安全、气候行动和性别平等，这在选择15个国际伙伴时得到了体现，例如通过世卫组织加强卫生系统；通过联合国开发计划署促进民主治理；通过人权高专确保合格的人权维护者在国家一级的存在；以及通过联合国人口基金加强妇女获得生殖健康服务的权利。

第二，有效性。被采访的联合国利益相关者认为，比利时支持四年期协议是一种强有力的做法，为持续支持机构需要提供长期稳定资金。但是，虽然核心供资政策具有很强的相关性，但其运作方式尚不足以使发展效力最大化，这其中，人力资源能力成为关键制约因素之一，主要是由于驻外外交使团中熟悉战略政策对话的工作人员不足，影响了与多边伙伴接触的频率和质量。另一方面，双方战略对话往往过于关注资金需求，而不太关注各机构的具体工作、政策以及对全球发展挑战和优先事项的回应。评估认为，战略对话经常被视作一项独立活动，而没有发挥通过磋商以提高多边行动有效性的作用。评估认为，比利时需要引进另外的专业人员，提升战略对话的质量，确保4年期合作伙伴协议不仅是一个财务协议。

评估还发现，比利时自愿核心资金分配与国际伙伴组织取得的成果之间很难建立直接的联系，要证明核心资金政策在政策变化或发展成果方面的有效性是一大挑战。因为核心资金的作用是使各机构能够对新出现的需求作出快速反应，资金往往在总部一级确定并集中分配，可能无法达到比利时在受援国家的外交使团，限制了比利时一线可支配的资源。因此，虽然比利时被认为是核心捐款强有力的捐助者，但它并没有直接支持应对受援国一级出现的具体问题。

第三，效率。2017年，比利时签署的四年期协议增加了资金投入的可预测性，使伙伴组织能够统筹谋划使用核心资金。受访联合国利益相关者证实，自愿核心资金被用作种子资金，吸引了额外的专用资金。但是，比利时工作人员不足，无法安排足够的时间跟进伙伴组织活动，制约了比利时参与有助于提高核心资金效率活动的能力。另一方面，国家一级发展合作人员的减少也降低了通过在受援国内对话来扩大多边和双边发展援助之间协同的可能性。

第四，协调性。根据对其他捐助国做法的审查，比利时在支持国际组织核心资金方面一直处于领先地位。瑞典、芬兰、德国和瑞士等其他捐助国的做法是将自愿核心资金与指定用途资金相结合。接受采访的联合国机构表示，指定用途的资金呈增加趋势，强烈支持继续提供自愿核心资金捐款。比利时决定将支持国际伙伴多边组织的数量从 20 个减少到 15 个，以提高效率，减少资金分散性。评估认为主要的挑战是，比利时外交使团和联合国驻受援国家的办事处需要应对伙伴组织协议数量减少，在受援国家层面采取快速和有针对性的行动。核心资金政策的僵化应用，在受援国家层面无法获得专用资金，弱化了比利时支持对受援国家出现的新问题作出及时反应。指定用途资金被认为是支持受援国家层面的多边解决方案和应对措施这一缺陷的有效机制，但目前比利时指定用途的捐款数量有限，且与核心供资政策的目标缺乏战略联系。

总的来说，10 多年来，比利时核心供资政策一直是支持多边办法的战略工具。在实际使用时，核心资金显示出潜在的效果倍增效应。从预算编制的角度来看，核心供资政策的应用切实实现了减少资金分散的目的。但是，其在支持受援国当地影响的作用还有待进一步加强，并使比利时在国际伙伴组织中发挥更大的影响力。

从本次评估结果可以得出四个主要建议。第一，利用自愿核心资助政策，加强比利时作为一个坚定多边行为者的影响。建议拨出适当资源，积极主动地参与到与多边机构的战略政策对话中，重点关注对发展成果有效性和比利时政策优先事项有重要意义的议题。

第二，进一步加强对发展成果的关注。在成果方面，重点应放在通过联合国行动取得的发展成果（例如实现可持续发展目标），以及在实现比利时核心资金目标方面取得的进展（如改善问责制度、解决资金不足需求、支持与比利时政策优先事项有关的核心任务）。建议引入一个双方共同商定的行动计划，包括核心资金捐助的预期成果、比利时在技术或资金方面提供的额外支助、合作伙伴为比利时援助提供的可见度和宣传影响，以及比利时可发挥影响力的机会等，并在战略对话期间进行更新。建议确保比利时发展指导司和外交使团调动必要的人员，以支持在总部和国家层面与多边伙伴的对话。同时，加强与外部利益相关者的联系，包括与比利时研究机构、大学等的联系，积极寻求双边援助与多边行动之间的协同作用。

第三，保持比利时通过自愿核心资金支持的多边机构现有数量、主题和部门配置，并建立相关磋商告知机制，对四年期协议的延期及时通报，通过四年期协议保持资金的可预测性，及时通知不续约或资金水平的变化。将双边战略对话作为评估结果、挑战和优先事项变化的契机，并将其反映在每年更新的行动计划中。在战略对话期间，根据行动计划评估进展情况，并将这些评估作为比利时未来决定延长或调整多年期协议的基础。

第四，形成自愿核心供资和指定用途资金"双翼并进"的多边援助。核心供资仍占主导地位，以符合对国际供资契约的承诺，并实现联合国建议的官方发展援助占国民总收入 0.7% 的目标。同时，在受援国一级的多边倡议上，根据比利时政策优先事项和受援国家实现可持续发展目标的进展，提供部分目标明确的指定用途资金。将指定用途资金纳入与国际伙伴组织的战略对话中，发挥指定用途资金的杠杆作用，补充核心资金，使比利时的政策重点在受援国一级和国际伙伴组织中得到关注和重视。利用受援国家层面的知识和经验，在总部层面与国际伙伴组织进行更广泛的战略对话，加强与多边伙伴和捐助者的联合实地监测。

【案例分析二】 澳大利亚对亚洲开发银行和世界银行的非核心捐款评估

在多边融资中，伴随着多边组织数量及其信托基金的激增，以纵向基金和集合资金（Pooled Fund）为代表的非核心资金呈现增长趋势。非核心资金使多边组织能够应对其核心资源无法覆盖的挑战。例如，它提供了大量资源解决全球性、跨国界的挑战，应对从冲突或自然灾害中恢复的国家的需求，并增加对脆弱国家的援助。然而，非核心资金也带来了一些风险：它过分强调捐助者的诉求，其效果在很大程度上取决于双边捐助者的行为方式。双方在运作模式、激励机制和组织文化方面存在差异，一定程度上将分散多边体系，给多边机构和受援国带来管理上的麻烦；甚至随着时间推移，它将降低多边机构的合法性和话语权。

在过去的十年中，澳大利亚约15%的援助预算是通过亚洲开发银行和世界银行支出的，其中近三分之二是非核心资金。[①] 2005—2013年，澳大利亚通过上述两家多边机构的非核心捐款共支持了325个项目，价值总计约41亿美元，项目包括大湄公河次区域的桥梁和道路建设、阿富汗重建、柬埔寨卫生部门发展，以及菲律宾教育改革等。从历史上看，澳大利亚对非核心资金的重视程度随着时间的推移不断增加。在2013—2014年度，澳大利亚提供的非核心资金几乎是2005—2006年度的10倍。

在此背景下，2015年，澳大利亚政府外交和贸易部发展实效办公室（ODE）开展了一项评估，研究对多边开发银行的非核心捐款是否是实现澳大利亚援助目标的高效工具，如何改善其与亚洲开发银行和世界银行伙伴关系的管理方式，以便在未来提高投资的收益。评估以下5个问题为指导：一是澳大利亚对多边开发银行的非核心捐款背后的目标是否符合援助的一致性和有效性？二是在哪些情况下，哪种非核心捐款更有效，或更不有效？三是澳大利亚对多边发展银行的非核心捐款是否进行了合理设计？四是机构安排是否支持对非核心捐款的有效管理？五是澳大利亚在报告非核心捐款的绩效，以及利用监督评估信息来管理绩效方面有哪些有效方法？

评估的重点是澳大利亚和多边机构之间的合作关系与互动，以及实施项目时的表现。由ODE工作人员和第三方顾问组成的评估小组使用了多种方法来收集和分析数据，包括对30个案例样本进行文件和数据分析，与相关工作

---

① Banking our aid: Australia's non-core funding to the Asian Development Bank and the World Bank, 2015. https://www.oecd.org/derec/australia/Banking-our-aid-aus-non-core-funding-to-adb-and-wb.pdf.

人员访谈，文献回顾，对援助项目支出和绩效数据进行分析；对政策文件、年度援助计划绩效报告、协议以及项目绩效评级和报告进行定性分析。评估围绕以下几个方面展开：

第一，目标。向多边开发银行提供非核心资金的动机很重要，因为它们会直接影响结果。虽然动机多种多样，但基本上可以分为四类。一是最强烈的动机是，利用多边开发银行的专业技能和与政府的关系，增加澳大利亚在塑造受援国政策方面的作用。在这个方面，伙伴关系被认为是非常成功的。在对澳大利亚外交部员工调查中，79%的受访者表示他们对多边银行员工的技术能力和资质以及与伙伴政府的沟通能力感到满意。二是弥补现有援助体制上的限制，在这一点上，太平洋地区和东帝汶的成果最为突出。在这些地区，澳大利亚的捐助支持多边银行部署其人员和项目，有效支持在当地开展项目。受访银行员工一致强调澳大利亚的资助对于扩大项目范围和提高项目质量具有积极价值。三是提供与其他捐助方相协调的援助，从而减少受援国的行政费用和复杂性。四是在行政资源有限的情况下履行预算承诺的一种方式。

评估认为，在澳大利亚提供的非核心捐助中，大约五分之一项目的动机是在澳大利亚影响力有限的地理区域提供援助。其余项目的动机是，银行可以以更负责任和高效的方式使用资金。但这一动机带来的风险是，非核心资金助长了援助项目的分散性，对银行的支出能力提出更高要求，由此可能产生的银行账户闲置资金的积累，给澳大利亚纳税人带来了放弃高价值投资的隐性机会成本。评估建议，为了提高与亚洲开发银行和世界银行伙伴关系的有效性，澳大利亚政府外交和贸易部应减少对那些不能反映优先事项的项目数量；与多边银行定期进行项目审查，以促进对伙伴关系优先事项的相互理解；对项目组合进行严格管理，使其有效反映这些优先事项。

第二，有效性。评估发现，向亚洲开发银行和世界银行提供非核心资金是澳大利亚援助的一种有效方式。虽然不是每个项目都实现了其目标，但总体而言是成功的，多边银行项目的完成度评级与其他合作伙伴的总评级相当；在促进性别平等等方面，项目绩效评级和工作人员满意度相对较低。评估发现，当澳大利亚不仅提供行政和管理资源，而且能够提供专业技能和知识的情况下，项目实施效果更好。

第三，项目设计。一般来说，援助项目需要考虑利用多边开发银行非核心捐款的优势。在双方利益或期望不一致的情况下，可能存在项目设计的风险。在这种情况下，合作关系的基础是加强沟通，预先判断应向多边银行提供多少执行支持，并依靠定期的监督来调整额外的支持。这优于提供超过实际需要的支持或破坏受援国政府所有权。评估建议，为了使与银行合作关系的管理具备更有力的基础，澳大利亚一是应确保在审批新捐款时，明确说明其对澳大利亚内部资源的要求和对澳大利亚参与执行的期望；二是对报告水平和质量提出要求，并商定双方沟通机制；三是含有多年承诺的协议应以多边发展银行现金流的现实估计为基础，制定付款时间计划表并按时付款。

第四，参与度。在大多数项目中，人员分配和伙伴关系要求之间的匹配是充分的。对澳大利亚外交部员工的调查结果表明，大约70%的项目得到了适当和持续的内部关注，64%的工作人员认为他们能够对多边开发银行的伙伴关系给予适当的关注。然而，有相当一部分项目，澳大利亚外交部的参与程度比较薄弱。评估结果表明，只有当澳大利亚外交部能够投入足够数量的、熟练的工作人员来管理这些模式时，这些项目的结果才会令人满意。为了确保工作人员的最佳表现，也需要做更多的工作，为他们提供培训和指导支持。对工作人员的支持应包括但不限于：提供有关多边银行运作方式的培训，指导如何与银行合作，有经验的工作人员可以为那些不了解的工作人员答疑解惑等。在员工调查中，员工对他们所接受的关于与多边开发银行合作的培训、指导和建议的满意度不高。

评估建议，为了改善与多边开发银行伙伴关系的管理，澳大利亚外交部应向援助项目的管理人员提供更多的支持和指导，包括加强培训，为负责设计和管理非核心捐款的官员提供培训，促进工作人员之间的联系；通过适当的管理途径，包括高层磋商、董事会会议以及与国家和地区办事处的联络，支持提升对澳大利亚外交部具有重要意义的事项，包括性别平等等跨领域问题；监督非核心捐款组合，包括实施过程中的困难。

第五，绩效管理。评估有三个主要发现：一是对受援国监督评估系统过度依赖，影响了有关进展和结果反馈的信息质量，这可能会使澳大利亚外交部在项目实施过程中难以达到自己的问责要求。评估得出结论，澳大利亚外交部在受援国执行安排中的主要关注点应该是监督评估系统是否能够为双方提供一个共同问责的基础。因此，在项目完成时，应更加关注监督评估安排的质量。二是应在前期更加关注多边银行执行项目监督评估安排的质量。评估发现，多边银行执行的项目比受援国执行的项目更容易出现无法说明结果和资金价值的风险。鉴于澳大利亚外交部在此类项目中的参与程度不一，建议澳大利亚外交部的参与应占有更重要的地位。三是在比较采用不同实施模式的合作伙伴绩效时需要谨慎。因为澳大利亚正在引入新的系统来评估援助项目执行伙伴的表现，这些系统加强了伙伴之间的比较。如果要进行比较，应对最终的项目评级，除对实施需要给予适当的权重外，还需要考虑受援国所有权和项目可持续性等因素。评估建议，澳大利亚外交部应通过以下方式改进对多边发展银行非核心捐款的监督：在项目由受援国实施的情况下，更加重视多边开发银行的监督评估要求如何满足受援国政府的需求，保障澳大利亚在执行过程中的参与质量，使用完成度评级作为评估项目和伙伴关系绩效的主要依据。

通过评估得出的总体结论是，对亚洲开发银行和世界银行的非核心资金是澳大利亚提供援助的一种高效方式。非核心资金促进了澳大利亚建立伙伴关系的特定双边目标，支持银行在澳大利亚外交部为有限的国家或地区的提供援助，或解决对澳大利亚政策利益至关重要的问题。非核心资金为银行提供了利用其专业知识的机会，并与受援国政府开展政策讨论。在众多制约有效性的因素中，最主要的是受援国政府的能力、所有权和领导力，其次是银行在设计、支持或实施项目时的能力。然而，在实现双边目标方面，与银行的合作并不完全令人满意。有时，澳大利亚和银行在组织文化上的差异以及各自的激励结构，导致了利益或期望的不一致。在某些情况下，澳大利亚未能分配所需的资源，以便在必要的范围内参与，提升项目绩效。有时，银行未能对伙伴关系的结果以及资金的价值做出充分解释。最后值得关注的是，非核心资金存在分散多边体系、降低合作伙伴效率的风险，它将导致援助由捐助方优先事项驱动，可能造成与受援方的需求脱节。为了减少这些风险，评估认为澳大利亚应对其资金决策采取更加严格的方法，认识到非核心资金的吸引力与它在援助有效性方面的局限。澳大利亚需要提高工作人员对项目的参与度，使援助战略与需求相匹配，并确保对不同类型伙伴关系的问责风险有良好的理解和管理，以便从非核心资金中获得最佳效果。

三、案例分析三：挪威对多边信托基金的评估

1960 年，几个捐助者成立了世界银行的第一个信托基金，共同资助巴基斯坦的印度河流域项目。此后，信托基金主要被用于共同资助国际开发协会和国际复兴开发银行的项目和技术援助；也有一些信托基金用于资助新的多边全球和区域倡议，例如国际农业研究磋商小组（Consultative Group on International Agricultural Research）。20 世纪 90 年代初，为了响应《蒙特利尔议定书》和里约环境会议等重大国际倡议，世界银行的信托基金组合支持成立了臭氧信托基金和全球环境基金会（GEF）。20 世纪 90 年代后半期，出现了重债穷国倡议（HIPC）、对波黑的支持以及援助穷人协商小组（CGAP）等倡议，进一步扩大了信托基金的规模和支持范围。自 2000 年以来，信托基金继续迅速扩大规模和活动范围，主要目的是加速实现千年发展目标，协助处理政治上高度关注的冲突后局势，以及支持提供全球公共产品。

资助多边组织是挪威发展和外交政策的一项重要内容。挪威一半以上的发展援助是通过多边组织提供的。联合国开发计划署和世界银行是挪威发展援助的主要多边接受者，且越来越多的援助份额通过信托基金机制分配。其中，世界银行提供两种类型的信托基金机制：一种是国际复兴开发银行和国际开发协会的信托基金，世界银行负责基金管理，可为银行或第三方执行的活动提供资金；另一种是金融中介基金（FIF），作为独立管理的金融伙伴关系平台，为多个实体（通常是多边开发银行和/或联合国机构）执行的项目提供资金。在金融中介基金中，世界银行作为有限受托人，通常是基金秘书处成员。联合国开发计划署提供四种信托基金机制，包括专题基金、

具体项目/方案伙伴关系、当地资源和纵向基金。此外，开发计划署主办了多伙伴信托基金办公室（MPTFO），代表联合国系统管理联合国机构间的集合资金。

2019 年，挪威发展署评价部（EVAL）开展了一项评估，主要内容是挪威支持信托基金对实现挪威援助优先事项的贡献。[①] 挪威支持的信托基金包括国际复兴开发银行的信托基金、金融中介基金和由多伙伴信托基金办公室管理的联合国机构间信托基金。挪威是国际复兴开发银行信托基金和多伙伴信托基金办公室的第四大伙伴，是金融中介基金的第九大伙伴。评估工作从参与多边伙伴关系的基本动机、多边伙伴关系对系统实现挪威优先事项作出的贡献、挪威伙伴关系的治理运作效率、监测评估功能的有效性等四个方面入手，进行了文献搜索、实地访谈等。

第一，参与多边伙伴关系的基本动机。挪威认为，信托基金是促进多边主义的有效工具，是在挪威关注领域调动多边努力的具体措施。挪威和世界银行、联合国开发计划署信托基金的政策议程具有高度一致性，包括环境和气候变化、卫生、人道主义援助以及教育。这些援助主要被指定用于非洲和南亚的低收入国家。通过参与信托基金，挪威希望实现双重目标：一是增加对挪威感兴趣的专题和地理区域的援助，提高其优先领域的知名度，使这些优先领域在其他捐助方和多边伙伴的长期计划中更加突出；二是提高世界银行和联合国组织在履行其任务方面的个人与集体能力，利用多边伙伴的能力、保障措施和召集力，提高自身、多边伙伴和受援国业务效率。

第二，多边伙伴关系对系统实现挪威优先事项作出的贡献。信托基金利用联合国开发计划署和世界银行的专业能力，以及采购和管理顾问服务。与双边捐助方相比，受托基金管理团队具有广泛的部门和基金管理经验。世界银行在执行活动中，聘请了大量专业短期顾问。此外，挪威投资组合中的信托基金可以将几个捐助国的资金聚集在一起，形成合力，用于解决具有全球意义的问题。人道主义和和平建设基金的成员最为多样化，多达 60 个捐助

---

① Evaluation of Norway's multilateral partnerships portfolio: the World Bank and UN Inter-Agency Trust Funds, 2019. https://www.oecd.org/derec/norway/norad-evaluation-multilateral-partnerships.pdf.

方。参与挪威"国际气候和森林倡议基金"的捐助方数量也在增加。世界银行托管的金融中介基金和联合国多伙伴信托基金通过在多边开发银行、联合国和非联合国组织之间分配资源，增强了受托组织履行职责的能力，以加强多边主义。但评估也发现，在挪威的信托基金组合中，从营利性私营部门调动资源的工作仍处于边缘地位。

第三，挪威伙伴关系的治理运作效率。受访人员表示，挪威拥有可预测的资金来源，它的投资组合集中在几个主题领域和地区。文件分析和访谈显示，没有任何信托基金有退出战略。在一些基金中，挪威的捐款份额与其承诺相比，高于其他合作伙伴。挪威的信托基金组合定期增加新的倡议，这使得挪威投资组合呈长尾分布，由几个捐款数额较大的基金和大量较小的基金组成。随着拨款从受托人层面转移到援助交付路径，信托基金的业务成本并不完全透明。挪威的捐款往往是前期的，与实施相比，更加注重方案的制定。对挪威来说，跟踪信托基金的行政成本负担不小，目前仅集中在领域问题以及对协议的监测和法律方面的评审，对财务和风险管理问题的讨论较少。

第四，监测评估功能的有效性。对于世界银行托管的资金，信息的提供是有限的，而且受到一定限制。作为执行伙伴，世界银行和联合国开发计划署对金融中介基金的结果负责。世界银行实施的项目都要接受世界银行集团独立评估局（IEG）的最终评估。早些时候，IEG 还系统地对世界银行托管的金融中介基金进行了年度审查。但对个别信托基金的评价很少出现在独立评估局的年度评价计划中。挪威发展署评价部根据其早期与独立评估局的合作协议，为金融中介基金的某些年度审查和评价提供了部分支持。

评估提出了几点建议：一是挪威各部委需要制定一项战略性的投资组合再平衡政策，包括制定共同的关键绩效指标，加强管理挪威信托基金伙伴关系的行政能力。二是为基金管理人制定激励机制，在基金和/或项目层面促进营利性私营部门的捐助。三是重新审视就同一基金的捐款签订多项协议的做法。捐款的支付应与实施组织商定的实施时间表有关，如若偏离，应由信托基金说明理由。四是与其他捐赠人、受托人和受援方协商，制定一个间接费用回收模式，在援助交付的具体时间点一次性收取所有间接费用，提高透明度、效率和最终受益人获得的援助份额。五是各部应与世界银行和多伙伴信托基金办公室合作，为报告、评估和公开传播有关资金使用与结果的信息制定共同标准。

第三篇
中国国际发展领域评估实践及展望

　　我国国际发展合作属于南南合作范畴。21世纪以来，南方国家之间基于团结开展的南南合作在数量、质量和地理范围覆盖方面都取得了长足发展，在国际发展中的影响越来越大。[①] 但南南合作在评估框架上尚缺乏系统的制度设计和评估技术，且由于数据和透明度缺失，使学习和问责较为困难。西方成熟的评估管理和实践方法可供学习借鉴，但从根源看，中西方思维理念和援助行为逻辑的差异导致双方援外监督评估的语义不完全相同。西方评估遵循逻辑理性和因果原则，寻求向公众和外界证释行为的合法性和有效性。长期以来，我国评估受"受援国提出"的传统立项模式和"交钥匙工程制"的管理模式影响，注重评估项目落实和产出，监督评估被赋予防范质量、安全、廉政风险的内控概念。2018年国家国际发展合作署成立后，对外援助向国际发展合作转型升级，援外评估也向着更高标准和更广效益发展。本篇主要梳理我国国际发展领域评估的历史进程，分析评估面临的新形势和新任务，并对新发展阶段构建中国特色国际发展评估体系提出路径建议。

---

① 张传红，林海森. 评估南南合作：挑战、经验与机遇［M］. 复旦公共行政评论，2021（2）.

第八章　我国国际发展评估现状及新形势

第一节　2007 年之前：实践先行

1950 年，我国开始向朝鲜和越南两国提供物资援助，开启了中国对外援助的序幕。[1] 早期的援外工作带有鲜明的计划经济特点，突出政治属性。在计划经济条件下，对经援项目的实施、资金预决算和物资供应等皆实行严格的计划管理，援外主管部门对项目监督和评估的内容相对固定、可控，即检查项目执行情况、保证项目质量、预算安排、所需物资供应等符合计划规定，将项目的完成及援外政治目标的实现作为重点。

1978 年改革开放后，对外援助也进行了市场化改革探索，形成以招投标为核心的采购制度，企业开始成为参与建设的主要力量。在长期实践中，我国形成了业态丰富的援助类型。从资金类型来看，产生了无偿援助、无息贷款、优惠贷款 3 种资金类型；从援助类型看，可分为成套项目、一般物资、技术援助、人力资源开发合作、援外医疗队、紧急人道主义援助、志愿者、债务减免、南南合作援助基金等九种方式；从实施主体看，可分为中方代建、受援方自建和国际组织或非政府组织实施项目；从援助领域看，包括教育科技、医疗卫生、农业、经济基础设施、人道主义、生态环境等众多领域。

---

[1]　国务院新闻办公室. 中国的对外援助白皮书 [R]. 2011.

其涉及之广、种类之多充分体现了中国南南合作的丰富内涵。与之相对应的，我国也形成了较为完善的项目管理流程。以成套基础设施项目为例，需经过受援国提出、项目进入政府管理部门储备库、派遣第三方机构进行可行性研究、项目批准立项、设计、施工、竣工验收、对外移交等环节。受到"受援国提出"的传统立项模式和"交钥匙工程制"管理模式的影响，我国注重实施过程合规性，强调援助的速度、质量和经济性，通过项目中期验收、竣工验收等形式，对实施单位的实施过程进行严格的进度监管和质量控制。

可以看出，中西方对发展监督评估的语境存在不同的根本原因是中西方援助行为逻辑的差异性。西方援助在一定程度上附带条件，形成以结果为导向的项目设计逻辑，评估需要持续跟踪、了解项目是否实现目标。而中国的援助属于南南合作范畴，强调的是"穷帮穷"，坚持"受援国提出、受援国需要"，注重实践先行，多实施"交钥匙"工程，讲求援助的速度、质量和经济性，主张让受援国直接受益，获得实实在在的好处，因此早期整体管理上重过程监管、轻后续评估。

第二节　2007—2018 年：规范发展

一、援外后评估

2007 年，援外主管部门借鉴西方发展援助机构通行做法和国内工程咨询行业后评价管理方式，开始开展严格意义上的项目后评估，评估首次作为独立的监管手段得以运用。这一阶段的评估旨在获取可靠有用信息、总结经验教训，提高援外政策、规划和项目科学决策水平，改进和完善援外项目管理，提高援外资金使用效益。初期以项目评估为主，主要是选取部分已完成的成套和技术援助、优惠贷款项目，如援秘鲁机械立窑水泥厂项目、援安提瓜和巴布达展览中心项目等开展试点评估。每年评估项目数量在 5 个左右。

经过近 10 年的项目评估实践，评估工作逐渐朝着规范化方向发展。首先，从政策制度上来看，2015 年，主管部门逐步健全了"决策、执行、监督" 3 项职能界限清晰的援外管理机制，颁布施行对外援助项目系列改革配套文件，开始建立起较为完善的监督与评估机制，为提高援外管理质量和效率提供了制度保障。① 其中，为加强评估管理、规范评估程序和提高评估效果，商务部发布了《对外援助项目评估管理规定（试行）》（商援发〔2015〕487 号）。② 该规定一是明确了评估的两种方式，分别是常规评估和专项评估；二是指出了评估的五大内容，包括立项适当性、组织实施和规定、援助的效果和效率、综合影响力的实现和可持续发展；三是规范了评估的组织管理、评估工作程序、评估成果应用等，提高评估的规范化和标准化水平。在同一时期发布的《对外援助物资项目管理办法》（商务部令 2015 年第 4 号）中也提到，"建立援外项目评估制度，对项目的实施情况和实施效果进行全过程评估。"③ 为加强评估的权威性，2016 年 10 月，商务部办公厅印发了《推进援外项目实施主体诚信评估体系建设的工作方案（试行）》（商援字〔2016〕21号），④ 建立了不同类型援外项目实施主体诚信档案，记录认定不良行为，并对失信企业暂停邀请承担援外任务等惩戒措施。

其次，在评估队伍建设上，出现了一批援外项目咨询服务单位。2016 年 7 月，由中国工程咨询协会推荐全国 18 家援外项目候选评估单位。工程咨询单位需具备综合经济专业的评估咨询甲级资格。评估任务由时任主管部门商务部对外援助司进行采购管理，一般通过竞争性招标选取第三方咨询机构开展。例如，国信招标集团股份有限公司中标 2015 年援外物资项目评估；⑤ 2016 年，广东省电力设计研究院中标援摩尔多瓦交通监控系统项目、援斯里

---

① 2015 年商务工作年终综述之八：锐意改革创新 援外工作高效服务大局 ［R/OL］. (2016-2). http://www.mofcom.gov.cn/sys/print.shtml?/ae/ai/201601/20160101233356.

② http://fec.mofcom.gov.cn/article/ywzn/dwyz/zcfg/201908/20190802893595.shtml.

③ http://www.gov.cn/gongbao/content/2016/content_5054738.htm.

④ 全国商务企业信用公示平台 ［EB/OL］. (2017-3-19). http://smecredit.org.cn/index.php?id = 47.

⑤ 中国政府采购网，2015 年援外物资项目评估项目中标结果公示 ［EB/OL］. (2015-10-16). http://www.ccgp.gov.cn/cggg/zygg/zbgg/201510/t20151016_5979477.htm.

兰卡国家艺术剧院外廊屋面工程项目、援科摩罗火电设备配套土建和设备安装工程项目、援科摩罗火电设备和输电线路材料项目4个成套项目评估工作；湖南省国际工程咨询中心有限公司中标援刚果（金）农业示范中心项目等两个成套项目评估任务；① 浙江省发展规划研究院中标援汤加、密克罗尼西亚、巴布亚新几内亚3个农业技术援助项目评估等。② 我国以工程咨询公司为主的援外评估队伍逐渐建立起来，也助推了工程咨询公司在工程咨询评审领域的国际化。

最后，从评估类型上看，形式日趋丰富。2013年，我国开展了首个对外援助的专项评估，涉及援外资金使用情况。2017年，中国国际工程咨询公司受托开展了援外5年综合评估，对对外援助5年来的情况进行系统评估。③ 对外援助评估从个体微观项目开始逐渐转向更加综合和宏观的层面。

这一时期，评估工作也体现出更加开放和注重宣传的政策导向。2016年12月，商务部与瑞士发展合作署联合完成援老挝农业示范中心项目后评估。评估组赴老挝琅勃拉邦、乌多姆赛和万象，与瑞士专家联合开展双方发展援助项目评估具体案例交流，并对我国援助老挝农业示范中心项目开展现场调研，中瑞双方就援外项目评估工作开展深入交流。④ 这展现了我国开放合作的积极姿态，对于提升我国援助项目透明度、增进西方对中国援助的了解发挥了积极作用。另一方面，2017年12月，在商务部国际经济事务合作局发布的《关于进一步规范援外成套项目开竣工等重大仪式组织工作的通知》（商合促综函〔2017〕1519号）中提到，要及时跟踪，密切关注各方反应，客观评估宣传效果，加强对外援助成套和技术援助项目的对外宣传。效果评估成为评

---

① 中心喜获援刚果（金）农业示范中心项目等两个成套项目评估任务［R/OL］.（2016-7）. http://www.hiecc.cn/shownews.asp?id=998.

② 浙江省发展规划研究院，2016年援汤加第三期农业技术合作项目等三个技术援助项目评估任务［R/OL］.（2016-11-8）. https://www.zdpi.org.cn/txtread.php?id=8055.

③ 中国国际工程咨询公司，对外经济合作业务部2017年业务动态（八）［EB/OL］.（2017-4-7）. http://www.ciecc.com.cn/art/2017/4/7/art_52_40789.html.

④ 2016年商务工作年终综述之十五：高举互利共赢旗帜积极履行国际义务［EB/OL］.（2017-1-16）. http://www.mofcom.gov.cn/article/ae/ai/201701/20170102501755.shtml.

估的重要内容，也成为援外宣传的重要抓手。

二、财政绩效评价

与援外评估同步发展的还有财政支出绩效评价。事实上，我国财政绩效评价的起步可以追溯到 2003 年党的十六届三中全会，会议提出"要建立预算绩效评价体系"。2005 年，财政部开始试点实施中央部门预算绩效考评工作，以提高预算资金的使用效率，体现政府公共服务目标。2008 年党的十七届二中全会和 2010 年党的十七届五中全会又相继提出"推行政府绩效管理和行政问责制度""完善政府绩效评价制度"。在此背景下，2011 年 3 月，国务院成立政府绩效管理工作部际联席会议，指导和推动政府绩效管理工作。

从相关文件可以看出我国绩效评价发展的逻辑轨迹（见表 8-1）。2009 年，绩效评价仍以试点为主。2011 年，我国制定了中观层面的管理办法。2012 年，从宏观上制定了五年工作规划。2013 年，出台《指标体系框架》进行微观工作指导，由此基本形成了宏观、中观、微观的绩效评价管理体系，为预算绩效评价工作指明了宏观方向和具体路径。

2018 年，财政绩效评价在全国全面铺开，旨在以全面实施预算绩效管理为关键点和突破口，建成全方位、全过程、全覆盖的预算绩效管理体系，推动财政资金聚力增效，提高公共服务供给质量，增强政府公信力和执行力，做到"花钱必问效、无效必问责"。随着越来越多第三方咨询机构参与绩效评价工作，2021 年，我国相应出台了第三方机构预算绩效评价业务监督管理办法，进一步规范第三方机构行为。

表 8-1　我国绩效评价相关文件

序号	年份	文件名
1	2005	财政部关于印发《中央部门预算支出绩效考评管理办法（试行）》的通知（财预〔2005〕86 号）

续表

序号	年份	文件名
2	2009	《财政部关于进一步推进中央部门预算项目支出绩效评价试点工作的通知》（财预〔2009〕390号）
3	2011	《财政支出绩效评价管理暂行办法》（财预〔2011〕285号）
4	2012	财政部印发关于《预算绩效管理工作规划（2012—2015年)》的通知（财预〔2012〕396号）
5	2013	《预算绩效评价共性指标体系框架》（财预〔2013〕53号）
6	2015	关于印发《中央部门预算绩效目标管理办法》的通知（财预〔2015〕88号）
7	2017	财政部《关于规范绩效评价结果等级划分标准的通知》（财预便〔2017〕44号）
8	2018	《关于推进政府购买服务第三方绩效评价工作的指导意见》（财综〔2018〕42号）
9		《中共中央 国务院关于全面实施预算绩效管理的意见》（中发〔2018〕34号）
10	2020	《项目支出绩效评价管理办法》（财预〔2020〕10号）
11	2021	《中央部门项目支出核心绩效目标和指标设置及取值指引（试行)》（财预〔2021〕101号）
12		《第三方机构预算绩效评价业务监督管理暂行办法》（财预〔2021〕4号）
13		《关于委托第三方机构参与预算绩效管理的指导意见》（财预〔2021〕6号）

　　根据2020年财政部发布的绩效评价通用指标体系框架，对项目支出应进行4个方面的评价，分别是决策、过程、产出和效益，反映从立项到管理、从组织实施到后续跟踪的项目全链条（见表8-2）。指标体系围绕"财政支出花得是否值得"这一核心问题，一方面关注资金支出合理性和预算闲置问题；另一方面也将重点从合规性检查转向对实际质量和效果的考评。产出和效益指标不仅要反映完成率等指标，还体现服务对象满意度，引导项目支出提质增效，关注社会效益和可持续影响，注重可量化。

表 8-2　项目支出绩效评价指标体系框架①

一级指标	二级指标	三级指标	指标解释	指标说明
决策	项目立项	立项依据充分性	项目立项是否符合法律法规、相关政策、发展规划以及部门职责，用以反映和考核项目立项依据情况	评估要点： ①项目立项是否符合国家法律法规、国民经济发展规划和相关政策； ②项目立项是否符合行业发展规划和政策要求； ③项目立项是否与部门职责范围相符，属于部门履职所需； ④项目是否属于公共财政支持范围，是否符合中央、地方事权支出责任划分原则； ⑤项目是否与相关部门同类项目或部门内部相关项目重复
		立项程序规范性	项目申请、设立过程是否符合相关要求，用以反映和考核项目立项的规范情况	评估要点： ①项目是否按照规定的程序申请设立； ②审批文件、材料是否符合相关要求； ③事前是否已经过必要的可行性研究、专家论证、风险评估、绩效评价、集体决策
	绩效目标	绩效目标合理性	项目所设定的绩效目标是否依据充分，是否符合客观实际，用以反映和考核项目绩效目标与项目实施的相符情况	评估要点： ①项目是否有绩效目标； ②项目绩效目标与实际工作内容是否具有相关性； ③项目预期产出效益和效果是否符合正常的业绩水平； ④是否与预算确定的项目投资额或资金量相匹配
		绩效指标明确性	依据绩效目标设定的绩效指标是否清晰、细化、可衡量等，用以反映和考核项目绩效目标的明细化情况	评估要点： ①是否将项目绩效目标细化分解为具体的绩效指标； ②是否通过清晰、可衡量的指标值予以体现； ③是否与项目目标任务数或计划数相对应
	资金投入	预算编制科学性	项目预算编制是否经过科学论证、有明确标准，资金额度与年度目标是否相适应，用以反映和考核项目预算编制的科学性、合理性情况	评估要点： ①预算编制是否经过科学论证； ②预算内容与项目内容是否匹配； ③预算额度测算依据是否充分，是否按照标准编制； ④预算确定的项目投资额或资金量是否与工作任务相匹配

---

① 财政部关于印发《项目支出绩效评价管理办法》的通知（财预〔2020〕10号）。

续表

一级指标	二级指标	三级指标	指标解释	指标说明
决策	资金投入	资金分配合理性	项目预算资金分配是否有测算依据，与补助单位或地方实际是否相适应，用以反映和考核项目预算资金分配的科学性、合理性情况	评估要点： ①预算资金分配依据是否充分； ②资金分配额度是否合理，与项目单位或地方实际是否相适应
过程	资金管理	资金到位率	实际到位资金与预算资金的比率，用以反映和考核资金落实情况对项目实施的总体保障程度	资金到位率＝(实际到位资金/预算资金)×100% 实际到位资金：一定时期（本年度或项目期）内落实到具体项目的资金 预算资金：一定时期（本年度或项目期）内预算安排到具体项目的资金
过程	资金管理	预算执行率	项目预算资金是否按照计划执行，用以反映或考核项目预算执行情况	预算执行率＝（实际支出资金/实际到位资金）×100% 实际支出资金：一定时期（本年度或项目期）内项目实际拨付的资金
过程	资金管理	资金使用合规性	项目资金使用是否符合相关的财务管理制度规定，用以反映和考核项目资金的规范运行情况	评估要点： ①是否符合国家财经法规和财务管理制度以及有关专项资金管理办法的规定； ②资金的拨付是否有完整的审批程序和手续； ③是否符合项目预算批复或合同规定的用途； ④是否存在截留、挤占、挪用、虚列支出等情况
过程	组织实施	管理制度健全性	项目实施单位的财务和业务管理制度是否健全，用以反映和考核财务和业务管理制度对项目顺利实施的保障情况	评估要点： ①是否已制定或具有相应的财务和业务管理制度； ②财务和业务管理制度是否合法、合规、完整
过程	组织实施	制度执行有效性	项目实施是否符合相关管理规定，用以反映和考核相关管理制度的有效执行情况	评估要点： ①是否遵守相关法律法规和相关管理规定； ②项目调整及支出调整手续是否完备； ③项目合同书、验收报告、技术鉴定等资料是否齐全并及时归档； ④项目实施的人员条件、场地设备、信息支撑等是否落实到位

一级指标	二级指标	三级指标	指标解释	指标说明
产出	产出数量	实际完成率	项目实施的实际产出数与计划产出数的比率，用以反映和考核项目产出数量目标的实现程度	实际完成率=（实际产出数/计划产出数）×100% 实际产出数：一定时期（本年度或项目期）内项目实际产出的产品或提供的服务数量 计划产出数：项目绩效目标确定的在一定时期（本年度或项目期）内计划产出的产品或提供的服务数量
		质量达标率	项目完成的质量达标产出数与实际产出数的比率，用以反映和考核项目产出质量目标的实现程度	质量达标率=（质量达标产出数/实际产出数）×100% 质量达标产出数：一定时期（本年度或项目期）内实际达到既定质量标准的产品或服务数量。既定质量标准是指项目实施单位设立绩效目标时依据计划标准、行业标准、历史标准或其他标准而设定的绩效指标值
	产出时效	完成及时性	项目实际完成时间与计划完成时间的比较，用以反映和考核项目产出时效目标的实现程度	实际完成时间：项目实施单位完成该项目实际所耗用的时间 计划完成时间：按照项目实施计划或相关规定完成该项目所需的时间
	产出成本	成本节约率	完成项目计划工作目标的实际节约成本与计划成本的比率，用以反映和考核项目的成本节约程度	成本节约率=[（计划成本−实际成本）/计划成本]×100% 实际成本：项目实施单位如期、保质、保量完成既定工作目标实际所耗费的支出 计划成本：项目实施单位为完成工作目标计划安排的支出，一般以项目预算为参考
效益	项目效益	实施效益	项目实施所产生的效益	项目实施所产生的社会效益、经济效益、生态效益、可持续影响等。可根据项目实际情况有选择地设置和细化
		满意度	社会公众或服务对象对项目实施效果的满意程度	社会公众或服务对象是指因该项目实施而受到影响的部门（单位）、群体或个人。一般采取社会调查的方式

对外援助属于中央事权，使用财政资金，也应开展财政绩效评价。2014年，为积极响应财政部提出的推进预算绩效管理要求，商务部开始对援外资金支出进行年度绩效评价，每年选取不同专题或领域开展财政绩效评价，并

逐步构建起"决策—过程—产出—效益"四环节的评估指标体系，更加关注项目的前后两端，即绩效目标和后续效果，考察"援助资金是否花在刀刃上"。可以说，援外评估历经了"合规评估→项目绩效评价和领域评估"的政策转向，评估重点逐步从实施过程合规性转向关注项目效果和可持续性，进一步加强评估总结系统经验、反哺援助政策的作用。

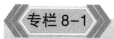

2016 年商务部援外学历学位项目绩效评价

2016 年，援外主管部门商务部对援外学历学位项目进行了财政绩效评价。清华大学、对外经济贸易大学、华东师范大学、苏州科技大学四所高校是第一批援外学历学位项目绩效评价的样本单位。商务部财务司援外财务处、商务部国际商务官员研修学院联络办、中国人民大学公共与管理学院、中国国际扶贫中心培训处、中国科学院国有资产经营公司，以及华盛中天咨询有限公司等为评估工作组成员。绩效评价内容既包括对项目的财务核查，也包括对项目实施过程的综合评估，目的是总结援外项目实施管理的成果和成绩，并着重关注薄弱环节，改进下一步工作，提高援外财政资金效益和项目管理水平。

2017 年 2 月，援外学历学位项目绩效评价工作组对清华大学公共管理学院承办的商务部援外项目——国际公共管理硕士（IMPA）项目和国际发展与治理硕士（MIDG）项目开展调研考察。评估工作分为四个部分：一是被评估单位向商务部提交项目文件，撰写项目自评估报告。二是进行座谈，了解学院援外项目的整体实施、项目设计、招生建议、教师激励以及项目定位等问题，就项目招生计划、管理模式、资源投入、学制与规模等问题进行深度交流，就项目品牌建设、对外合作、项目管理、培养机制和目标定位等方面提出具体建议。三是进行援外项目学员满意度书面调查和深度访谈，并收集了高校教职工满意度问卷。四是进行现场资料核查，并深入学校财务处、教室和学生宿舍，检查账目，考察学员上课、生活等情况。[①]

---

① 清华公管学院援外项目获商务部援外项目评估组好评．[EB/OL]．（2017-2-24）．http：//www. sppm. tsinghua. edu. cn/xwzx/gzdt/26efe489597274c4015a82d7324e0071. html.

第三节　2018 年以来：转型升级

2018 年以来，对外援助评估工作面临新的国内国际形势。首先，援外管理体制机制出现重大变化。2018 年 4 月，为充分发挥对外援助作为大国外交的重要手段作用，加强对外援助的战略谋划和统筹协调，推动援外工作统一管理，改革优化援外方式，更好服务国家外交总体布局和共建"一带一路"等，国务院机构改革方案提出，将商务部对外援助工作有关职责、外交部对外援助协调等职责整合，组建国家国际发展合作署（以下简称"国合署"），作为国务院直属机构。其主要职能是制订对外援助战略方针、规划、政策，统筹协调援外重大问题并提出建议，推进援外方式改革，编制对外援助方案和计划，确定对外援助项目并监督评估实施情况等。援外的具体执行工作仍由相关部门按分工承担。①

新的体制机制下，国合署专门设立监督评估司负责监督评估工作。2021年 8 月，国合署、外交部、商务部公布新的《对外援助管理办法》（国家国际发展合作署令 2021 年第 1 号）指出，"国际发展合作署会同援外执行部门建立对外援助项目监督制度，对对外援助项目的实施情况进行监督。国际发展合作署会同援外执行部门建立对外援助项目评估制度，制定对外援助项目实施情况评估标准，组织开展评估。"管理办法的出台加强了监督评估的制度保障，明确了监督评估管理机制和主体职责，有助于更好地发挥监督评估的积极作用。国合署负责统筹建立评估体系和工作机制，制定政策、标准，组织开展综合评估、专项评估。援外执行部门负责组织开展日常评估，配合国合署开展评估工作。咨询评估机构为援外评估实施主体，对评估报告质量和相关结论负责，承担对国家秘密、商业秘密等的保密责任。驻外使领馆（团、处）协助开展境外现场工作，协调安排走访、调研受援方政府援助主管部门、项目主管部门和当地民众以及国际机构等合作伙伴，对评估内容和结论提出

---

① 王勇. 关于国务院机构改革方案的说明——2018 年 3 月 13 日在第十三届全国人民代表大会第一次会议上［R］.（2018-3-13）.

意见和建议。援外项目实施单位负责及时、准确、完整地提供评估所需技术文件、资料和数据，配合评估咨询机构做好资料搜集、现场调研走访及其他相关工作。

其次，评估工具属性的政策化。2020 年《对外援助项目评估管理规定》对对外援助项目评估作出了定义，即运用系统、规范、科学、专业的指标和方法，通过与预期目标进行对比分析，对援助项目过程、目标、效果、可持续性等进行全面评价，形成评估结论并提出改进意见和建议。从定义可以看出，评估是基于项目后评价的兼具政策性和技术性的分析工具，技术性是指用来审查完成后项目实施合规性和效果的一种任务安排；另一方面，政策性是指评估结果是用于服务新一轮同类型、同地区、同领域项目的立项和决策的。《对外援助项目评估管理规定》将评估分为综合评估、专项评估和日常评估。日常评估针对已完成项目的质量、安全、进度、资金管理及实施效果，由各执行部门报送；专项评估针对落实重大援助举措、重点援助区域或领域及以特定援助方式实施的援助项目，以问题导向方式选题；综合评估针对一定阶段援外项目总体实施情况，原则上每 5 年开展一次，综合评估和专项评估由国合署委托负责。至此，以单个项目评估和自评估为基础、专项评估为主内容、5 年综合评估为关键节点的多层次评估体系基本形成。需要意识到，援外的立项和执行实行分段管理后，立项部门和执行部门关注的焦点存在差异。立项部门关注的是如何选立更好的项目，科学布局项目、资金，推进整体的方式创新；执行部门关注的是做好项目，在一定的资金范围内让项目发挥出更好的效益。因此，日常评估的目的是保证项目能够保质保量地实施，用于执行部门改进下一轮项目管理。执行部门需要通过评估客观、全面地向立项部门反映单个项目效果，为立项部门整体的统筹和对外宣传提供必要的信息支撑。而立项部门需要根据日常评估的结果，选择一些共性的主题来开展专项评估，帮助立项部门反思，服务新项目的立项和决策。

再次，援助方式和领域在不断创新发展。随着我国国际发展合作事业的深入推进，如由国际组织实施的南南合作援助基金①、紧急项目、受援方自建等新的援助方式和模式兴起，援助领域和方式不断延展，对评估提出了更高要求，评估咨询机构库正在扩充完善，将有更多主体和专家参与援外评估，建立健全评估标准和指标体系具有重要的指导意义。2021年1月，国务院新闻办公室发布的《新时代的中国国际发展合作》白皮书中就指出，"要建立系统完善、公正独立的项目评估机制，制定科学规范、完整有效的评估标准，开展综合评估和专项评估，加强评估结果应用。"② 2022年，国合署印发《对外援助项目评估指标体系》和《对外援助项目评估工作手册》，通过完善评估指导标准和流程，进一步体现评估的规范性，加强对评估主体和人员的引导与能力建设。

最后，国内外对对外援助资源绩效的关注不断增强。我国政府和公众对公共资源使用绩效的关注在不断增强，要求提高援外资金效益，加强问责。另一方面，国际社会正在努力推动实现联合国2030年可持续发展目标（SDGs）。随着我国综合国力的不断增强，我国日益走近世界舞台的中央。作为世界上最大的发展中国家和新兴援助国，我国的南南合作和国际贡献备受各方关注，国际社会对我国的期待更高，需要更好地衡量我国对外援助对国际发展合作事业所作贡献，彰显我国负责任大国形象。

因此，在新的形势下，国际发展合作评估应该发挥如下作用：一是要发挥"指挥棒"作用，全面规范项目实施。伴随我国援外事业的蓬勃发展，实施主体和方式手段更趋多元。评估作为项目全链条管理的重要抓手，将成为立规树矩的标杆戒尺，贯穿于项目准备、立项、组织实施、后续运营的全过程，提高各类援助活动的有序性和规范性。二是发挥"度量衡"作用，客观评估综合效益。随着我国政府和公众对公共财政的关注不断增强，"花钱必问

---

① 2015年9月，习近平主席在联合国发展峰会上宣布中国将设立南南合作援助基金，支持发展中国家落实2030年可持续发展议程。在此基础上，为加大对全球发展合作的资源投入，中国政府决定将南南合作援助基金升级为"全球发展和南南合作基金"，并在已有30亿美元基础上再增资10亿美元，支持发展中国家落实全球发展倡议和可持续发展议程。

② 国务院新闻办公室. 新时代的中国国际发展合作白皮书［R/OL］.（2021-1-10）. http://www.scio.gov.cn/zfbps/ndhf/44691/Document/1696699/1696699.htm.

效、无效必问责"的财政绩效管理体系正在建立。① 对外援助使用国家财政资金，评估应客观评估项目产生的政治、经济和社会等效益和可持续情况，反映财政资源配置和使用效益，引导每一分钱都花在"刀刃"上。三是发挥"风向标"作用，提升决策科学化水平。党的十九届五中全会提出健全重大政策事前评估和事后评估制度，② 提高决策科学化、民主化、法治化水平。好的评估除聚焦项目过程及成效外，更应在前端发力，形成总结阶段性经验、反映存在不足、对潜在问题预警的制度安排，供决策者在下一阶段安排项目或制定政策时考虑，为更好服务国家对外战略谋篇布局、下好先手棋。四是发挥"成绩单"作用，回应国际关注和期待。在全球努力推动实现联合国2030年可持续发展议程的国际背景下，西方国家更加重视援助有效性问题，发展中国家期待更多外界援助支持。评估需要更好衡量、展现我国国际发展合作成果，体现中国方案和中国智慧的世界贡献，回应外界关注和期待，丰富国际宣传内容，使我国致力于全球发展的负责任大国形象愈加公开透明、立体丰满。

---

① 中共中央、国务院. 关于全面实施预算绩效管理的意见. 2018.
② 《中共中央关于制定国民经济和社会发展第十四个五年规划和二〇三五年远景目标的建议》，2020年10月。

第九章　新发展阶段构建中国特色国际发展评估体系的路径建议

监督评估是对外援助管理中的重要一环。当前，我国对外援助处于全方位变革、整体性提升的新阶段，评估工作被赋予更高的战略定位，需要在适当借鉴国际经验基础上，建构更有效的政策体系、更健全的管理机制、更科学的评估标准和更创新的实践路径，在新时代中找准定位，展现更大作为。

第一节　建立多维政策体系

要理解援外评估政策体系，首先要了解"对外援助评估的对象是谁"这一基本问题。事实上，对外援助评估对象并不是一维的，可以从 3 个角度来看：一是项目层面，评估援助项目全过程的合规性，以及产生的效果。二是资金层面，评估援助资金管理以及资金投入—产出比。三是政策层面，包括整体和领域国别规划、机构建章立制、机构间协调、援助方式创新等政策的科学性和有效性。随着我国援助规模的增长和援助形式的创新发展，专题评估的数量较项目评估已呈增长态势。国合署要进一步履行"拟定对外援助战略方针、规划、政策，充分发挥对外援助作为大国外交的重要手段作用"的职责，将以更高站位和更广视角加强政策评估工作，更好地服务援外政策战略谋划。

随着我国援助项目监督评估工作的深入推进，我国应基于长期援外实践，吸收国内外财政资金绩效管理经验，形成中国特色的评估价值理念和话语体系：一是从项目质量和效果评估入手，切实反映中国为改善当地民生福祉所做的扎实努力，全面体现我国在全球南南合作中的贡献；二是向国内民众展现我国援助注重财政资金效益的管理机制，体现每一分钱都花在"刀刃"上。

基于上述出发点，需要探索建立涵盖各专业领域、定量与定性相结合的标准化和系统化评估指标体系，以更好地全面、客观展现对外援助项目的效用及影响，加强对相关评估机构的指导，提升评估科学性和规范化水平。从技术上讲，对援助宏观效果的评估较难量化和定论。援助项目的微观执行情况可从项目完成情况、贷款回收率等具体指标来直接衡量，但受援国发展往往是多方面因素叠加作用的结果，很难评估受援国的经济发展是否与某国援助有直接明显关系，而且援助的宏观效果需要较长的时间才能显现出来，进一步增加了评估的难度。因此，可选择多维度视角开展援助评估。在援助项目覆盖面广、较为分散的情况下，既要有微观评估，把关注重点放在项目本身的完成情况和短期效果上，也需要宏观和追溯评估，避免用短视的目标来判断援助的有效性，应对援助的整体规划和外溢效应进行评估，缩短援助同受援国经济发展之间的因果链条，客观评估援助效益。同时，评估指标体系的建设应注重以领域、地区等合作战略和总体目标为出发点与导向标，纲举目张，带动形成立项目标和评估指标相互促进的闭环管理，完善以结果为导向的援助立项决策和评估机制。

第二节　构建专业管理机制

与政策体系相对应，评估管理机制将呈现以下几个特点和趋势：

第一，项目评估属地化。项目评估将遵循"谁实施、谁评估"的原则，执行部门、承贷金融机构、部分地方政府对各自实施的项目开展自评估，提交自评估报告。驻外使领馆履行一线监督职能，并对重点项目开展评估。国合署作为立项部门，其功能一是负责统筹协调，制定评估标准和流程，指导自评估工作；二是对自评估报告进行案头审查和部分现场抽查；三是基于自评估报告，发现共性问题，选取重要专题，开展专项和综合评估。评估各有分工、各司其职，由执行部门进行自评估，符合权责一致的原则，有利于项目的全过程管理，保障项目管理的连贯性和自主性。同时，国合署通过事前制定评估标准、事中监督、事后检查，形成以结果为导向的闭环管理，能够确保立项意图始终贯穿在项目实施过程中。进一步加强评估结果的应用，建立评估反馈体系，使评估结果在机构各部门之间得到有效利用，特别是对援助政策优化调整以及新援助项目立项起到参考借鉴作用。

第二，效果评估集成化。效果是财政绩效问责和开展国际传播的硬指标。国合署作为援助统筹部门，将更关注援助项目的集成效果，反映援助对特定领域、区域和全球发展议题的集合贡献。为此，或将由国合署牵头效果评估，提出一套标准化指标，建立项目效果统计台账。执行部门以及驻外使领馆负责采集、报送数据，为效果评估提供信息支撑。各部门通力合作，方能讲好真实生动、有说服力的中国援外故事。

第三，政策评估专业化。当前的援外评估从本质上看仍然是自评估的概念。今后，于政策评估而言，国合署不再是"裁判员"，而是援助政策的"运动员"，因此将更加倚靠独立的第三方专业评估力量，拓宽政策制定部门"只缘身在此山中"的眼界，以更大力度推进援助政策的督导力和透明度。从国际经验来看，部分国家也成立了专业政策评估机构。如德国发展评估研究所（DEval）独立于援助的主管部门德国经济合作和发展部，[1] 法国计划设立置于国家审计署之下的援助评估机构，[2] 以提高评估的客观性和权威性。

同时，应加强咨询服务队伍能力建设。围绕指标体系、评估工作手册等组织系列培训，通过案例讲解等方式宣介评估流程和指标使用方法，引导评估咨询服务主体和人员根据规范开展评估。加快培养一批高质量援外评审咨询人才队伍，培育不同评估咨询机构的比较优势，推进队伍的专业化和复合化，更好地服务援外总体工作。加快建设政策评估队伍。目前，我国项目评

---

[1]　https://www.deval.org/en/about-us/the-institute/goals-and-functions.

[2]　https://www.legifrance.gouv.fr/jorf/id/JORFTEXT000043898536/.

估咨询机构已具有相当经验，可持续加强对评估主体和人员的引导与能力建设，推进评估机构市场化竞争机制。在政策评估方面，还需加快建设专业化、复合化、规范化的高水平评估队伍。由国别专家、发展政策专家、领域方面专家、项目专家等多主体共同参与机制是较优选择，这其中需要更好地发挥评估咨询机构的比较优势，并动员更多社会力量参与到援外政策的讨论和建言中。

第三节　制定多元评估标准

评估标准要回答的是"什么样的对外援助是好的"这一问题。经合组织发展援助委员会（OECD-DAC）提出的相关性、一致性、有效性、效率、影响、可持续性六大经典评估原则[1]具有一定普适性，但各国的评估重点各有侧重。我国对外援助属于南南合作范畴，2021 年《新时代的中国国际发展合作》白皮书指出，"制定科学规范、完整有效的评估标准"，[2] 意在形成适应我国国情和援助特点的评估标准体系，多维且全面地考察对外援助的贡献。

新时期援外评估应呈现出六大政策导向：一是过程的规范性导向。项目评估要尽可能覆盖从储备、立项、组织实施到后续使用的管理全链条，形成一系列约束性的指标，评估"是否"做到。例如是否制定了相关制度、相关的风险防控措施，制度是否具有针对性和指导性，以此来指导整个项目合规、规范实施。二是产出的质量导向。项目不仅要合规，还要有质量。产出应符合受援国的自然气候条件和社会人文条件。三是投入的经济性导向。援助资金属于国家财政资金，遵循财政绩效评价"花钱必问效、无效必问责"的导向，关注资金的使用和成本节约。对工程基建类项目和大型修缮项目的成本要开展评估，体现援外项目成本管理和成本控制的政策导向。四是目标的需求导向。对外援助项目跟国内项目不同，集发展目的和政治目的于一身，所

---

① https://www.oecd.org/dac/evaluation/daccriteriaforevaluatingdevelopmentassistance.htm.

② http://www.scio.gov.cn/zfbps/32832/Document/1696685/1696685.htm.

以要从发展影响和对外战略的双重目的来衡量。特别要从受援国视角评估项目是否契合受援国的发展规划和当地民众的实际需求，是否能够对当地经济社会发展有所助力，是否获得受援国的认可和满意。同时，也要关注对配合外交总体布局和共建"一带一路"的贡献，是否促进双边友好关系、支持国内国际双循环发展格局，对民心相通的影响等。五是效果导向。通过评估可以发现和提供生动的宣传素材，达到对外展示援外综合效益的目的。效果导向一方面要求全方位地展现项目的政治、经济、社会、环境、健康影响，为效果呈现提供更多元的测量维度；另一方面要求定量，例如项目提高了当地卫生服务水平，需要一些具体数据来佐证，提高说服力。所以在评估指标设置上，要提高定量指标的占比，确保评估既有定性分析，也有定量衡量，来指导评估过程注重搜集量化信息。效果导向还要求，要设立项目效果与联合国2030年可持续发展议程的关联路径，为讲述全球发展的中国方案提供信息和基础。六是项目的可持续导向。赠人玫瑰，手有余香，要"持久留香"，让援助发挥长久的作用。评估需要了解项目后续情况，比如后续外方的投入保障措施，外方的能力是否能够支持项目的可持续，效果是否得到了长续利用和发展。

从微观角度来看，过程、目标、效果、可持续性是项目评估的通用标准，包括援助方案合理性、援助成果时效性、援助可持续性等。考虑到援助项目多、杂、全的特点，对不同类型援助项目需制定更为具体的评估标准。例如，优惠贷款项目要评估项目内部年收益、产生的社会发展效益、对受援国偿债能力的影响等。人力资源开发合作项目评估参训学员及其所在机构的能力水平提升程度等。南南合作援助基金实施项目评估国际组织、社会组织、国内外智库的执行能力是否有利于保障项目完成，有助于联合国可持续发展目标落地，对双边援助进行有益补充等。紧急人道主义项目评估是否回应受援国的紧迫需要和关切，相关组织形式能否有效保障项目实施等。援外医疗队员占当地医护人员的比重，对增加当地医疗资源、改善医疗状况的支持程度；对卫生援外领域其他援助方式的配合和补充的情况，是否与其他的援助方式相互借力、形成合力，实现资源优化配置，共建人类卫生健康共同体。同时也需注意项目的外溢效益，如对卫生领域项目，也可考察一些跨领域的指标，包括支持性别平等、关注残疾人等。

第四节　搭建评估指标体系

构建评估指标体系是评估标准落地的具体体现，有助于进一步增强评估的科学性和规范性，为服务政策研究、加强对外宣传提供抓手。新时期的指标体系应覆盖项目过程、目标、效果、可持续性等全周期，关注实施质量和经济性，为评估效果提供更多元化的测量维度，体现以人为本、绿色持续的援助理念，引导项目可持续发展、"持久留香"。指标体系的构建应遵循以下原则：一是指标应具有科学性，能够反映绩效目标的实现程度和实施的有效性。结合定性和定量指标，尽可能细化评估方法和标准，将标准可量化，使绩效评价从依靠人为判断向客观衡量转变。二是尽可能明确责任主体，做到责任明晰、权责对等，确保绩效评价结果的公正性。指标设计应较为客观、为各个主体认可和接受，过程指标要充分考虑不同实施主体的实际情况，考虑统一性和差异性相结合。指标数据的获得应当考虑可获得性和可操作性。三是指标应具有导向性，将着力点放在质量上，着眼点放在受援国服务对象上，不仅要体现直接效果，还要反映间接和长期效果，关注社会效益和可持续影响。

具体而言，搭建评估指标体系应注意三点。第一，横纵结合，搭建系统和全面的指标体系。从横向看，考虑到各类型援助项目的管理链条是类似的，可参考 OECD-DAC 评估标准构建通用型指标体系，用于评估立项目标、实施过程、综合效益、后续可持续的项目管理全过程。从纵向看，考虑到不同项目有不同的产出、效果和特点，可根据援助领域、方式、渠道等维度设置专用指标工具包，覆盖如教育、医疗卫生、公共管理、人道主义等援助领域，采用优惠贷款、现汇、人力资源开发合作等援助方式，以及通过国际组织实施等不同援助渠道。

第二，目的导向，形成立项目标和评估指标相互促进的闭环管理。具体指标设计应以项目目标为出发点和导向标，一是应契合受援方发展规划，匹配受援方民众实际需求，突出以人为本、改善民生的援助理念；二是展现对外援助配合服务外交大局和推动共建"一带一路"的积极贡献；三是探讨建立项目目标与联合国 2030 年可持续发展目标之间的关联路径，体现我国作为负责任大国的使命和担当。同时，要完善以结果为导向的援助立项决策机制，引导项目管理在项目设计、可行性研究时就关注目标设置，使立项目标始终贯穿在项目整个实施过程中，指导相关单位及时跟踪目标实现情况。

第三，实事求是，考虑指标体系的使用便利性。一是指标设置要有一定的可获得性和时效性，数据较易搜集和获得，并最好在项目伊始就明确数据报送负责主体；指标分为必选和可选项，评估机构可根据实际可及情况选取。二是将定性指标和定量指标相结合，能够客观地反映项目产出，全面反映项目效果，便于对同类型项目进行横向比较，并对各项目进行效果的集成汇总。

第五节　丰富创新评估方法

目前比较常见的评估方式包括资料查阅、实地调研、抽样研究、问卷调查、利益方访谈、焦点小组访谈、公众评判法等，不同评估方式相互借力、互为印证。在具体实践中，援外评估正在探索开发更多的创新方式，如逻辑框架法、问题树分析法、目标树分析法、对比分析法、等级评定法、趋势预测分析法、成本效益分析法等。

下一阶段，应注意以下三方面事项。多维且全面地评估对外援助的贡献，不断提高评估可靠性和公信力，更好地发挥服务援外政策、增强综合效益的作用。一是为减少疫情对境外实地考察带来的不利影响，将更多运用信息化技术，采用网络问卷、视频会议等形式。或探索试点将我国先进的卫星技术、云计算等地理空间数据技术应用到评估中。二是加强效果量化数据追踪和评测，实现综合定量分析，以科学、客观反映项目产出和目标实现程度。三是对于我国常在区域合作机制下宣布的一揽子援助，或当前开展的抗疫援助，可采用多点评估方式，即评估在多处地点实施同质活动的情况，回答"哪些举措具有普适性？哪些活动因地点不同而引起不同的成效"等问题，因地制宜提高援助的针对性。

第六节　发挥评估外溢效益

重视评估结果在资金统筹中的运用。以后评估带动前评估，提高项目准备和可行性研究质量。探讨建立评估结果与资金安排衔接的挂钩机制，体现评估切实优化资金结构、提高资金使用效益的政策导向。

加强评估成果运用。利用现有援外项目实施主体诚信评估体系等，加强评估后的奖惩机制，提高评估威信力。进一步健全评估反馈体系，打通评估"最后一公里"，使评估结果在机构各部门之间得到有效利用，特别是对援助政策优化调整以及新援助项目立项起到参考借鉴作用。

评估是开展国际交流、凝聚共识的有效渠道。可加强受援国当地政府、智库等主体参与评估的力度，在评估过程中加强当地自主能力建设的同时，还能更好地总结在受援国实施的项目经验，了解当地发展诉求，服务于国别政策研究。此外，可选取部分项目与国际组织或传统援助方开展联合评估，借"外眼""外嘴"展现中国援助实践和成果，进一步提高援助透明度。

加大中国特色援助评估宣介。评估是体现中国援助既"做得好"也"说得好"的有效结合点。要进一步发挥评估的宣传效益，不仅要基于项目评估结果宣传中国援助贡献，更应宣介阐释中国特色的评估理念和方法论，如我国注重政策评估的转向、评估指标体系的尝试、评估与联合国可持续发展议程的对接等，以评估为切入点展现我国援助治理能力和治理体系的进一步提升。

附　录

评估相关的组织机构

1. 经合组织发展评估专家组

最早成立于 20 世纪 70 年代，是一个独特的国际论坛，汇集了经合组织成员国的发展合作机构和多边发展机构的评估管理人员和专家。该专家组的目标是通过促进高质量的独立评估，提高援助政策和方案的有效性，改善发展成果。目前有 40 个成员机构的评估单位参加。

2. 联合国评估小组（UNEG）

1984 年，联合国成立评估小组，目的是加强评估职能的专业发展，促进评估方法的统一，改变联合国内各机构"单打独斗"的做法，为更多的合作伙伴和机构参与提供了平台。联合国评估小组对评估进行了统一定义，即"对一项活动、项目、方案、战略、政策、专题、主题、领域、业务领域、机构绩效等开展尽可能系统和公正的评估。它侧重于预期和已取得的成绩，审查结果链、过程、背景因素和因果关系，以了解取得的成绩或不足。它考虑到联合国系统组织的活动和贡献的相关性、有效性、效率、影响和可持续性。评估应提供可信、可靠和有用的循证信息，以便及时将评估结果、建议和经验教训纳入联合国系统及其成员的决策过程。"

3. 多边开发银行评价合作小组（ECG）

1996 年，5 个主要多边开发银行（非洲发展银行、亚洲开发银行、欧洲复兴开发银行、美洲开发银行和世界银行）成立了评估合作小组（Evaluation Cooperation Group，ECG），以促进多边金融机构间对评估方法采取更加统一的方法。成员们还共同进行联合评估，讨论评估办公室独立性、可评估性、多边开发银行成果议程以及经验教训的学习和传播等问题。

4. 人道主义行动问责与绩效积极学习网络（Active learning Network for Accountability and Performance in Humanitarian Action，ALNAP）

成立于 1997 年，ALNAP 是一个由非政府组织、联合国机构、红十字/红新月组织成员、捐助者、学术界和专家顾问组成的全球网络，通过总结以往行动提高知识和证据的质量、可用性和使用，致力于改善对人道主义危机的反应。为此，网络促进其成员之间的学习，创办人道主义行动评估图书馆，开展原创性研究，并举办活动和会议。

5. 国际发展评估协会（International Development Evaluation Association，IDEAS）

IDEAS 于 2002 年 9 月在英国成立，以满足国际上活跃的发展评价人员对全球性专业协会的需求。通过完善知识、加强能力建设、扩大发展评价的网络，特别是在发展中国家和转型国家，改善和扩展发展评价的实践，为国际发展评价的专业知识、道德规范、概念思维和标准作出贡献；提高其成员和整个国际发展评价人员的能力；为其成员之间以及整个行业提供交流经验和知识的平台；促进管理，从证据中学习和对发展负责；促进可持续发展评价的伙伴关系。协会由十名成员组成的董事会管理，其中包括一个执行委员会，主席、副主席、秘书长和财务主管，以及来自世界各地的 6 名代表。

6. 国际评估合作组织（IOCE）

IOCE 于 2003 年成立，代表美洲、非洲、亚洲、大洋洲、欧洲以及中东地区的国家和地区专业评价自愿组织（VOPEs）。它通过交流评价方法、理论和实践来加强国际评价，并促进良治。它致力于文化多样性和包容性，并在尊重多样性的前提下将不同的评价传统结合起来；促进评价领导力和能力的建设，特别是在发展中国家；推动世界范围内的评价理论和实践交流；应对评价中的国际挑战；协助评价行业采取更加全球化的方式，为识别和解决世界问题作出贡献。

7. 影响评估网络（Network of Networks on Impact Evaluation，NoNIE）

NoNIE 于 2006 年 11 月成立，将 DAC 发展评估专家组、联合国评价小组和多边开发银行评价合作小组以及国际评价合作组织聚集在一起，准备影响评估指南，开展影响评估协调与合作，搭建影响评估的信息交流平台。2009年，NoNIE 发布了《影响评估和发展：NoNIE 影响评估指南》。

8. 国际影响评估倡议（International Initiative for Impact Evaluation，3ie）

3ie 成立于 2008 年，是支持国际发展中影响评价证据的产生、综合和吸收的全球领导者。与政府、基金会、非政府组织、发展机构和研究机构密切合作，满足决策需求。在美国华盛顿、印度新德里和英国伦敦设有办事处，并拥有全球研究人员网络，提供专业知识。开展影响评估和系统审查，开展定性研究、成本分析、过程评价、形成性评价和其他实施研究。

9. 更好的评估（Better Evaluation）

成立于 2012 年，这是一个全球非营利性组织，集知识平台、评估能力建设、评估研究和创新为一体。与全球社区合作，创造、分享和支持使用有关如何更好地计划、管理、开展和使用评估的知识，包括全方位的监测评估活动、框架和系统，并包括对项目、计划、政策、产品、网络、组织或战略的评价。它还包括不同类型的评价，如影响评估、影响测量和投资回报。

10. 评估合作伙伴（EvalPartners）

成立于 2012 年，这是由国际评估合作组织和联合国推动，是联合国、专业评价自愿组织、政府、议员、民间社会组织、开发银行和其他合作伙伴之间的一种创新伙伴关系。合作伙伴共同致力于影响政策制定者、公众舆论和主要利益相关者，使他们认识到有效评价的必要性。2015 年，联合国宣布当年为国际评估年。EvalPartners 于 2016 年在尼泊尔议会启动了 2016—2020 年的全球评估议程。目前设置 5 个子评估网络，包括 EvalYouth、EvalSDGs、EvalGender+、全球议员评估论坛和 EvalIndigenous。

11. 全球评估倡议（Global Evaluation Initiative，GEI）

GEI 包括世界银行独立评估局、联合国开发计划署独立评估办公室等 28

个双多边组织、评价能力服务提供者、民间社会组织、协会，促进公共和私人利益相关者的能力发展及评价的使用，以加强对结果的问责，基于证据的决策，并从经验中学习；加强全球南部机构的评价能力和对评价的利用；加强世界银行集团、联合国和其他伙伴机构的评价能力和对评价的利用。

12. 国际发展评价培训项目（International Program for Development Evaluation Training，IPDET）

IPDET 是一个全球培训项目，旨在为决策者、管理者和从业者提供委托、管理和评估地方、国家、地区和全球层面的政策、计划及项目所需的工具，为来自不同组织和部门、在评价过程中扮演不同主体提供多样化的方法，并将这些评估用于决策。

13. 评估和结果学习中心（Centers for Learning on Evaluation and Results，CLEAR）

CLEAR 是一个全球监督评估能力发展项目，它将学术机构和捐助伙伴聚集在一起，为发展中国家的决策中使用证据作出贡献。在巴西、东亚（中国）、南亚（印度）、拉丁美洲和加勒比（墨西哥）、非洲法语区（塞内加尔）和非洲英语区（南非）设立了中心。这些中心设在学术机构内，其任务是提供并帮助复制有效的监测和评估能力发展服务，为其所在地区的战略伙伴和客户提供一系列的服务，包括政府、民间社会、私营部门和其他监督评估能力建设提供者。CLEAR 的全球中心设在世界银行独立评估局内，为区域中心提供资金、战略和其他直接支持，以支持其绩效。它还促进跨中心的学习和更广泛监督评估的学习。CLEAR 捐助者包括多边开发银行（亚洲开发银行、非洲发展银行、美洲开发银行、世界银行）、洛克菲勒基金会和双边捐助者（澳大利亚、比利时、瑞典、瑞士、英国）。捐助方既提供资金，也提供战略指导。

参考文献

一、中文类

[1] 2015 年商务工作年终综述之八：锐意改革创新 援外工作高效服务大局 [EB/OL].（2016-2-22）. http://www.mofcom.gov.cn/sys/print.shtml?/ae/ai/201601/20160101233356.

[2] 2016 年商务工作年终综述之十五：高举互利共赢旗帜积极履行国际义务 [EB/OL].（2017-1-16）. http://www.mofcom.gov.cn/article/ae/ai/201701/20170102501755.shtml.

[3] 财政部关于印发《项目支出绩效评价管理办法》的通知（财预〔2020〕10 号）.

[4] 对外援助项目评估管理规定（商援发〔2015〕487 号）[EB/OL].（2016-9）. http://fec.mofcom.gov.cn/article/ywzn/dwyz/zcfg/201908/20190802893595.shtml.

[5] 对外援助物资项目管理办法（试行）[EB/OL].（2015-12）. http://www.gov.cn/gongbao/content/2016/content_5054738.htm.

[6] 曹俊金，薛新宇. 对外援助监督评估制度：借鉴与完善 [J]. 国际经济合作，2015（4）.

[7] 国务院新闻办公室. 国新办举行我国抗疫援助及国际发展合作发布会 [EB/OL].（2021-10-26）. http://www.scio.gov.cn/xwfbh/xwbfbh/wqfbh/

44687/47280/index.htm.

［8］国务院新闻办公室.新时代的中国国际发展合作白皮书［R/OL］.（2021-1-10）.http://www.scio.gov.cn/zfbps/ndhf/44691/Document/1696699/1696699.htm.

［9］国务院新闻办公室.中国的对外援助白皮书［R］.2011.

［10］黄梅波,朱丹丹.国际发展援助评估政策研究［J］.国际经济合作,2012（5）：54-59.

［11］黄梅波.国际发展援助的有效性研究：从援助有效性到发展有效性［M］.北京：人民出版社,2020.

［12］刘娴.国际援助项目评估指标体系建设［J］.项目管理评论,2021（7）.

［13］王新影.美国对外援助评估机制及启示研究［J］.亚非纵横,2014（6）.

［14］王勇.关于国务院机构改革方案的说明——2018年3月13日在第十三届全国人民代表大会第一次会议上［R］.（2018-3-13）.

［15］王玉萍.DAC对外援助评估体系及对我国的启示［J］.山西大学学报,2016（6）.

［16］徐加,徐秀丽.美英日发展援助评估体系及对中国的启示［J］.国际经济合作,2017（6）：50-55.

［17］张传红,林海森.评估南南合作：挑战、经验与机遇［M］.复旦公共行政评论,2021（2）.

［18］赵剑治.国际发展合作：理论、实践与评估［M］.北京：中国社会科学出版社,2018.

［19］浙江省发展规划研究院.2016年援汤加第三期农业技术合作项目等三个技术援助项目评估任务［R/OL］.（2016-11-8）.https://www.zdpi.org.cn/txtread.php?id=8055.

［20］中共中央关于制定国民经济和社会发展第十四个五年规划和二〇三五年远景目标的建议,2020.

［21］中共中央、国务院关于全面实施预算绩效管理的意见［R］.2018.

［22］中国国际工程咨询公司,对外经济合作业务部2017年业务动态（八）

[EB/OL]. (2017-4-7). http://www.ciecc.com.cn/art/2017/4/7/art_52 _40789.html.

[23] 中国政府采购网，2015 年援外物资项目评估项目中标结果公示 [EB/ OL]. (2015-10-16). http://www.ccgp.gov.cn/cggg/zygg/zbgg/201510/ t20151016_5979477.htm.

二、英文类

[24] A balancing act between financial sustainability and development impact, 2020 [R/OL]. https://www.oecd.org/derec/germany/DEval_Report_2020 _Structured_Funds_web.pdf.

[25] Activity evaluation operational policy. https://www.oecd.org/derec/newzea-land/NEWZEALAND_NZAID_EvaluationGuidelines.pdf.

[26] AFD's evaluation policy [EB/OL]. https://www.oecd.org/derec/france/ AFD-evaluation-policy-eng.pdf.

[27] African Development Bank, Guidelines for country assistance evaluation, 2004 [R/OL]. https://www.oecd.org/derec/afdb/35142316.pdf.

[28] An evaluation of the Belgian core funding policy of multilateral organizations, 2021 [R/OL]. https://www.oecd.org/derec/belgium/Core%20funding% 20report%20ENG.pdf.

[29] Annette Binnendijk, Results based management in the development cooperation agencies: a review of experience, 2000 [R/OL]. https://www.oecd.org/ derec/dacnetwork/35350081.pdf.

[30] Ashoff, Guido et al. (2008): the Paris Declaration. Evaluation of the imple-mentation of the Paris Declaration: Case study of Germany. Evaluation Reports 032. Bonn: Federal Ministry for Economic Cooperation and Develop-ment [R/OL].

[31] Australia awards scholarships in Cambodia, Review, 2015 [R/OL]. https:// www.dfat.gov.au/sites/default/files/cambodia-aus-awards-scholarships-mtr

−2015.pdf.

［32］ Banking our aid: Australia's non−core funding to the Asian Development Bank and the World Bank, 2015［R/OL］. https://www.oecd.org/derec/australia/Banking−our−aid−aus−non−core−funding−to−adb−and−wb.pdf.

［33］ Capacity development outcome evaluation, field−testing of the methodology, DANIDA, 2005［R/OL］. https://www.oecd.org/countries/ghana/36477550.pdf.

［34］ Conducting quality impact evaluations under budget, time and data constraints, 2006［R/OL］. https://www.oecd.org/derec/worldbankgroup/37010607.pdf.

［35］ Cost−benefit analysis in World Bank projects, 2010［R/OL］. https://www.oecd.org/derec/worldbankgroup/46988474.pdf.

［36］ Danida evaluation guidelines［R/OL］. https://www.oecd.org/derec/denmark/DENMARK_danida_evaluation_guidelines.pdf.

［37］ Deval, The OECD−DAC evaluation criteria : to reform or to transform?, 2018［R/OL］. https://www.oecd.org/derec/germany/DEval−Policy−Brief−DAC−evaluation−criteria.pdf.

［38］ DFID［R/OL］. https://www.oecd.org/countries/mozambique/35079625.pdf.

［39］ DFID's support for Palestine refugees through UNRWA, 2013［R/OL］. https://www.oecd.org/derec/unitedkingdom/UK_DFID_ICAI%20UNRWA_Palestine_Refugees.pdf.

［40］ D'Errico, S, Geoghegan, T and Piergallini, I（2020）Evaluation to connect national priorities with the SDGs. A guide for evaluation commissioners and managers. IIED, London［R/OL］.

［41］ Effective practices in conducting a multi−donor evaluation, 2000［R/OL］. https://www.oecd.org/derec/dacnetwork/35340484.pdf.

［42］ Efforts and Policies of the Members of the Development Assistance Committee,

OECD Publishing, Paris [R/OL]. https://doi.org/10.1787/dcr-2002-3 -en.

[43] European Commission, Guidelines for dissemination and feedback of evaluations, 2003 [R/OL]. https://www.oecd.org/derec/ec/35140956.pdf.

[44] Evaluating EU Activities. A Practical Guide for the Commission Services, Preliminary version [R/OL]. July 2003, DG Budget.

[45] Evaluating sustainability in times of the 2030 agenda, 2018 [R/OL]. https://www.oecd.org/derec/germany/DEval-Policy-Brief-sustainability-Agenda-2030.pdf.

[46] Evaluation as a driver of reform in IFIs, 2017 [R/OL]. https://www.oecd.org/derec/afdb/afdb-eval-matters-q42017-evaluation-reform-ifis.pdf.

[47] Evaluation des projets post-Ebola vises par le protocole d'accord entre le Ministere de l'Europe et des Affaires etrangeres et Expertise France [R/OL]. https://www.oecd.org/derec/france.

[48'] Evaluation Finnish Concessional aid instrument, 2012 [R/OL]. https://www.oecd.org/derec/finland/49930180.pdf.

[49] Evaluation in the era of the SDGs, 2017 [R/OL]. https://www.oecd.org/derec/afdb/afdb-eval-matters-q32017-evaluation-sdg.pdf.

[50] Evaluation methods for the European Union's external assistance, 2006 [R/OL]. https://www.oecd.org/derec/ec/42089135.pdf.

[51] Evaluation of Commission's external cooperation with partner countries through the organisations of the UN family, methodological approach [R/OL]. https://www.oecd.org/derec/ec/40893119.pdf.

[52] Evaluation of an Adolescent development program for girls in Tanzania, 2017 [R/OL]. http://documents.worldbank.org/curated/en/245071486474542369/pdf/WPS7961.pdf.

[53] Evaluation of Japan's contribution to the achievement of the MDGs in the Health sector, 2015 [R/OL]. https://www.oecd.org/derec/japan/Japan-

MDG-health.pdf.

[54] Evaluation of Norway's multilateral partnerships portfolio: the World Bank and UN Inter-Agency Trust Funds, 2019 [R/OL]. https://www.oecd.org/derec/norway/norad-evaluation-multilateral-partnerships.pdf.

[55] Evaluation policy of UNDP [R/OL]. https://www.oecd.org/derec/undp/UNDP_Evaluation_Guidelines.pdf.

[56] Evaluation policy [R/OL]. https://www.oecd.org/derec/switzerland/SWISS%20SDC_EvaluationGuidelines.pdf.

[57] Evaluating aid effectiveness in the aggregate: methodological issues, 2009 [R/OL]. https://www.oecd.org/derec/denmark/43962669.pdf.

[58] From project aid towards sector support: an evaluation of the sector-wide approach in Dutch bilateral aid 1998—2005, 2006 [R/OL]. https://www.oecd.org/derec/netherlands/37997636.pdf.

[59] Government performance and results Act [R/OL]. 1993.

[60] Guide for managing joint evaluations, 2006 [R/OL]. https://www.oecd.org/derec/dacnetwork/37656526.pdf.

[61] Guidelines for project and programme evaluations [R/OL]. https://www.oecd.org/derec/austria/AUSTRIA%20ADA%20ADC%20Guidelines.pdf.

[62] Governance performance assessment note [R/OL]. https://www.dfat.gov.au/sites/default/files/governance-performance-assessment-note.pdf.

[63] Guidelines and methodologies of evaluation, 1996 [R/OL]. https://www.oecd.org/derec/afdb/35142362.pdf.

[64] How effective is budget support as an aid modality, 2018 [R/OL]. https://www.oecd.org/derec/germany/DEval-Policy-Brief-Budget-support-aid.pdf.

[65] ICAI's approach to effectiveness and value for money, 2011 [R/OL]. https://www.oecd.org/derec/unitedkingdom/49094927.pdf.

[66] IEG, Overlooked links in the Results chain, 2011 [R/OL]. https://www.

oecd.org/derec/worldbankgroup/49024950.pdf.

[67] Independent evaluation at the Asian development bank, 2007 [R/OL]. https://www.oecd.org/derec/adb/39535250.pdf.

[68] Independent evaluation of the linkage of humanitarian aid and development cooperation at the Swiss Development Cooperation (SDC), 2019 [R/OL]. https://www.oecd.org/derec/switzerland.

[69] International development evaluation policy [R/OL]. https://www.oecd.org/derec/unitedkingdom/DFID-Evaluation-Policy-2013.pdf.

[70] Jean-Michel Severino and Olivier Ray, The End of ODA: Death and Rebirth of a Global Public Policy, Working Paper 167, 2009.

[71] Jeuland, M., M. Lucas, J. Clemens, and D. Whittington. 2009. A cost-benefit analysis of cholera vaccination programs in Beira, Mozambique. The World Bank Economic Review 23 (2): 235-67 [R/OL]. https://openknowledge.worldbank.org/handle/10986/4502.

[72] JICA Guidelines for Operations Evaluation, 2014 [R/OL]. https://www.jica.go.jp/english/our_work/evaluation/tech_and_grant/guides/c8h0vm000001rfr5-att/guideline_2014.pdf.

[73] Jody Zall Kusek, Ray C. Rist, Ten Steps to a Results-Based Monitoring and Evaluation System, 2004 [R/OL]. https://www.oecd.org/derec/worldbankgroup/35281194.pdf.

[74] Jos van Beurden, Jan-Bart Gewald, From output to outcome ? 25 years of IOB evaluations. 1978—2003 [R/OL]. https://www.oecd.org/derec/netherlands/35146592.pdf.

[75] José Antonio Alonso and Jonathan Glennie, What is development cooperation, 2015 [R/OL]. https://www.un.org/en/ecosoc/newfunct/pdf15/2016_dcf_policy_brief_no.1.pdf.

[76] José Antonio Ocampo and Natalie Gómez-Arteaga, Accountability for development cooperation, International Social Science Journal (Chinese Edition)

No. 4, 2017［R/OL］.

［77］ Kiyoshi Yamaya, Theory and Development of Policy Evaluation, Koyo Shobo, 1997［R/OL］.

［78］ Klingebiel S. What Is Development Cooperation?. In: Development Cooperation: Challenges of the New Aid Architecture. Palgrave Pivot, London［R/OL］. https://doi.org/10. 1057/9781137397881_1. 2014.

［79］ Loi d'orientation et de programmation relative à la politique de développement et de solidarité internationale［R/OL］.

［80］ LOI n° 2021 − 1031 du 4 août 2021 de programmation relative au développement solidaire et à la lutte contre les inégalités mondiales［R/OL］. https://www.legifrance.gouv.fr/jorf/id/JORFTEXT000043898536/.

［81］ Managing for Development results, 2011［R/OL］. https://www.oecd.org/derec/adb/49049141.pdf.

［82］ Methods and procedures in aid evaluation: a compendium of donor practice and experience［R/OL］.

［83］ New JICA Guidelines for project evaluation［R/OL］. https://www.oecd.org/derec/japan/JAPAN_JICA_Guidelines.pdf.

［84］ OCDE/CAD, Principes du CAD pour l'evaluation de l'aide au developpement, p. OECD. 1991.

［85］ OECD DAC, A History of the DAC expert group on aid evaluation, 1993［R/OL］. https://www.oecd.org/dac/evaluation/40163156.pdf.

［86］ OECD, Shaping the 21st Century: The Contribution of Development Cooperation, OECD Publishing, Paris, 1996［R/OL］. https://doi.org/10. 1787/da2d4165−en.

［87］ OCDE/CAD, Reexamen des principes du CAD pour l'evaluation de l'aide au developpement, p. OECD, Paris. 1998.

［88］ OECD, The DAC Journal 2000: France, New Zealand, Italy Volume 1 Issue 3, OECD Publishing, Paris, 2000［R/OL］. https://doi.org/10. 1787/

journal_dev-v1-3-en.

[89] OECD DAC, Glossary of key terms in evaluation and results based management, 2002 [R/OL]. https://www.oecd.org/derec/dacnetwork/35336188. pdf.

[90] ODA Evaluation Guidelines, 2003 [R/OL]. https://www.oecd.org/derec/japan/35141306.pdf.

[91] OECD, An Action Plan for Aid Effectiveness, in Development Co-operation Report 2002. 2003.

[92] OECD, Evaluation in Development Agencies, Better Aid, OECD Publishing. 2010.

[93] OECD DAC, Quality Standards for Development Evaluation, 2010 [R/OL]. http://www.oecd.org.

[94] OECD DAC, Working Party on Development Finance Statistics, Covid-19 Survey-Main Findings, 2020 [R/OL]. https://one.oecd.org/document/DCD/DAC/STAT(2020)35/en/pdf.

[95] OECD. Aid Evaluation: The experience of members of the Development Assistance Committee and of International Organisations. Paris, 1975.

[96] OECD, Evaluating Development Activities——12 lessons from the OECD DAC, 2013 [R/OL]. https://www.oecd.org/dac/peer - reviews/12%20Less%20eval%20web%20pdf.pdf.

[97] OECD, Guidance for evaluating humanitarian assistance in complexe emergency, 1999 [R/OL]. https://www.oecd.org/derec/dacnetwork/35340909. pdf.

[98] Operations evaluation department of the African development bank, draft terms of reference for consultancy services, 2005 [R/OL]. https://www. oecd.org/derec/afdb/37920353.pdf.

[99] Overseas development institute, 2004 [R/OL]. https://www.oecd.org/countries/mozambique/35079174.pdf.

［100］ P. G. Grasso, S. S. Wasty, R. V. Weaving, World Bank Operations Evaluation Department: The first 30 Years, World Bank, Washington, D. C., 2003.

［101］ Peer assessment of evaluation in multilateral organisations, United Nations Development Programme, 2005 ［R/OL］. https://www.oecd.org/derec/undp/36062837.pdf.

［102］ Peer review evaluation function at the World Food Programme, 2007, SIDA ［R/OL］. https://www.oecd.org/derec/sweden/39869443.pdf.

［103］ Peer review of evaluation function at United Nations Children's Fund, 2006, CIDA ［R/OL］. https://www.oecd.org/derec/canada/38967445.pdf.

［104］ Peer review of the evaluation function of UNIDO, 2010 ［R/OL］. https://www.oecd.org/derec/worldbankgroup/45719691.pdf.

［105］ Professional peer review of the Evaluation function: UN-HABITAT, 2012 ［R/OL］. https://www.oecd.org/derec/netherlands/50195001.pdf.

［106］ Peer review, the evaluation function of the GEF, 2009 ［R/OL］. https://www.oecd.org/derec/finland/43511689.pdf.

［107］ Peter H. Rossi, Howard E. Freeman and Sonia R. Wright, Evaluation: A systematic approach, SAGE, 1979.

［108］ Politique d'evaluation ［R/OL］. https://www.oecd.org/derec/luxembourg/PE_200715_vf.pdf.

［109］ Portuguese development cooperation evaluation policy 2016—2020 ［R/OL］. https://www.oecd.org/derec/portugal/politicaaval_1620_en.pdf.

［110］ Professional peer review of the evaluation function, UNDP, 2012 ［R/OL］. https://www.oecd.org/derec/netherlands/50194754.pdf.

［111］ Review of Japan's ODA evaluations between FY 2000—2007, 2010 ［R/OL］. https://www.oecd.org/derec/japan/45813638.pdf.

［112］ Result-based management guideline on Health sector programs, 2013 ［R/OL］. https://www.oecd.org/derec/korea/Result-based-Management-

Guideline-on-Health-Sector-Programs.pdf.

[113] Results and performance of the World Bank Group, 2011 [R/OL]. https://www.oecd.org/derec/worldbankgroup/49450796.pdf.

[114] Review of Irish aid's emergency response to the Haiti Earthquake in 2010 [R/OL]. https://www.irishaid.ie/media/dfa/publications/Review-of-Irish -Aids-Emergency-Response-to-the-Haiti-Earthquake-in-2010.pdf.

[115] Review of the DAC principles for evaluation of development assistance, 1998 [R/OL]. https://www.oecd.org/derec/dacnetwork/35343480.pdf.

[116] Serving a changing world, Report of the Task Force on Multilateral Development Banks, 1996 [R/OL]. https://www.ecgnet.org/sites.

[117] Spanish cooperation evaluation policy [R/OL]. https://www.oecd.org/derec/spain/Spanish-Cooperation-Evaluation-Policy.pdf.

[118] Sukai Prom-Jackson, George A. Bartsiotas, Analysis of the evaluation function in the United Nations system, 2014 [R/OL]. http://www.unesco.org/new/fileadmin/MULTIMEDIA/HQ/IOS/images/JIU _ REP _ 2014 _ 6 _ English_ Summary.pdf.

[119] Synthesis of budget support evaluations: analysis of the findings, conclusions and recommendations of seven country evaluations of budget support, 2014 [R/OL]. https://www. oecd. org/derec/ec/BGD _ Budget - Support - Synthesis-Report-final.pdf.

[120] Sato, Ryoko Takasaki, Yoshito Psychic vs. economic barriers to vaccine take-up : evidence from a field experiment in Nigeria (English). Policy Research working paper, no. WPS 8347 Washington, D. C. : World Bank Group [R/OL]. http://documents. worldbank. org/curated/en/876061519138798752/Psychic-vs-economic-barriers-to-vaccine-take-up-evidence-from-a-field-experiment-in-Nigeria.

[121] SIDA checklist for the assessment of Terms of References [R/OL]. https://cdn.sida.se/app/uploads/2021/06/15144445/Checklista-bedomning-terms-

of-reference.pdf.

[122] Tajikistan, SDC-Rural water supply and sanitation external review, 2012 [R/OL]. https://www. newsd. admin. ch/newsd/NSBExterneStudien/256/attachment/en/997.pdf.

[123] The DAC Network on Development Evaluation-30 years of strengthening learning in development, 2013 [R/OL]. https://t4.oecd.org/dac/evaluation/Eval%20history%20booklet%20web.pdf.

[124] The Geodata decision tree: Using geodata for evaluations, 2019 [R/OL]. https://www.oecd.org/derec/germany/DEval-Geodata-Decision.pdf.

[125] The problem with development evaluation and what to do about it, 2017 [R/OL]. https://www. oecd. org/derec/afdb/afdb - idev - eval - matters - Q12017-EN.pdf.

[126] Tsunokawa, Koji. Road Projects Cost Benefit Analysis: Scenario Analysis of the Effect of Varying Inputs. World Bank, Washington, DC. World Bank, 2010 [R/OL]. https://openknowledge. worldbank. org/handle/10986/27814 License: CC BY 3.0 IGO.

[127] UNDP, Evaluation of results-based management at UNDP, 2007 [R/OL]. https://www.oecd.org/derec/undp/41107229.pdf.

[128] USAID, Evaluation policy [R/OL]. https://www.oecd.org/derec/united-states/USAID_Evaluation_Guidelines.pdf.

[129] Use of evaluations in Norwegian development cooperation system, 2012 [R/OL]. https://www. oecd. org/derec/norway/NORWAY _ Use% 20of% 20Evaluation%20in%20the%20Norwegain%20Development%20Cooperation%20System.pdf.

[130] WFP Annual evaluation report for 2021 [R/OL]. https://executiveboard. wfp.org/document_download/WFP-0000138211.

[131] What we know about the effectiveness of budget support, 2017 [R/OL]. https://www.oecd.org/derec/germany/Effectiveness-budget-support.pdf.

［132］ White paper on Better accounting for the Taxpayers'money. United Kingdom，1995 ［R/OL］. http://dx.doi.org/10. 1787/9789264094857-en.

［133］ Evaluating budget support，Methodological approach ［R/OL］. http://www.oecd. org/dac/evaluation/dcdndep/Methodological% 20approach% 20BS% 20evaluations%20Sept%202012%20_ with%20cover%20Thi.pdf.

［134］ Evaluation systems in development cooperation：2016 Review ［R/OL］. https://norad. no/contentassets/0a29d17f542444a68e0b54ad3387b729/evaluation-systems-in-development-co-operation-oecd-dac-2016-review.pdf.

［135］ US Agency for International Development，Economic analysis of Feed the future investments—Guatemala，2013 ［R/OL］. https://www.usaid.gov/documents/1865/economic—analysisfeed—future—investments—guatemalaWPS 8347.pdf.